中国特色高水平高职学校项目建设成果

# 互联网营销实务

王 欣 曲春艳◎主 编
吕松泽◎副主编

中国铁道出版社有限公司
CHINA RAILWAY PUBLISHING HOUSE CO., LTD.

## 内容简介

本书依据高职院校电子商务专业人才培养目标和定位要求及《互联网营销师国家职业技能标准（2021年版）》，基于职业岗位典型工作任务及职业能力形成规律，按照理论够用、实践为主的原则，以互联网营销工作过程为导向，采用项目化方式组织内容，包含互联网营销策划、搜索引擎营销、新媒体营销、社群营销、移动App营销和电子商务平台营销六个项目。每个项目以业务流程为主线，采用任务驱动模式编写，包括项目导入、学习目标、项目实施、项目总结、项目实训和考核评价等环节。项目下共设计19个任务，学生通过明确的任务驱动学习，可以掌握互联网营销的核心技能。

本书适合作为高等职业院校以及应用型本科院校电子商务专业的教材，也适合互联网营销爱好者自学。

**图书在版编目（CIP）数据**

互联网营销实务/王欣，曲春艳主编. —北京：中国铁道出版社有限公司，2024.2

中国特色高水平高职学校项目建设成果

ISBN 978-7-113-30681-6

Ⅰ.①互… Ⅱ.①王… ②曲… Ⅲ.①网络营销-高等职业教育-教材 Ⅳ.①F713.365.2

中国国家版本馆CIP数据核字(2023)第210922号

**书　　名**：**互联网营销实务**
**作　　者**：王　欣　曲春艳

---

**策　　划**：祁　云　　　　**编辑部电话**：（010）63549458
**责任编辑**：祁　云　徐盼欣
**封面设计**：刘　颖
**责任校对**：安海燕
**责任印制**：樊启鹏

---

**出版发行**：中国铁道出版社有限公司（100054，北京市西城区右安门西街8号）
**网　　址**：http://www.tdpress.com/51eds/
**印　　刷**：天津嘉恒印务有限公司
**版　　次**：2024年2月第1版　2024年2月第1次印刷
**开　　本**：850 mm×1 168 mm　1/16　**印张**：13.25　**字数**：327千
**书　　号**：ISBN 978-7-113-30681-6
**定　　价**：42.00元

---

# 编审委员会

# 编写说明

中国特色高水平高职学校和专业建设计划（简称“双高计划”）是我国教育部、财政部为建设一批引领改革、支撑发展、中国特色、世界水平的高等职业学校和骨干专业（群）的重大决策建设工程。哈尔滨职业技术学院（以下简称“学院”）入选“双高计划”建设单位，对学院中国特色高水平学校建设进行顶层设计，编制了站位高端、理念领先的建设方案和任务书，并扎实地开展人才培养高地、特色专业群、高水平师资队伍与校企合作等项目建设，借鉴国际先进的教育教学理念，开发中国特色、国际标准的专业标准与规范，深入推动“三教改革”，组建模块化教学创新团队，实施“课程思政”，开展“课堂革命”，出版校企双元开发活页式、工作手册式、新形态的教材。为适应智能时代先进教学手段应用，学院加大优质在线资源的建设，丰富教材的载体，为开发以工作过程为导向的优质特色教材奠定基础。

按照教育部印发的《职业院校教材管理办法》要求，教材编写总体思路是：依据学院双高建设方案中教材建设规划、国家相关专业教学标准、专业相关职业标准及职业技能等级标准，服务学生成长成才和就业创业，以立德树人为根本任务，融入课程思政，对接相关产业发展需求，将企业应用的新技术、新工艺和新规范融入教材之中。教材编写遵循技术技能人才成长规律和学生认知特点，适应相关专业人才培养模式创新和优化课程体系的需要，注重以真实生产项目、典型工作任务、生产流程及典型工作案例等为载体开发教材内容体系，理论与实践有机融合，满足“做中学、做中教”的需要。

本系列教材是哈尔滨职业技术学院中国特色高水平高职学校项目建设的重要成果之一，也是哈尔滨职业技术学院教材改革和教法改革成效的集中体现，教材体例新颖，具有以下特色：

第一，教材研发团队组建创新。按照学院教材建设统一要求，遴选教学经验丰富、课程改革成效突出的专业教师担任主编，邀请相关企业作为联合建设单位，形成了一支学校、行业、企业和教育领域高水平专业人才参与的开发团队，共同参与教材编写。

第二，教材内容整体构建创新。精准对接国家专业教学标准、职业标准、职业技能等级标准，确定教材内容体系，参照行业企业标准，有机融入新技术、新工艺、新规范，构建基于职业岗位工作需要的体现真实工作任务、流程的内容体系。

第三，教材编写模式形式创新。与课程改革相配套，按照“工作过程系统化”“项目＋任务式”“任务驱动式”“CDIO式”四类课程改革需要设计四种教材编写模式，创新新形态、活页式或工作手册式教材三种编写形式。

第四，教材编写实施载体创新。依据专业教学标准和人才培养方案要求，在深入企业调研岗位工作任务和职业能力分析基础上，按照“做中学、做中教”的编写思路，以企业典型工作任务为载体进行教学内容设计，将企业真实工作任务、真实业务流程、真实生产过程纳入教材之中，并开发了与教学内容配套的教学资源，以满足教师线上线下混合式教学的需要。本系列教材配套资源同时在相关平台上线，可随时下载相应资源，也可满足学生在线自主学习的需要。

第五，教材评价体系构建创新。从培养学生良好的职业道德、综合职业能力、创新创业能力出发，设计并构建评价体系，注重过程考核和学生、教师、企业、行业、社会参与的多元评价，在学生技能评价上借助社会评价组织的“1+X”考核评价标准和成绩认定结果进行学分认定，每部教材根据专业特点设计了综合评价标准。

为确保教材质量，哈尔滨职业技术学院组建了中国特色高水平高职学校项目建设成果系列教材编审委员会。教材编审委员会由职业教育专家组成，同时聘用企业技术专家指导。学校组织了专业与课程专题研究组，对教材编写持续进行培训、指导、回访等跟踪服务，有常态化质量监控机制，能够为修订完善教材提供稳定支持，确保教材的质量。

本系列教材是在国家骨干高职院校教材开发的基础上，经过几轮修改，融入课程思政内容和课堂革命理念，既具教学积累之深厚，又具教学改革之创新，凝聚了校企合作编写团队的集体智慧。本系列教材充分展示了课程改革成果，力争为更好地推进中国特色高水平高职学校和专业建设及课程改革做出积极贡献！

哈尔滨职业技术学院中国特色高水平
高职学校项目建设成果系列教材编审委员会
2021年8月

# 前言

全球互联网的高速发展促进了网络营销的繁荣，互联网营销因其快速的信息传播渠道、先进的数字化处理方式以及符合新生代的消费理念，迅速成为大数据时代低成本、高效率的新型商业模式之一。本书基于互联网营销行业发展需要、互联网营销师职业需要及互联网营销专业教学需要而编写。

本书是中国特色高水平高职学校项目建设成果之一。全书共六个项目，包括互联网营销策划、搜索引擎营销、新媒体营销、社群营销、移动App营销和电子商务平台营销。每个项目以业务流程为主线，采用任务驱动模式编写，包括项目导入、学习目标、项目实施、项目总结、项目实训和考核评价等环节。每个项目按实践技能要求分解为若干个任务，学生通过明确的任务驱动学习，可以掌握互联网营销的核心技能，成长为互联网营销实用型专业人才。

本书按照“以互联网营销任务工作导向为指引”的教学理念，校企合作共同开发，根据互联网营销工作岗位的技能要求，构建项目课程体系，以工作任务为载体，强化实训，将知识融于项目实践，力求体现内容的先进性和适用性。本书编写特色主要体现在以下几个方面:

（1）贴近岗位实际，体现行动导向。基于互联网营销真实的工作平台，提炼核心岗位任务，以工作过程中必备技能为核心学习内容，以实践应用为行动导向，把重点真正落实到岗位能力的培养上。

（2）突出实用，理论适度。注意吸收、总结、探索我国互联网电子商务企业经验，密切联系实际，教学内容鲜活，对学生传授“必需、有用、够用”的基本理论和知识，将重点放在应用思路、应用方法和操作技能上，强化知识的应用性和可操作性。

（3）学生本位，形式活泼。本书以学生为中心，项目及任务设置强调学生在整个学习过程中的核心作用，突出学生参与课堂、动手实践的环节。

（4）提供教学配套课程资源，建设立体化数字教材。确保在教学、实训等不同环节有足够的教学素材支持，纸质版和电子版同步，支持线上与线下混合式教学。

（5）融入思政教育内容。探寻专业知识与课程思政元素相融合的途径，加强对学生的思想引领，提高道德修养，树立职业操守，以坚定的政治立场、深厚的家国情怀、过硬的专业素质、厚实的法律素养、诚信的经营理念和自觉的社会责任，认认真真、规规矩矩从事互联网营销行业，做社会正能量的践行者、传播者，实现具有全球视野、家国情怀、工匠精神、创新精神和专业素养的人才培养目标。

扫一扫

导论

本书由王欣、曲春艳任主编，吕松泽任副主编。具体编写分工如下：王欣总体设计，项目1由曲春艳编写，项目2由王琳娜编写，项目3由李由、王智编写，项目4由雷印铨编写，项目5由赵威编写，项目6由樊文静编写，张松、赵欣提供专业素材，刘武博、丁小洲提供企业案例，吕松泽负责微课设计与录制，全书由曲春艳统稿。

在本书编写过程中，编者参阅了国内外营销学界专家和同行在网络营销和电子商务等领域的诸多资料和研究成果，浏览了许多相关网站，并得到了有关学校和企业的支持，在此表示最诚挚的谢意！同时，也对所有直接或间接为我们提供素材的企业一线经理人表示谢意和敬意！

本书适合作为高等职业院校以及应用型本科院校电子商务专业的教材，也适合互联网营销爱好者自学。

由于编写时间仓促，加之编者水平有限，书中不妥和疏漏之处在所难免，恳请广大读者批评指正，以便本书进一步修改和完善。

编　者

2023年10月

# 目录

# 项目1 互联网营销策划

## 项目导入

A公司是以销售绿色健康农产品为主的中型企业，随着互联网经济的蓬勃发展，传统单一的营销模式已经无法满足消费市场的需求。互联网营销因其快速的信息传播渠道、先进的数字化处理方式以及符合新生代的消费理念，成为信息网络时代低成本、高效率的新型商业模式之一。为了以较低的营销成本有计划地进行精准营销推广，从而建立良好的口碑和品牌，并为绿色农产品进行有效宣传和引流，A公司决定在战略层面涉足互联网营销市场。A公司要求营销团队开展市场调研，分析互联网营销目标市场及用户群，设计营销策略，综合运用互联网营销方法和工具，制订出一定时期的互联网营销目标任务以及实现目标的方案，为A公司绿色农产品互联网营销做好策划。

## 学习目标

### 1. 知识目标

（1）掌握有关互联网营销策划基本知识，能总结互联网营销调研分析方法。

（2）掌握互联网营销策划中的产品策略、价格策略、渠道策略、促销策略和顾客策略等。

（3）掌握互联网营销常用工具与方法。

### 2. 能力目标

（1）能根据用户需求进行互联网营销信息的收集、整理、分析与研究，开展互联网营销调研，为企业进行产品和客户定位。

（2）能建立互联网思维，设计互联网营销战略，具备互联网营销策略综合运用能力。

（3）具备综合运用互联网营销方法和工具进行营销策划的能力。

### 3. 素质目标

（1）建立诚信经营理念，培养严谨认真、精益求精的工匠精神。

（2）增强团队协作意识，树立全局观念，互相帮助，合作共赢。

（3）具有全球视野、家国情怀和创新精神，践行社会主义核心价值观。

## 项目实施

## 任务1　互联网营销调研与定位

### 任务解析

针对公司主营的绿色健康农产品实施有效的互联网营销市场调研，清楚目标市场的发展情况及用户群体的特征，并对调研结果进行分析，辅助公司在战略层进行产品定位与客户群定位，为后续营销活动做好铺垫。

### 知识链接

扫一扫

互联网营销策划的内涵

#### 一、互联网营销策划的内涵

1. 互联网营销

互联网营销是以互联网为媒体，以线上营销为导向，利用专业的互联网营销工具，通过一系列营销策划、制定和实施营销活动的新型营销方式。

2. 互联网营销策划

互联网营销策划是以对互联网市场环境的分析和充分获取市场竞争信息为基础，综合考虑外界的机会和威胁、自身的资源条件及优势劣势、竞争对手的战略动向和市场变化趋势等因素，制订出一定时期的互联网营销任务、目标以及实现目标的方案。它是对将要发生的互联网营销行为进行的超前规划和设计，也是互联网营销活动的起点和指南。简单来讲，互联网营销策划就是营销人员为了达成特定的互联网营销目标而进行的策略思考和方案规划的过程。

要想准确理解互联网营销策划的内涵，需掌握以下四个核心点。

1）目标：营销策划的起点

互联网营销策划必须具有一定的目的性，有要达到的预期效果，才能保证营销策划活动具有明确的方向。

2）信息：营销策划的基础

成功的营销策划离不开科学的市场调查，需要对消费者、竞争者、宏观环境等诸多信息认真研究，发现和提炼对营销策划有用的特定信息。

3）创意：营销策划的核心

只有具有创意，营销策划才有生命力。互联网营销中的创意主要用在产品销售、品牌策划和网络传播中，如产品销售力提升、网络软文传播和事件话题营销等。

4）策略：营销策划的关键

互联网营销策略从市场分析中来，只有深入分析行业、竞争对手、目标消费者和自身，得出自己的优势、劣势、机会和威胁，才能扬长避短、抓住机会，找到适合自己的正确策略，并据此来构建网络营销运营系统。

3. 互联网营销策划的基本原则

1）市场导向原则

要求做到了解消费者的需求、引导消费者的需求、学会创造需求、满足消费者的需求。

2）战略性原则

必须站在营销战略的高度，一定要细致、周密、完善，要有长远性、稳定性和全局性。

3）系统性原则

强调对现有可以利用的资源进行整合，要把所策划的对象视为一个整体，用系统的观念来处理策划对象各要素之间的关系。用科学、周密、有序的系统分析方法，对市场营销活动进行分析创意设计、整合系统，以形成目标、手段、策略和行动高度统一的逻辑思维过程和能适应多层次顾客需求的行动方案。

4）创新性原则

创新是互联网营销策划的灵魂。在营销策划实践中，创新不仅包括策划内容创新，还包括表现手法创新，更要获得独创新颖的解决问题的有效方法、手段等。

5）信息性原则

对市场信息要进行充分了解、发掘和利用。收集市场信息力求全面、真实、准确、有用，信息加工要准确、及时、系统、适用，并据此做出前瞻性市场策划，以规划和指导营销活动。

6）时效性原则

市场竞争环境激烈，消费者的消费心理和购买欲望变化很大，营销策划要做到“适时”把握好时机，抓住瞬息万变的市场机会，处理好时机和效果间的关系，确立竞争优势。

7）可操作性原则

要在创新思维指导下，提供具有现实可操作性的互联网营销策划方案，具体提出开拓互联网营销市场的步骤及系统性的策略和措施，使营销人员能够根据方案独立进行操作。互联网营销策划必须具有在特定资源约束条件下的高度可行性。

## 二、互联网营销调研

扫一扫

互联网营销调研调什么

1. 互联网营销调研的主要内容

互联网营销调研的主要内容包括消费者的需求特征和购买行为变化趋势、企业产品或服务信息、目标市场信息、销售机会和潜力分析、竞争对手及产品信息和市场宏观环境信息等方面，通过对信息的判断、收集、记录、分析、研究等，为企业互联网营销决策提供数据支持和分析依据。

2. 互联网营销调研的方法与工具

互联网营销调研的方法主要有两种：一是直接进行的一手资料调查，即网络市场直接调研；二是利用互联网的媒体功能，在互联网上收集二手资料，即网络市场间接调研。

1）网络市场直接调研

网络市场直接调研是指为特定的目的，在互联网上收集一手资料或原始信息的过程。网络市场直接调研的方法有四种：网络问卷调查法、网络观察法、网络专题讨论法和网络实验法。

（1）网络问卷调查法。网络问卷调查法在网络营销调查中应用最为广泛，是调查者将所要获取的信息设计成调查问卷在网上发布，让访问者通过网络填写问卷并提交的一种调查形式。调查问卷一般由卷首语、问题指导语、主体及结束语四个组成部分。其中，卷首语用来说明由谁执行此项调查、调查目的和调查意义；问题指导语即填表说明，用来向受访者解释怎样正确地填写问卷；主体包括问题和选项，是问卷的核心部分，问题的类型分为封闭型问题、开放型问题和半封闭型问题三类；结束语用来表示对受访者的感谢，或承诺提供一些奖品、优惠等。网络调查问卷常见的发布方式有网站（页）发布、弹出式调查、E-mail调查、讨论组调查和专业的问卷调查平台等。

（2）网络观察法。网络观察法的实施主要是利用相关软件记录登录网络浏览者的活动。相关软件能够记录登录网络浏览者浏览企业网页时所点击的内容、浏览的时间；在网上喜欢看什么商品的网页；看商品时，先点击的是商品的价格、服务、外形还是其他人对商品的评价；是否有就相关商品与企业进行沟通的愿望等。

（3）网络专题讨论法 。网络专题讨论法是互联网上的小组讨论法，它通过新闻组、邮件列表讨论组、BBS或网络实时交谈、网络会议等进行讨论，从而获得资料和信息。网络讨论法实施的一般步骤是：首先，确定要调查的目标市场，识别目标市场中可参与调查的讨论组；其次，准备好需要讨论的话题；再次，登录相应的讨论组发布调查项目，请组内成员参与讨论，发表各自的观点和意见；最后，通过过滤系统发现有用的信息，或发布新的话题深入挖掘信息。网络讨论的结果需要调研者加以总结和分析。

（4）网络实验法。网络实验法是指通过在网络中所投放的广告内容与形式进行实验。其具体做法是：设计几种不同的广告内容和形式在网页或者新闻组上发布，也可以利用E-mail传递广告。广告的效果可以通过服务器端的访问统计软件随时监测，也可以通过客户反馈信息量的大小来判断，还可以借助专门的广告评估机构来评定。

2）网络市场间接调研

网络市场间接调研是指网上二手资料的收集。互联网上虽有海量的二手资料，但要找到自己需要的信息，首先必须熟悉搜索引擎的使用，其次要掌握专题型网络信息资源的分布。网上查找资料主要通过三种方法进行：利用搜索引擎；访问相关的网站，如各种专题性或综合性网站；利用相关的网上数据库。

扫一扫

互联网营销调研的工作流程

### 3. 互联网营销调研的工作流程

1）确定调研目标

确定调研目标即希望通过此次调研实现什么目标，如希望知道顾客如何评价企业所提供的产品与服务，企业产品的潜在顾客群是否对本企业的新产品感兴趣等。

2）确定调研对象

互联网营销市场调研对象包含以下几个类别：

（1）企业产品的购买者或潜在客户。可以在客户购买其产品时建立客户信息数据库，收集产品购买者的信息，以跟踪了解这些客户对企业产品的功能、价格、售后服务等方面的反馈信息。对潜在客户的调研也很重要，可将通过网上购买方式来访问企业站点的客户定位为潜在客户，通过多种方式了解他们对企业产品及服务的反馈信息。

（2）企业的合作者和中立者。企业的合作者和中立者也会给企业提供一些极有价值的信息及评估分析报告。

（3）企业的竞争者。可以进入竞争者的网站，查询需要的信息，以准确把握自身的优势和劣势，随时调整营销策略。

#### 3）制订调研计划

制订可行的互联网营销调研计划，包括资料来源、调研方法、调研手段、抽样方案和联系方法等。

#### 4）网络市场调研实施

认真设计在线调查表，做到主题明确、简洁明了，问题便于被调查者正确理解和回答，且便于调查结果的处理。

网上调查要与适当的激励措施相结合来吸引尽可能多的人参与，必要时还应该和访问量大的网站合作以增加参与者数量。

根据调查目的和预算采取多种网络调查手段相结合方式，以较小的投入取得尽可能多的有价值信息，还要注意保护个人信息。

#### 5）收集、整理分析信息资料

分析资料时需要掌握相应的数据统计分析工具，要善于归纳总结，从收集的数据中提炼出与调研目标相关的信息，并在此基础上对有价值的信息迅速做出反应，这是企业在快速变化的市场中捕捉商机、获得竞争优势的一个制胜法宝。

#### 6）撰写、提交调研报告

调研报告是市场调研成果的集中体现，它是经过对信息资料的整理和分析，对所调研的问题给出的结论，并对实现调研目的提出建设性意见，供决策者参考。

调研报告撰写包括确定题目、撰写内容提要（调研的背景、目的、意义、主要方法、结果、结论建议等内容）、确定关键字、确定目录、撰写调研报告正文（调研报告目的、主要结论、调研采用的详细数据、调研结果、调研方法、数据分析、总的结论和建议）等。

调研报告的写作要领：

（1）要有明确的主题、清晰的条理和简洁的表现形式。

（2）实事求是，尊重客观事实。用真实、可靠、典型的材料反映市场的本来面貌。

（3）中心突出，要善于根据主旨的需要对材料进行严格的鉴别和筛选，分清主次轻重。

（4）调查资料和观点相统一，用资料说明观点，用观点概括资料。

（5）突出调研目的，有的放矢，任何市场调研都是为了解决某一问题，或者为了说明某一问题，必须围绕调研目的进行论述。

扫一扫

如何分析互联网营销用户群

## 三、互联网营销用户群分析

互联网营销必须以准确的目标消费群体定位、清晰的消费场景、准确的获客为基础构建，率先解决以下几个问题：目标消费群体是谁、如何获取目标消费群体、如何与目标消费群体建立连接、如何对目标消费群体产生影响、如何高效地触及目标消费群体。

### 1. 使用RFM分析法分析营销用户特点，精准锁定目标消费群

（1）R（recency）——用户新鲜度，是指用户最后一次购买企业产品的时间，如用户最后一次进店消费是什么时候，上一次浏览网站是什么时候等。理论上，上一次消费时间越近的用户对即时提供的产品或服务越有可能产生反应。如果要密切地注意消费者的购买行为，那么最后一次消费就是互联网营销人员第一个要利用的工具。曾经购买过产品、服务或曾经光顾过店铺的消费者，也是有可能再次购买的用户。吸引一个几周前上门的用户购买，比吸引一个几个月以前来过的用户要容易得多。

（2）F（frequency）——用户消费频率，是指用户在特定时间段购买企业产品的次数，也可以理解为最常购买同一企业产品的用户，是满意度最高的用户。

（3）M（monetary）——用户消费金额，是指用户在特定时间段里消费企业产品的总金额。

根据RFM分析，运营人员可以实现用户细分，衡量客户价值，识别优质用户，然后按情况制定后续营销策略，为更多的营销决策提供支持。最近消费时间较远，但消费频度和金额都很高，说明这是个一段时间没来的忠诚用户，营销需要主动保持联系。最近消费时间较近，消费金额高，但消费频度不高，表示该消费者忠诚度不高，但具有消费潜力，可以重点发展。最近消费时间较远，消费频度不高，但消费金额高，可能是将要流失或已经流失的用户，应当采取挽留措施。

用户新鲜度、用户消费频率、用户消费金额三个指标是测算消费者价值最重要、最容易的指标，对营销活动具有很强的指导意义。三个指标的排列顺序是严格的，有轻重缓急和先后次序，其中用户新鲜度是最有力的预测指标。

### 2. 基于大数据精准洞察，准确绘制目标群体用户画像

#### 1）用户画像内涵

用户画像是一种标签化的用户模型，它反映出了用户的基本特征、兴趣爱好、社会特性、消费习惯等，涵盖的内容如下：

（1）基本特征——性别、年龄、职业、受教育程度、收入水平等。

（2）兴趣爱好——喜欢阅读什么类型的内容，热衷购买何种类型的产品及品牌等。

（3）社会特征——婚姻状况、社交网络、家庭构成、生活习惯等。

（4）消费特征——购买渠道偏好、购买频率、购买力等。

（5）动态特征——所处场景、地理位置、周边环境、当前时间等。

#### 2）用户画像步骤

可以按照以下三个步骤描绘出更精准的用户画像。

（1）采集和清理数据，用已知预测未知。首先需要有多元化的渠道获取用户数据，保障数据的全面性。获取数据的主流渠道包括社交媒体、电商平台、搜索引擎、企业官网及App等，其中通过企业官网和App获取数据尤为关键。当用户登录企业官网后，Cookie会被记录在浏览器历史记录中，

用户点击的按钮、浏览的页面、评论内容、访问路径等都可以被获取，通过对这些数据进行分析，可以找到用户的兴趣爱好。微信、微博等社交媒体也是获取用户数据的有效渠道，很多人会在这类社交媒体中分享购物、旅游、餐饮等多种信息，相对比较真实地反映出其生活状态、兴趣爱好等。通过对多元化的数据进行深入分析，更好地维护用户关系，还能找到用户的潜在消费需求。

（2）用户分群，分门别类贴标签。描述分析是一种应用较为广泛的分析统计方式，主要由数据描述和指标统计两部分组成。数据描述是指通过数据总量、来源、获取时间等描述数据的基本情况；指标统计是指通过数学模型对关键指标进行统计与分析，主要模型包括客户倾向性模型、响应率分析模型等数据挖掘模型。对数据进行分析时，通过将数据转换为影响指数，实现高效精准的定制营销。

（3）制定策略，优化再调整。根据用户画像，可以更好地和顾客沟通交流，引导用户对企业产品及品牌进行传播推广等。针对不同特性的用户群体，应采用差异化的推广策略，并对实施效果进行实时监测，分析策略实施后相关指标的变化。数据分析和数据挖掘存在一定的差异，前者的关键点是掌握数据的波动情况及背后的原因；后者的关键点是通过数学模型来研究数据，寻找数据背后的联系与规律，让企业对产品及服务进行优化完善，改造业务流程等。

## 四、互联网营销产品定位

扫一扫

如何定位互联网营销产品

互联网营销产品定位要深度契合消费者需求。产品需求定位，是了解需求的过程，即满足谁的什么需要，打造产品的自传播效应。

下面结合FAB法则来说明。FAB法则是在营销人员在进行产品介绍、产品推销和销售的时候，针对客户需求和意向，进行有选择、有逻辑、有目的的逐条说服。

F指属性或功效（features或fact），即自己的产品有哪些特点、属性或说明、特征，独有的东西，存在的价值，为什么存在等。

A是优点或优势（advantage），即自己与竞争对手有何不同和优势，要突出产品的卖点。A是共性的、固定的，不因谁卖或买而发生改变。

B是客户利益与价值（benefit），这一优点所带给顾客的利益，突出顾客的买点。B是个性的，是探寻消费者需求之后，根据其需求结合产品的F和A给到客户要买的理由。

### 1. 提炼产品卖点

（1）找出产品的优点。可以先从产品的材质、工艺、功能、细节、颜色、造型、质量、环保、人性化等方面找出产品的优点，再从这些优点中找到和消费者核心利益息息相关、最能影响消费者购买决策的点来作为产品卖点。

（2）提出独特销售主张。挖掘出产品的隐性卖点，如果这种卖点能够影响购买，但还没被卖点策划人员关注，就可以把它当作卖点提出来。

（3）确立产品的差异化卖点。从满足人们更高层次需求角度提炼卖点，如情感、时尚、热点、文化等，精心策划赋予产品独特的卖点，形成产品差异化，突显竞争优势，从而引爆市场。

### 2. 戳中需求痛点

在痛点营销时代，对那些阻碍用户做出某种行为或决策的痛点进行精准定位，设计与之相匹配的营销方案，是提高产品销量、做好品牌建设的关键所在。

寻找痛点的方法：

（1）垂直寻找。在相同的场景中，垂直寻找给用户带来负面体验的痛点，针对这一痛点开发产品及服务。为了能够快速赢得用户认可，面向小众群体的产品及服务需要强化自身的核心功能，让目标群体在某方面的需求能够最大限度地得到满足，促使用户主动进行营销推广。

（2）水平寻找。从竞争对手尚未关注的领域寻找痛点。例如，小米手机在其他手机品牌商关注购买阶段时，将精力放在手机使用阶段。

（3）场景+角色+产品。这是产品痛点获取公式。重点考虑用户在场景中扮演的角色特性，通过对使用场景进行分析可以精准定位用户痛点。人们的消费需求不断变化，痛点也会随之发生改变。当一个痛点被解决后，人们又会渴望获得新的产品或服务来满足自己更多方面的需求，从而催生出新的痛点。为了解决层出不穷的痛点，企业需要不断地对产品进行更新迭代。

3. 根据不同产品制定有针对性的定位策略

（1）全新型产品的上市。缩短用户培育期，快速为新品打开市场，及时推出体验营销活动，让目标群体实际感受、体验产品。免费试吃、试用等体验活动对用户颇具吸引力，邀请那些在目标群体心中具有较强影响力的意见领袖体验，并让其在社交媒体中发布试用体验，能产生极好的营销效果。

（2）具有“鲜明卖点”的改良新产品。绝大部分新产品是对原有产品优化改良的结果，而不是完全的创新。虽然原有产品已经有了一定的用户基础，但为了在较短时间内提高产品销量，防范竞争对手的同质化竞争，也应该通过体验营销让目标群体尽快了解新品，成为新品的忠实用户。

（3）容易转变和培养消费习惯的老产品。具备较高知名度的老产品，其用户群体相对固定，如果没有有效的营销手段，很难进一步扩大用户规模。体验营销凭借其参与感、互动性，可以进一步提高现有用户的忠实度，吸引更多新用户，提高企业的盈利能力。

综上，产品定位要充分考虑顾客多层次的心理情感诉求，让产品特质与目标消费者的心理需求相契合，在产品中融入品位、形象、情调、文化等更多元素，精心塑造符合顾客心理情感需求的产品特质，满足不同层次消费者多元化、个性化需求，激发顾客的价值共鸣，获得认同、信任与忠诚，成功吸引和留住消费者。

## 任务实施

学生4~6人为一组，以小组形式，围绕公司主营的绿色农产品实施有效的互联网营销市场调研，完成以下任务：制订调研计划，制作调查问卷，通过问卷星等平台发布调查问卷，回收问卷分析数据，完成调研报告。

### 一、制订调研计划

步骤1：明确调研目标及内容。

进行市场需求调查，了解绿色健康农产品互联网市场需求量、市场规模、市场占有率及有效的经营策略和手段。

开展用户群体特征调查，包括消费者的家庭、地区、经济等基本情况，消费者的购买动机及消费者喜欢在何时何地购买等。

步骤2：确定网络市场调研对象。

产品的购买者及潜在客户主要是以绿色健康食品为主的消费人群，主要包含学生、都市白领及居家主妇等三类群体。学生指全国各地的高校学生，他们是零食的主要消费群体；都市白领崇尚绿色健康饮食；居家主妇关注绿色健康饮食，推崇养生和纯天然食品。

步骤3：选择互联网市场调研方法。

使用直接调研法，选择以网络问卷调查法和网站用户特征大数据收集分析法相结合的方式进行市场调研，直接、精准地获得消费者的反馈。

步骤4：制订调研实施具体安排。

确定时间计划、人员分工、资金、抽样方案及联系方法等。

调研计划样表

<table>
<tr><td>调研目的</td><td colspan="3">对绿色农产品互联网营销进行战略定位</td></tr>
<tr><td>调研内容</td><td colspan="3">了解用户群对绿色产品的核心关注点</td></tr>
<tr><td>调研方法</td><td colspan="3">尽可能通过多元化方法调研</td></tr>
<tr><td>产品及用户定位</td><td colspan="3">确定产品用户群及产品营销定位</td></tr>
<tr><td colspan="4">1．调研方法选择</td></tr>
<tr><td>调研方法</td><td>实施原因</td><td>调研途径</td><td>是否可行</td></tr>
<tr><td>问卷调查法</td><td></td><td></td><td></td></tr>
<tr><td>大数据收集分析法</td><td></td><td></td><td></td></tr>
<tr><td>…</td><td></td><td></td><td></td></tr>
<tr><td colspan="4">2．调研计划的具体实施步骤</td></tr>
<tr><td>实施阶段</td><td>主要任务</td><td>具体内容</td><td>时 间 段</td></tr>
<tr><td>第一阶段</td><td></td><td></td><td></td></tr>
<tr><td>第二阶段</td><td></td><td></td><td></td></tr>
<tr><td>⋮</td><td></td><td></td><td></td></tr>
<tr><td>抽样方案</td><td colspan="3"></td></tr>
<tr><td>联系方法</td><td colspan="3"></td></tr>
<tr><td>总　　结</td><td colspan="3"></td></tr>
</table>

## 二、制作调查问卷

步骤1：在搜索引擎中搜索制作在线调查问卷的网站，选择其中某一网站，注册账号并登录使用。

步骤2：设计互联网调查问卷的结构。

在网络调研问卷制作网站中，设计针对绿色农产品消费者需求的调研问卷结构，包括卷首语（说明执行此项调研主体及目的意义）、问卷指导语（解释如何正确填写问卷）、主体（是核心，包括问题和备选答案）、结束语。

步骤3：确立调查问卷的针对性内容。

主要针对绿色农产品消费者需求进行调研，内容以消费者的基本信息和消费信息为主，如消费者的性别、学历、收入、消费额度、购物心理、品牌偏好、购买农产品的基本需求、对于农产品的建议等。

步骤4：设计调查问卷主体——调查问题。

设计以下四类问题：

（1）事实性问题：获得有关绿色农产品消费者的事实性资料。

（2）行为性问题：获得有关绿色农产品消费者行为方面的信息资料。

（3）动机性问题：了解绿色农产品消费者网络购物行为的原因或动机。

（4）态度性问题：了解消费者对网络购买绿色农产品的态度、评价、看法等。

调查问题形式以单选题、多选题及简答题为主，采用混合式问答，采用封闭式问答题的同时，再附上一项开放式问答题。

步骤5：发布调查问卷。

借助贴吧、论坛、电子邮件等网站平台发布调查问卷，利用企业网站发布调查问卷，

借助问卷星等第三方调查问卷发布平台发布调查问卷。

步骤6：互联网调查问卷的数据统计。

利用Excel等计算机软件统计调查数据，同时利用专业的调查问卷数据统计软件及专业调查问卷平台系统统计数据。

### 绿色农产品互联网市场消费者需求调查问卷样例

您好！为了解广大消费者对绿色农产品的需求及品质等信息，我们设计了这份问卷。您的参与和配合对我们来说很重。您填写的问卷没有对错之分，只表明您的观点和态度，希望您能准确填写相关信息。感谢您的支持！

一、单选题

1. 您的性别是（　　）

A. 男　　　　B. 女

2. 您的年龄阶段是（　　）

A. 25岁以下　　　　B. 25～29岁

C. 30～34岁　　　　D. 35岁以上

3. 您目前的身份是（　　）

A. 学生 B. 都市白领
C. 家庭主妇 D. 其他

4. 您经常购买农产品的地点是（ ）
A. 超市 B. 农贸市场
C. 网上商店 D. 干货专营店

5. 在日常购买中，您是否会优先购买绿色农产品？（ ）
A. 必须 B. 偶尔会
C. 多数会 D. 不会

6. 在您的印象中，绿色农产品与普通农产品的最大区别在于（ ）
A. 绿色农产品更健康安全 B. 绿色农产品更环保
C. 绿色农产品更营养 D. 没什么区别

7. 在您的日常食品消费中，绿色农产品的消费比例为（ ）
A. 10%以下 B. 10%～30%
C. 30%～50% D. 50%以上

8. 影响您购买绿色农产品的最主要因素是（ ）
A. 质量 B. 品牌价格
C. 购买场所 D. 安全问题

9. 您认为绿色农产品的价格比普通农产品的价格高多少，您比较容易接受？（ ）
A. 20%以下 B. 50%～100%
C. 100%以上 D. 不增加最好

10. 网上购买时，您在意绿色农产品的品牌吗？（ ）
A. 在意 B. 不在意
C. 无所谓，只要东西好

二、多选题

1. 您对网上购买农产品的顾虑是（ ）
A. 网络安全（信用卡信息、个人信息等） B. 货物质量
C. 配送速度 D. 配送费用

2. 您认为如何才能更好地促进农产品网上店铺的发展？（ ）
A. 质量有保证 B. 价格合理
C. 品种多样 D. 其他

三、简答题

您对农产品网上商店的建议：

再次对您的支持与配合表示感谢！祝您幸福安康！

## 三、撰写调研报告

调研报告的结构模板

| 结　构 | 内　容 |
|---|---|
| 开头 | 题目 |
| | 内容提要 |
| 调研报告正文 | 序言（调研报告的目的） |
| | 主要结论（一系列简短的陈述） |
| | 调研方法、内容、数据等 |
| | 调研结果（正文、表格、图表等） |
| | 调研结果小结 |
| | 总的结论和建议 |
| 结尾 | 参考资料 |
| | 附录 |

### 绿色农产品互联网市场消费者需求调研报告

为深入了解消费者对绿色农产品的认识以及绿色农产品目前的互联网营销情况，辅助公司在战略层进行产品定位与客户群定位，我们小组主要针对用户群体特征、消费者对绿色农产品的认识、购买现状及绿色农产品网络市场营销情况，进行了本次调研。

调查方式为网络问卷，调查人群为绿色农产品主要客户群，被调查人群学历层次绝大多数为高中及以上学历，其中60%为大学及以上学历，这就决定了调查结果偏向于反映知识层次较高的人对绿色农产品的认识和需求；被调查者家庭收入状况多数在5 000元以上，这说明中高层收入居民对绿色农产品安全更为关注。

综合调研信息与数据，分析客户群年龄、性别、爱好如下：食品特产类农产品的主要客户群以18~29岁的爱吃零食一族与居家主妇为主，他们对于绿色食品的关注和需求更加直接，尤其居家主妇更加注重食品安全和绿色健康的特性。这些消费者收入相对较高，注重生活品质的提升且有较强的网购意愿和习惯，定位这一群体作为目标客户能够较快打开互联网营销市场。

调查结果显示，75%的人认为绿色农产品具有安全健康的功能，随着社会的发展和人民消费水平、生活质量的提高，消费需求也在不断向前推进，追求绿色健康营养的新需求不断产生，互联网营销绿色农产品有着巨大的发展前景。

随着互联网快速发展的电子商务和冷链物流渗透到了农产品领域，越来越多的消费者愿意从网上购买农产品，网购的消费群体规模越来越大。农产品作为一种刚性需求，有着较为稳定的需求。在互联网营销绿色农产品，首先取决于产品本身的质量及其原生态特性，其次是消费者对于食品安全的重视和需求，因此绿色、生态、原产地等关键词是主推优势。

互联网消费者购买行为的特征分析：①购买者多而分散；②购买量少，多次购买；③购买行为差异性大；④大多属于非专家购买；⑤购买行为流动性强；⑥购买行为具有周期性，有些消费者需要常年购买、均衡消费，有些消费者需要按季节购买或按节日购买；⑦购买行为具有发展性。

互联网消费者购买绿色农产品时，有足够的时间仔细分析产品的性能、质量、价格和外观，购买决策时理智动机所占比重较大，决定购买商品的原因主要有以下几方面：第一，对企业有信任感；第二，对支付有安全感；第三，对商品有好感。所以，树立企业形象，提升支付的安全保障，改善商品物流方式以及全面提高商品质量，是企业参与互联网营销必须重点抓好的工作。

要保证产品的优质性，合作方式上建议公司采用“基地+商城”和“合作社+商城”等形式，以此来保证产品供应链上游的资质。在产品溯源上，采用全新的物联网技术，使用户可以通过扫描二维码，了解产品的生长周期和管理方式。公司还要紧扣产品优化自身商业模式，在产品开发、上货周期、物流及品牌等方面不断地增强自身的竞争优势。

企业开拓互联网营销市场，需要在了解消费者需求基础上，引导并满足消费者需求，进一步通过大数据分析，对用户行为和偏爱进行多个维度有针对性的画像，更加精准地掌握产品消费者特点，根据用户不同的兴趣和需求推荐绿色农产品，开展差异化营销。产品定位紧密结合目标市场需求及客户群喜好，深入挖掘产品特性，为用户群提供多元化体验，设计差异化包装与宣传提升产品特点，提供更加优质的服务，建立多渠道跟踪与反馈机制，使企业在绿色农产品互联网营销市场更具竞争优势。

## 任务2　互联网营销策略制定

### 任务解析

在前期互联网营销市场调研分析的基础上，以消费者为中心，从顾客需求出发，设计一定时期的互联网营销产品、价格、渠道、促销等策略，初步建立用户中心、精准营销等互联网思维，综合运用网络营销组合策略。

### 知识链接

#### 一、互联网营销策略

##### 1. 互联网营销策略简介

企业以顾客需要为出发点，针对一定的目标市场，利用数字化信息和网络媒体的交互性，提高销售及声誉，采用一系列可测量可调控的网络营销策略，如产品、价格、渠道、促销、公关及顾客服务策略。通常可以根据渠道、用户及对手来制定营销策略。

##### 2. 互联网营销组合策略

1）4P营销组合策略

4P是指产品（product）、价格（price）、推广（promotion）、渠道（place）。4P营销策略以满足市

场需求为目标，站在公司的角度思考问题，没能把消费者的行为和态度变化作为思考市场营销战略的重点，因此，4P营销策略不能完全应市场的变化。

2）4C营销组合策略

4C是指消费者（consumer）、成本（cost）、便利（convenience）、沟通（communication）。4C营销策略以客户为中心进行营销，关注并满足客户在成本、便利方面的需求，加强与客户的沟通。4C营销策略站在客户的角度思考问题，没有侧重从公司整体运作的角度看待问题，更没有侧重从营销的核心目的去分析问题，也不能完全适应变化着的市场需求。

3）4R营销组合策略

4R是指关联（relevance）、反应（reaction）、关系（relationship）和回报（reward）。4R营销策略要求公司紧密联系客户，倾听顾客需求，并及时做出反应来满足顾客，而且要重视与客户的互动关系，以期为公司获得营销的利润回报。这种从更高层次上以更有效的方式在公司与顾客之间建立起新型的主动性关系，使得营销变成一个动态的过程，但此营销仍是“粗放”型的，要想更好地适应现代市场，仍需要仔细提炼，以便达到“精细化”的营销目的。

4）4I营销组合策略

移动互联网时代，营销对“一对一”的“精细”化程度要求越来越高，4I营销组合策略是指分众识别、即时信息、互动沟通、个性化，强调注重“精细化”的关系营销。

（1）分众识别（individual identification）。移动互联网营销能够识别沟通分众对象并与其建立“一对一”的互动交流关系。分众识别的精细化就是个众，“个众”是指目标消费者已经不再把消费者假设成一个抽象的群体，而是活生生的个体，可对目标消费的“个众”进行量化管理，如“个众”锁定即定向发布消费者想看到的广告，这种营销方式使得消费者的品牌忠诚度很高。

（2）即时信息（instant message）。互联网营销把智能移动终端作为传播媒介，能够即时传递广告信息，可以对消费者的消费行为进行量化跟踪调查，在消费者最有可能产生购买行为的时间发布产品信息。

（3）互动沟通（interactive communication）。互联网营销采取“一对一”的互动沟通，与消费者形成一种互动、互求、互需的关系，使消费者保持忠诚度，赢得长期而稳定的市场。互动特性还可以甄别关系营销的深度和层次，针对不同需求识别出不同分众，使营销资源有的放矢。

（4）个性化（individuality）。个性化营销让消费者产生“焦点关注”的满足感，因为个性，所以精准；因为独一无二，所以诱人。个性化营销传递的信息具有鲜明的个性化，满足消费者的心理需求，更容易引发互动与购买行为。

4I模式中，“一对一”是移动互联网营销的内在特点，互动是移动互联网营销的核心，及时性和个性化则是移动互联网营销的外在显著表现。

互联网营销在4I模式下的传播策略：

策略1：在数据库营销的基础上，对目标消费群根据营销需求进行分众识别。

策略2：向可识别的分众定向传播个性化信息。

策略3：通过互动跟踪，监控传播效果并随时进行动态调整。

策略4：通过“一对一”的沟通，最大限度地达成传播目标。

## 二、互联网思维与营销策略的综合运用

扫一扫

互联网思维与营销策略的综合运用（上）

互联网营销的本质就是用较低的投入准确链接目标顾客，用创意实现强大的口碑以影响目标群体，面对“移动化、碎片化、场景化”的营销环境和“个性化、社交化、娱乐化”的消费主体，要同时满足“较低的投入、精准的链接、完美的创意”等要求，互联网思维给出了发力点，即综合运用大数据营销、高品质内容、场景化匹配、社群化传播等营销策略。

### 1. 用户思维：粉丝营销策略

用户思维是互联网营销思维的核心。用户思维引领下的粉丝营销就是把可能成为顾客的人群都找出来，都覆盖到，重点研究如何促进用户购买产品和服务。企业给粉丝创造产品和服务，而粉丝给企业带来的是庞大的市场和经济利益，这就是“粉丝经济”。

用户思维在更高层面上实现“以客户为中心”，让客户参与到商业链条的每一个环节，从需求收集、产品构思到产品设计、研发、测试、生产、营销、服务等，都汇集用户的智慧，尊重用户的心智，这样才能持续发展。

粉丝营销策略就是利用知名度或优质的产品吸引庞大的消费者群体作为粉丝，利用粉丝相互传导的方式，达到营销目的。例如，小米手机是将粉丝经济实现的最早的互联网品牌，从MIUI起家时就建立了粉丝阵地——社区，随后借助社会化媒体迅速吸纳大量“米粉”，采取线上社区、新媒体结合线下阵地，与粉丝做朋友、讲故事、参与小米软硬件的测试等活动，培养粉丝的参与感、共鸣，构筑“粉丝经济”。

### 2. 社会化思维：社群营销策略

社会化思维是指组织利用社会化工具、社会化媒体和社会化网络，重塑企业和用户的沟通关系以及组织管理和商业运作模式的思维方式。社会化思维的核心是靠组织的形式管理运营用户，可以大范围影响和照顾到更多的人。

互联网社群营销是基于相同或相似的兴趣爱好，借助某种载体聚集人气，通过产品或服务满足群体需求而产生的商业形态。移动互联网时代，社群营销常用的载体有微博、微信及公众号、手机QQ以及各种移动App、直播平台、自媒体等社交平台。

互联网社群营销策略主要是通过连接、沟通等方式实现用户价值，营销方式人性化，不仅受用户欢迎，还使其成为继续传播者。其优势是低成本、高收入、准确的营销用户、有效的交流、粉丝的沉淀以及品牌声誉的形成。

### 3. 大数据思维：精准营销策略

大数据重构了精准营销模式，目标用户的定位、潜在用户的发掘以及用户消费行为的引导成为核心因素。运营商有效利用大数据资源，在精准定位和数据统计基础上，充分运用各种数据挖掘分析技术提供更加个性化、差异化、精准化的服务，使营销对象的颗粒度不断变细、以个人为最小单位的精准营销成为可能，深入挖掘新的市场价值，实现营销环节的优化演进。

大数据精准营销策略主要有：

#### 1）广告投放策略

大数据分析可以支持精准营销形成点对点的智能广告模式，从海量数据中寻找目标受众并投放

相应的广告信息，同时通过数据化形式来了解、监测和追踪，对广告投放的内容、时间、形式等进行预判与调配，完成广告精准投放的营销过程。

2）精准推广策略

科学的大数据分析结合移动位置服务，企业可适时更新动态、丰富用户的数据信息，并利用数据挖掘等技术及早预测用户下一步的举措或更深层次的需求，从而运用各种互联网渠道进一步加大推广力度，将营销信息推送给精准的目标受众群体，及早引领需求与趋势，最终达到利润最大化的目标。

3）个性化产品策略

精准营销时代，生产制造向生产“智”造方向转变，同时大数据通过相关性分析，将用户和产品进行有机串联，对用户的产品偏好等进行个性化定位，进而反馈给企业的产品研发部门，使其推出与用户个性相匹配的产品。

4）制订科学的价格体系策略

大数据营销平台帮助企业快速、全面、精准地搜集用户的海量数据，及时洞察、分析和预测用户的偏好、对各种产品组合价格段的反应，根据具体情况对支付方式、价格、付款期限等内容进行适当调整，验证产品的商业价值，制订科学的价格策略。

大数据精准营销，首先要有较强的数据整合能力，要能整合来自不同数据源、不同结构的数据；其次要有研究探索数据背后价值的能力，未来营销成功的关键在于如何在大数据库中挖掘出更丰富的营销价值；再次要探索价值后给予精确行动的营销指导纲领，同时通过此纲领实施精确的实时行动。

### 4. 碎片化思维：整合营销策略

扫一扫

互联网思维与营销策略的综合应用（中）

移动互联网飞速发展，信息、媒体、时间、传播手段及受众群体都在变得碎片化，时间和注意力都被切割成了碎片，这些加剧了用户的三个碎片化趋势：消费时间碎片化、消费地点碎片化、消费需求碎片化。

碎片化思维在价格、渠道、营销场景等诸多维度上对互联网营销产生了深远影响，移动互联网营销要更加强调精准和细分，在各个碎片式的营销接触点上与消费者进行高效沟通，及时调整、更新、整合营销策略，尽可能充分展示产品在各个维度上的优势，实现系统的碎片化传播。

1）消费时间碎片化——打造高品质内容

时间碎片化最大的缺憾是时间短，用户停留在每一个产品的时间很短暂，商家必须抓住和消费者接触的分分秒秒。“关键时刻”被定义为与顾客接触的每一个时间点，因为往往短短几秒就决定了品牌在消费者心中的地位，只有利用用户碎片时间提供各种用户需要的信息，满足用户需求，甚至引导用户需求，快速吸引其注意力，有效获取关注度，才能在品牌林立的竞争中成功突围。

打造高品质内容是关键，可以制作热点性内容、即时性内容、生活故事性内容、方案或学习性内容、持续性连载内容及促销性内容等。内容要有用、有趣、有利、有情，吸引力强、短小精焊、新鲜生动和传播迅速，才能快速吸引消费者关注，并影响其消费心理与购物行为，最终在争夺消费者碎片化时间中占得先机。优秀的内容营销应做到定位要准、传播要快、渗透要狠。

2）消费地点碎片化——移动场景营销

移动场景营销借助手机和移动互联网，将营销方式与人们的生活场景紧密结合起来，在任何时间、任何地点，都可以根据人们的具体行动来制造营销场景。快速、简便、愉悦感，这是碎片化的消费场景带给当下消费者的直观感受，商家需要换位思考，设计与顾客的交互场景，利用场景来唤起消费者的心理状态和需求，顺利引导用户进入购买、社交、服务等环节，平滑地完成整笔交易，从而实现营销目的。

3）消费需求碎片化——新媒体营销策略

碎片化消费需求的产生是随机性的，结果是瞬时的满足感。要满足用户不断衍生的、新的碎片化消费需求，必须做到“需求抓得准”，真正触及消费者碎片化需求的痛点，打造符合消费者心智的抒发渠道，而且要简洁、迅速地根据人际关系或兴趣的细分进行各类信息的分类，筛选热点，整合精华，设计兼具精美与深度的内容，为用户提供最佳体验，新媒体营销策略应运而生。

新媒体营销对产品和品牌内容的表现更加直观，集文字、声音、图像于一体，能快速吸引用户眼球，给用户带来强烈的冲击力和视觉感受。其“短”“平”“快”的信息传播模式赋予网络商品营销新的内涵与模式，使品牌传播速度更快，产品信息推送更准，是“碎片化时代”最好的商品营销载体之一。

以新浪微博、微信等为代表的社交平台，以哔哩哔哩、抖音、快手等为代表的视频内容平台，以小红书和淘宝等为代表的具有内容社区频道的电商平台等，因具备内容承载渠道、高消费者活跃度、社交裂变传播特征，是新媒体营销开展的主要平台。

短视频平台的出现是移动互联网时代全媒体融合趋势的直接体现。短视频具备较强的感染力，内容十分丰富，更加有利于营销人员发挥创意，再加上互联网营销本身具有的交互性、实时传播性、低成本等独特优势，更是让短视频营销迅速成长为碎片化时代互联网营销的一把利器。

不同新媒体平台在话题传播广泛度、消费者讨论参与度、内容信息呈现深度、“种草”“拔草”转化效率等方面都各具优势，而依据营销策略，通过多平台开展整合式新媒体营销、融合各平台优势以强化营销实现效果，将成为碎片化时代新媒体营销的发展方向。

5. 免费思维：免费营销策略

扫一扫

互联网思维与营销策略的综合运用（下）

免费对企业、商家而言，可以扩大宣传、降低经营成本、提升销售；对消费者而言，不仅可以获得免费商品或服务，还有其背后带来的美好心理感受和精神体验。当然，互联网上的免费是为了更好地引流量、吸引用户，当吸引的用户足够多时，再来通过商业手段催化其产生价值，实现费用承担者的转移，将企业的价值链延长。

免费思维引领下的互联网营销策略有四种具体做法。

1）提供免费的产品或服务

这是一种交叉补贴性的免费类型，即产品是免费的，而产品附带的功能是需要付费的。这样的产品通常有：诱饵型产品——将产品的部分功能免费，以吸引用户，而后引导其进行全部产品的再消费；赠品——将某款产品设计成另一款产品的免费赠品或附加产品；分级产品——将产品分为不同版本，如普通版、升级版、黄金版，免费提供较低版本的产品，高级版本或个性化则需要付费。

2）提供免费的体验

免费的目的不是单纯地提供免费产品和服务，而是要通过这些免费的产品或服务来引流，吸引用户，培养用户。以体验为主的免费营销又称体验式营销，这种方式大多运用在新品上市或推广阶段，目的是通过用户的体验试用，使其对产品产生初步的信任和认可，极具代表性的操作模式有免费赠送和免费试用两种，前者是指先提供用于体验的产品让用户免费体验，感觉良好后再自愿进行购买；后者是针对有需要的用户，让其在一定时间内免费试用，而后再进行长期的付费使用。

3）以时间、空间换取盈利

以时间换取盈利即在规定的某一段时间内对用户免费，如一个月中的某一天，或一周中的某一天，或一天中的某一个时间段，适用于带有明显时间差异的行业，如电影院、餐饮店等。该模式不但对加强客户忠诚度及宣传上有极大的作用，还会带动客户同时消费其他延伸产品。

与时间相对的，有的企业为了拉动某一特定空间的用户数量，对于指定空间的客户进行免费宣传。空间性免费即指免费的产品或服务仅限于某个空间或地点内的客户，而对其他空间的客户则采取收费策略。

4）提供增值服务

为了提高用户的黏性，强化重复消费，可在产品或服务的基础上提供额外的增值服务，即着眼做好产品或服务的延伸，并针对延伸服务进行免费消费。如卖服装的可提供免费烫洗；卖化妆品的可提供免费美容指导等。这种集免费和付费内容于一体的模式称为免费增值模式，由于免费内容比付费内容更能够带来实惠而使收费内容更容易。需要注意的是，通过增值服务来实现免费这种模式的实施有一个重要原则，就是所提供的增值服务要与免费服务有根本的区别。

免费营销策略目的是吸引用户，增加用户数量，从本质上看还是通过免费实现收费，通过免费来提升用户的消费兴趣，激发用户的消费欲望，最终实现盈利的目的。

6. 跨界思维：跨界营销策略

跨界思维是移动互联网的创新剂，跨界的背后代表的是创新、整合，这正是互联网精神的体现。跨界思维引领下的营销是面对“互联网+”时代的市场新形态而进行的一种创新求变的行为。

跨界营销策略就是依据消费者所表现出来的具有联系或者共性的消费特征，将不同偏好、产业、环境的消费群体联系起来，将一些之前没有任何联系的要素进行延伸、融合或渗透，从而彰显出独特的审美情趣和生活态度，以此来赢得目标消费者的好感，最终实现跨界企业的利润最大化和市场扩大化。

跨界营销要以切合消费者的消费价值为出发点，以具有互补性和相互契合性为原则选择跨界对象，以创新重构市场为根本目的。跨界营销的常见形式有产品跨界、内容跨界及营销渠道跨界等。

进行跨界营销时应该抓住以下几个关键点。

1）选准可以跨界营销的合作品牌

跨界营销是对更广泛资源的连接与整合，从而形成合作对象间的互补优势，增强整体竞争能力。因此，进行跨界营销，首先需要根据企业自身的品牌和商品特质，以及市场的需求痛点，选择最适宜的合作对象。

2）定准跨界营销的契合点，明确共同目标

跨界营销是建立在合作双方共赢基础上的。企业营销都有着各自的目标，在跨界营销时，需要围绕合作双方的价值诉求，定位好品牌契合点，将双方的目标更加紧密地连接融合到一起，才能制定出合理的跨界营销战略，达到营销效果的最大化。

3）制定双赢或多赢的方案

围绕共同目标，制定高效、务实、共赢的跨界营销方案。跨界双方先根据自身的营销目标，分别制定相应的跨界营销方案；再将双方的想法整合起来，找到共同点和结合点，根据这些共同点，进行具体的跨界营销活动策划。

4）要有强有力的贯彻执行力

有效整合、协调双方的资源和行动，进行具体的跨界营销活动。在合作共赢理念下，对具有不同文化背景的多种品牌进行营销推广，更加需要强大的执行能力，整合跨界营销的人力、物力和财力等各种资源，才能保证跨界营销顺利、高效施行。

跨界营销是基于“互联网＋”时代合作共赢的理念，围绕消费者而非单一品牌或商品进行的营销创新转型，因此，跨界营销必须以消费者为中心，实现更大的价值创造，并注重营销活动的持续性，实现共享共赢。

## 任务实施

学生4～6人为一组，以小组形式，以消费者为中心，从顾客需求出发，为公司销售绿色健康农产品，设计一定时期的互联网营销策略。

### 一、制定互联网营销产品策略

以消费者的实际需求作为公司产品策略制定的主要依据。

1. 对绿色农产品进行明确的市场定位

（1）将目标市场定位为中等或者高等收入水平的消费者群体上，将企业的大部分资源与精力投入到高质量绿色农产品以及配套服务的打造上，占据稳定的市场份额。

（2）根据绿色农产品的种类特点，表现、强调农产品绿色、生态、健康等功能，挖掘产品卖点和价值。

（3）依据绿色农产品的优良程度将产品划分不同档次，分别卖给不同收入层次的消费群体。

2. 提高绿色农产品的品牌化与标准化

（1）通过商标注册、包装设计、文化挖掘、广告宣传等方式进行品牌建设，以顾客导向、内容定位、形象推广等方式培育打造具有一定影响力的、有特色的、消费者信任的优质绿色农产品品牌。

（2）引进先进技术提高绿色农产品分拣与加工环节的质量与效率，保证绿色农产品的质量，吸引更多消费者的注意与购买欲望。

（3）加大对绿色农产品概念等方面宣传与推广力度，并对绿色农产品品牌进行准确定位、详细规划，制定规范的发展计划方案，制定品牌推广政策，聘请具有创意的优秀设计师进行包装外形、图画等方面的设计，提高企业的知名度与绿色农产品的市场影响力，建立起企业的绿色农产品品牌。

3. 设计农产品绿色化包装

以绿色作为设计理念，绿色农产品的外包装材料选择环保产品，凸显出绿色农产品的根本属性，创新包装工艺与形式，使之更具吸引力，以推动绿色农产品互联网营销。

4. 建立绿色农产品全程实时可追溯机制

建立从绿色农产品生产之初直到绿色农产品的售后服务的全程监控系统，对绿色农产品每一个环节的生产质量进行监督与管理，让绿色农产品的生产加工过程更加透明化、可视化，坚持以无污染、安全、优质与营养为宗旨，在绿色农产品流入市场后，借助计算机网络传感器等来实现对绿色农产品相关信息的查找与追踪。

## 二、制定互联网营销价格策略

以绿色农产品生产的成本作为公司价格策略制定的主要依据。

1. 确立绿色农产品的网络营销定价目标

以树立企业绿色农产品品牌形象，追求互联网市场占有率最大化，获得最大利润为目标，价格合理又有竞争力。

2. 计算分析产品成本

以绿色农产品生产原始成本制定价格最低经济界限，产品的社会成本作为网络销售定价的直接依据，综合考虑市场价格以及消费者愿意支付的溢价幅度来制定绿色农产品价格。

3. 大数据分析消费者群体的购物需求及消费层次

针对消费人群的差异性制定最适合的产品价格，实现企业效益的最大化。

4. 根据消费群体的层次，制定不同的绿色农产品价位

加大产品价格上的差异性，对公司独有的绿色农产品品牌以公司意愿进行定价，同时采取公司其他产品的打折策略，使公司获得更多的经济效益。

5. 分析竞争对手价格

分析竞争对手营销目标、优势劣势，采取何种价格策略，实施效果如何，对本企业的影响程度如何等。

6. 选择定价方法

采用成本导向定位法、需求导向定位法和竞争导向定位法，动态调整定价，充分考虑顾客购物的各项成本，尽可能降低网络购物成本。

7. 确定最终价格

测试市场反应，根据消费者需要，运用尾数定价、捆绑定价、免费定价等技巧，确定产品的最后售价。

8. 价格的信息反馈

收集价格反馈信息，根据市场状态、竞争者价格、替代品状况进行适当的售价调整，使产品的定价与消费者的价格期望相一致，保证必要的市场占有率。

## 三、设计互联网营销渠道策略

以为消费者提供更加便捷的服务作为渠道策略制定主要依据。

1. 基于用户群的需求和行为特征从消费者角度设计渠道

考虑目标客户在家、在店、在途三种场景，营销渠道选择电视广告，爱奇艺及优酷等视频媒体，百度等搜索引擎或网页投放广告，今日头条、App广告或社交媒体广告等。

2. 打造全网全渠道营销

运用线下消费、线上体验模式；借助第三方电商平台的巨大流量，迅速推广带来客户，打开线上市场；自建官方商城+连锁店铺的形式，消费者直接在网络店铺下单，然后线下体验服务，提供在线客服服务及调货支持；建设网上商城，开展各种促销和预付款的形式，线上销售线下服务等。利用社交软件等新型媒体渠道，构建多元化的三方销售平台，强化线上销售渠道建设，有效开展 O2O（online to offline）模式，多渠道助推公司产品营销。

3. 基于大数据对不同营销渠道的效果进行评估

跟踪用户的渠道行为和产品行为，构建渠道质量评估模型，衡量不同营销渠道的真正效果。

4. 运用销售渠道整合策略

整合行业门户、区域门户、网络社区、分类信息平台、搜索引擎、电子商务平台、视频网站、微信等多渠道，全方位打通线上、线下各环节，构建物流、信息流、资金流、用户流、业务流“五流”合一的供应链系统，形成全新的商业流通生态，为顾客提供更精准、更贴心的消费体验。

## 四、制定互联网营销促销策略

以与消费者进行良好的沟通作为公司促销策略制定的主要依据。

1. 针对细分用户制定促销策略

确定网络促销对象为产品使用者、产品购买的决策者和产品购买的影响者，用大数据方法锁定细分用户，分析每类细分人群的兴趣爱好和消费倾向，分别进行有针对性的策划和运营活动，传递绿色农产品相关信息，将互联网市场上的潜在买主变为现实买主，指导其消费。

2. 设计网络促销内容

针对购买者所处的购买决策阶段和产品所处的寿命周期，利用大数据进行有针对性的用户画像，根据用户画像数据、用户行为和偏爱，用个性化推荐算法，投其所好，设计有针对性的优质网络促销内容，突出绿色农产品的特性，诱导激发需求，在一定条件下创造需求。

3. 运用互联网促销组合方式

综合运用网络广告和网络站点促销两种方法，网络广告促销主要实施“推战略”，将绿色产品推向市场，获得客户认可；网络站点促销主要实施“拉战略”，吸引客户，以稳定市场份额，适当搭配人员推销、广告；营业推广和公共关系四种促销方式，发挥整体促销效果。

4. 引流消费者

灵活运用互联网进行多样化促销，充分利用搜索引擎、门户网站、百科、视频等内容场所，论坛、QQ、微博、微信、社群等社交场所分享营销内容，增加利用新媒体推广绿色农产品的力度，提供明确的产品描述以及产品等级区分标准，配合农产品的精准营销模式，以O2O 模式联动线上与线下，整合粉丝营销、社群营销、免费营销、大数据营销、跨界策略等策略，将消费者引流到购物平台，进而让公司绿色农产品在同行业的竞争中拔得头筹。

5. 对网络促销过程进行综合管理和监控

对已经执行的促销内容进行评价，衡量促销的实际效果与预期促销目标的一致性，利用跟踪系统不断测评促销策略是否成功，并随时调整。

# 任务3　互联网营销常用工具与方法的使用

## 任务解析

综合运用企业网站、即时通信、电子商务等互联网营销常用工具开展绿色农产品互联网营销；选择并运用适合公司绿色农产品特点的互联网营销方法，把握关键点，设计主要实施步骤，实现最佳营销效果。

## 知识链接

扫一扫

互联网营销的常用工具有哪些（上）

### 一、互联网营销的常用工具

互联网营销工具是在互联网上从事营销活动所使用的工具，它以网络技术、信息技术为基础，以互联网为依托，充分利用互联网技术跨时空性、迅捷性、互动性、智能性、多样性、经济性和虚拟性的特点。在现阶段互联网营销活动中，常用的工具包括企业网站、搜索引擎、网络实名通用网址、即时通信软件、浏览器工具条等，借助这些工具，可完成营销信息的发布、传递，与用户之间的交互，实现营销目的。下面介绍几款常用的互联网营销工具。

#### 1. 实时沟通工具：即时通信软件

通过即时通信软件，商家可以在网络上建立某种私人聊天室，与网络好友进行实时沟通。目前在移动互联网上最受欢迎的即时通信软件包括QQ、微信等。这些工具是推广产品和品牌、实现目标用户挖掘和转化的重要手段。即时通信软件作为企业实施互联网营销管理的综合入口，还集成了相当多的其他应用，包括快速导航、集成登录、快捷搜索等。即时通信软件以其成本低廉、用户数量大、传播范围广、互动性强、精准性高及营销效率高等优势，有着与生俱来的成为营销平台的可能性，它可以承载多样化的文本、语音、视频等内容，并可成为互联网的进入工具，将网站的各种内容、产品和服务集合在一起，是互联网营销的重要工具。

#### 2. 推广展示工具：企业网站

企业网站是互联网营销信息源的基础，是基本的网络营销工具，有自主性和灵活性的特点。企业网站具有如下作用：通过网站的形式向公众传递企业的品牌形象、企业文化等基本信息；发布企业新闻、供求信息、人才招聘信息等；将某种信息和服务提供给供应商、分销商、合作伙伴、直接客户等；在网上展示、推广、销售产品及发布其他具有营销目的或营销效果的内容和活动信息；收集市场信息。

一个好的网站对商家开展互联网络营销所起的作用不可低估，因此网站的运营推广尤为重要，网站信息量可以做到极大。只要域名服务器允许，可以尽可能多地丰富网站内容，展示经营者信息和产品信息。还可以随时更新网站上的产品展示，帮助商家提高效率，降低成本。

#### 3. 提高点击率工具：超链接

超链接是一种将某一网页或站点链接到其他网页或站点的手段，一般多个网页链接在一起构成一个网站。

简单地说，超链接就是从一个网页指向一个目标的链接关系，其链接目标可以是另一个网页，也可以是相同网页上的不同位置，还可以是一张图片、一个电子邮件地址、一个文件，甚至是一个应用程序。而一个网页中用来作超链接的对象，可以是一段文本或是一个图片。浏览者点击链接的文字或图片后将弹出链接目标，显示在浏览器上供浏览者阅读。

要想让更多的消费者看到自己的产品或店铺，提高网站的点击率和知名度，可以利用超链接这个工具。它是最常用也是最简单的提高点击率的工具之一，同时还是互联网营销的一种常用的营销策略。

### 4. 获悉产品最主要的工具：搜索引擎

搜索引擎是指根据一定的策略、运用特定的计算机程序从互联网上搜集信息，在对信息进行组织和处理后，为用户提供检索服务，将用户检索到的相关信息展示给用户的系统。在咨询需求多元化背景下，搜索引擎本身就是大型社交平台，在潜移默化中影响着人们的生活和商业行为。常见的搜索引擎有百度、360、搜狗等。

扫一扫

互联网营销的常用工具有哪些（下）

搜索引擎优化（SEO）是针对搜索引擎对产品的检索特点，让产品各项基本要素适合搜索引擎的检索原则，从而能够被搜索引擎收录，并在搜索引擎自然检索结果中排名靠前，进而提高关注度和访问量，最终达到互联网营销推广的目的。

搜索引擎优化本身是一种计算机技术，而对于互联网营销而言，搜索引擎优化能够帮助产品在用户搜索中排名靠前，这才是其实用价值所在。

### 5. 线上与线下购物交易的工具：移动电子商务

移动电子商务是伴随移动互联网营销出现的新事物，是利用智能手机、平板电脑等无线终端进行的B2B、B2C或C2C等电子商务。移动电子商务分三类：第一类是移动社交电子商务，如微信、社群、公众号；第二类是移动零售电子商务平台，如手淘、有赞、微店；第三类是移动服务业电子商务，如独立App。

移动电子商务具有碎片化、去中心化和精准化三大显著特点。碎片化是指时间与空间碎片化、信息碎片化、应用碎片化、渠道碎片化及支付碎片化；去中心化是指信息传播去中心化、商务模式去中心化及管理模式去中心化；精准化是指产品开发精准化、营销推广精准化、客户服务精准化及团队管理精准化。

移动电子商务是互联网营销实现线上与线下购物交易的工具，它将互联网、移动通信技术、短距离通信技术及其他信息处理技术完美结合，实现随时随地、线上线下的购物与交易活动。

### 6. 移动互联网的入口工具：二维码

移动互联网时代，除了浏览器及App等入口外，消费者又多了一项新的互联网入口——二维码。

二维码图案指向的内容十分丰富，包括产品资讯、促销活动、礼品赠送、在线预订等。二维码十分便捷，只需要用户通过手机扫描即可随时随地浏览、查询、支付等。它不仅为用户提供了更加便利的服务，还给企业带来了优质的营销途径，对企业宣传、产品展示、活动促销、客户服务等都有很好的效果。企业可通过二维码进行传播，引导消费者扫描二维码，以推广产品资讯或活动等信息，从而刺激用户产生消费行为。

进行二维码营销时，可以将视频、文字、图片、促销、活动、链接等植入二维码内，并通过名片、报刊、展会、宣传单、公交站牌、网站、地铁墙、公交车身等线下途径进行投放，也可以通过社交平台、媒体平台、门户网站、贴吧、论坛、企业网站等线上途径进行投放，方便企业实现线上线下的整合营销。

二维码最大的意义就是引导用户从线下的现实世界无障碍地直达移动版网站，直接看到商家预设的内容。二维码的另一项意义是为消费者创造了丰富多样的互联网入口路径，凡是消费者留意之处，如公交车站或报刊的广告牌、餐饮店的餐桌、旅游景点观景的地方、产品实物或包装，都是可以设置二维码入口的场景所在，丰富多样的二维码设置场景极大地拓宽了互联网入口，推动了消费者上线的积极性。

## 二、互联网营销常用方法

扫一扫

互联网营销常用方法有哪些（上）

### 1. 口碑营销

口碑营销是指企业在网络营销的过程中，通过网民的相互交流，将企业的产品信息或者品牌传播开来。口碑营销的核心是美誉度的塑造与传播，“有口皆碑”，关键是通过吸引受众和新颖生动可谈论的话题来引发口碑效应，让消费者的满意度大量扩散，影响其他消费者的购买决策。

（1）口碑营销利用的是人的分享心理，从用户的心理需求入手是最佳选择。口碑营销的核心在于“网民”。企业只要吸引住了网民，慢慢就能形成一个巨大的讨论区域，随时随地聚集各地的网民参与话题讨论，从而把企业品牌或产品变成人们茶余饭后的话题。

（2）口碑营销有三个层面：产品口碑，即基于对产品品质和使用感受而形成的口碑；消费口碑，即基于对消费体验，包括购买过程、售后服务等所形成的口碑；品牌口碑，即基于对品牌旗下的产品、活动、事件、广告等所形成的综合口碑。

（3）口碑营销的关键词——“口碑点”。口碑点是指消费者在使用产品或接受服务后评论的关键点，即品牌、产品或服务给消费者留下了什么样的印象，如是免费，还是好用，或者便宜，或者其他。口碑点一般不要超过三个，要选择能够引起消费者共鸣的卖点作为口碑点，同时也要让消费者区分得出和竞争对手的差异。比如，京东商城给人的口碑中，就有便宜、快捷两点。

（4）策划口碑营销要注意以下四个关键点：一是品质或服务要有保证，一个良性的口碑营销，应该是建立在产品品质和服务有保障的基础上，这样才能形成持久而正面的口碑效应；二是品牌结合，策划口碑营销时，引爆点也好，策动的话题也罢，一定要与品牌有机结合；三是正面口碑，口碑营销最后引发的一定是正面口碑，要在策划阶段注意对风险的把控，多准备几套应急预案；四是口碑要经得起推敲。还要把握好谈论者、话题、工具和参与四大要素。

### 2. 活动营销

活动营销可以提升用户满意度、增加用户黏性，直接带动业绩与品牌的增长。活动策略是活动营销的关键，要动之以情、晓之以理、诱之以利。策划组织互联网活动营销，门槛要低，活动面向的人群越初级对于活动的热衷度越高，活动规则越简单用户参与度越高，活动的趣味性越强，参与的人才会越多，活动的气氛才能烘托起来。

（1）在移动互联网时代，用户可以从各种设备获取信息，要找到最适合的活动载体，给予用户多屏体验，如PC、智能手机、平板电脑、可穿戴设备、智能家居……通过对各种设备进行有效整合，增加活动的趣味性和参与度。

（2）活动营销一定要有特色和吸引力，让用户受益，用户的积极性才能被调动起来，同时还要注意提升奖品的回报率，在大奖有保障的基础上，尽量多设一些小奖，尽可能让更多的人拿到礼品。

（3）想让活动的效果放大，能够持续地发挥作用，最好将活动固定化，如开展成系列活动，一月一次、一季度一次或是一年一次。经过长时间的积累，活动本身也可能成为品牌。对于非封闭式的活动，可以多找相关的单位合作，如各种网站、媒体。因为这些平台本身都拥有一定的用户群，拥有各自的渠道和影响力。通过活动的形式将大家的优势资源融合，可以发挥更大的效力。在设计活动时，加入一些引入用户传播的元素，活动的效果将会大大增加，而且能节省大量的人力、物力、精力和推广经费。

淘宝网每年“双11”活动就是典型的促销活动营销，通过低折扣刺激消费者的购买欲。除此之外，买一赠一、网络拍卖、网店秒杀、网络商城里的积分换礼品等，都属于活动营销。

### 3. 事件营销

网络事件营销是指企业通过互联网策划、组织和利用具有新闻价值、社会影响以及名人效应的人物或事件，吸引媒体、社会团体和消费者的兴趣与关注，以求提高企业或产品的知名度、美誉度，树立良好的品牌形象，并最终促成产品或服务销售目的的手段和方式。

扫一扫

互联网营销常用方法有哪些（中）

#### 1）借势事件营销

借助已经形成的某一热点事件，可以顺势营销，无须耗费精力制造事件，却能获得不错的效果。主要有两种方式。一是参与事件，即直接参与到事件当中，抓住事件的某个关键词，将营销信息与事件相结合，并贴上该事件话题，从而借势推广。如果营销信息足够出色，其效果甚至会超越事件本身。二是整合事件，为了便于用户详细了解事件以及相关信息，可以对事件或者类似事件进行整合。立足于纯粹的媒体角色，以全面、详细的介绍吸引用户的关注。如果热点与营销信息契合度较高，那么可以不露痕迹地进行植入。

#### 2）制造事件营销

想要真正掌控整个事件，并有针对性地借此推送某个营销信息，就需要进行事件营销。第一，要制定推广逻辑，让用户在主动了解中接触营销信息；第二，要设计事件内容，塑造更加符合实际的人物，讲述具有冲突性、戏剧性、趣味性的故事；第三，选择推送媒体渠道，对于不同的产品服务、不同的目标用户、不同的事件营销模式，选择的媒体渠道也要有所区别，针对不同的媒体渠道，也需要对事件内容进行微调。

#### 3）终极事件营销

一次成功的事件营销，首先就能在用户心中留下深刻的印象，但仅有印象仍然不够，还要立足于这个印象，不断对事件进行再创作，直至将其打造为“年度盛事”，也就是“节日”。“双11”原本只是天猫针对电商界的一次事件营销，但基于第一次“双11”出乎意料的效果，通过一年一度的持续创作，如今，“双11”已经成为用户公认的“网购节”。

事件营销的事件要与品牌紧密关联，以曲折的故事情节吸引媒体关注，不能盲目跟风，要符合新闻法规，控制好风险。

### 4. 饥饿营销

饥饿营销是指商品提供者有意调低产量，以期达到调控供求关系，制造供不应求的热营销现象，推出抢购，以维护产品形象并维持商品较高售价和利润率的营销方法。饥饿营销的前提是品牌和产品质量拥有足够的号召力和很强大的营销能力，这样，才能使产品价值和号召力成倍放大，为以后的持续热销打下基础。

饥饿营销通过调节供求两端的量来影响终端的售价，先定个又叫好又叫座的惊喜价，把潜在消费者吸引过来，然后限制供货量，造成供不应求的热销现象达到加价的目的，从而提高售价，获取利润，同时对品牌产生高额的附加价值，还可以为品牌树立起高价值的形象。

饥饿营销操作时要把握的关键点：

（1）创造消费者的心理共鸣，在产品面世前，就要不断调动消费欲望，与消费者达成心理上的共鸣。

（2）利益引导，要为消费者的买单提供附加的利益，可以是心理精神层面的，也可以是物质层面的。

（3）做足宣传造势，制造销量热销现象，产生紧张气氛，引发购买欲和消费者的急迫心理。

（4）审时度势，密切监控同类产品的市场策略动向，及时调整饥饿营销的打法，不能一直高挂消费者的胃口，这样可能消费一些人的耐心。同时，一定要做足各种媒体上的信息分享与互动，使得饥饿效应能够赢得更大范围的扩散。

（5）销售到位。在饥饿营销过程中，当企业品牌有了一定的辨识度、知名度、美誉度并能充分引起消费者的购买欲望时，对有购买资格的消费者的服务要及时跟进，如物流服务的及时跟进，销售网络的合理架设、适时监管，企业经销商素质的同步提高等，必须重视保证产品流向顺畅及销售达成。

### 5. 信息流营销

信息流营销是通过信息流广告实现营销推广目标。信息流广告又称原生广告，是通过互联网大数据算法，由机器根据用户兴趣、浏览行为等进行精准推送，嵌入日常浏览的资讯、社交动态或视频流中的广告。信息流营销是指在社交媒体用户状态中的营销方式，其广告主要的表现形式是穿插在各类信息中。

（1）信息流的标题是软文，优化的第一步是优化素材，要与用户互动，信息流的定向方式更倾向于用户兴趣，着陆页是为了放大兴趣。

（2）信息流营销主要有五种媒体方式：第一种是搜索引擎类，代表有百度、360、搜狗等搜索媒体，整合大量的流量资源，在自身的下拉展示页、关联信息页等进行广告呈现，其核心是基于用户的搜索行为进行的广告推送；第二种是新闻资讯类，代表有今日头条、腾讯新闻、一点资讯、新浪新闻等新闻媒体，主要在新闻内容之间插入广告；第三种是社交媒体类，代表有微信、微博等社交媒体，主要在用户的状态栏、微信朋友圈等位置进行广告投放；第四种是视频媒体类，代表有爱奇艺、优酷、腾讯视频等视频播放客户端，在视频浏览中插入广告；第五种是Hero App（英雄应用程序）类，主要指在细分行业中，市场量级处于领先处置的App，在自身的产品中插入广告，代表有快手、携程等。

扫一扫

互联网营销常用方法有哪些（下）

### 6. 互动营销

互动营销是基于我国企业特点和信息化需求发展出来的，其强调互动双方的共同行为，以达到互助推广、营销的效果。其中，互动是指用户与企业之间进行的交流。互动营销可以帮助企业更精准地找到目标用户，避免更高的营销成本和用户对营销活动产生审美疲劳。互动沟通、个性化沟通，可以使用户在潜移默化中接受企业的营销理念，认同企业的文化，提高用户的忠诚度，还可以形成用户数据库，结合市场分析技巧，使营销的效果变得可以度量，能够及时发现失误，及时调整，提高营销效果。

1）互动营销的特点

（1）互动性。互动性是互动营销发展的关键，要求企业将营销信息融入目标用户感兴趣的内容之中，认真回复用户的留言，感受用户的想法，唤起用户的情感认同，并逐渐与用户产生情感连接。

（2）舆论性。舆论性互动营销通过新媒体平台与用户进行沟通，在这个过程中，可能会直接或间接地产生对企业或品牌的正面评价或负面评价。例如，营销信息存疑时，营销人员不予以正面回应，就可能给用户留下负面印象，更有甚者发酵为负面舆论。

（3）热点性。热点性互动营销一般可以通过借助热点事件或通过造势进行，但都需要具有一定的热度，这样才能引起更多用户的关注。

（4）营销性。互动营销的本质是为达到某种营销目的而进行的事件预热和互动。

2）互动营销操作要点

互动营销可以综合运用线上交流与线下交流两种方式。线下互动营销可通过AI技术、趣味玩法等方式进行，如利用AI＋AR技术，在不同地点放置互动机，设置一定的游戏规则，吸引用户与之互动；品牌拟人化形象互动，通过将品牌的拟人化形象制作为立牌，或员工扮演拟人化形象的方式，在线下与用户进行互动，如合影等；趣味化营销，通过在线下进行趣味游戏、活动，吸引用户的注意，进行互动营销。线上互动可设置一定的活动规则来进行，如签到，将签到活动设置在微信公众号、小程序及微博超话中，并以一定的奖品来激励，发红包、抽奖、连续签到送当季新品等；还可借助互动游戏，抽奖或上传故事、照片等，将奖品寄送给点赞数排名前三的用户等。

开展互动营销的要点：

（1）定位目标用户群体。即能够有效地分析用户信息，根据其消费需求与消费倾向，通过用户分群与用户分析技术，识别互动营销需要针对的目标用户，为后续工作做好准备。

（2）完善用户信息数据。即能够将数据库中与用户相关的历史信息进行有效整合，并且根据用户反馈与接触用户的特征，增强并完善接触用户的记录，为新产品开发和营销提供准确的信息。

（3）促进用户重复购买。即结合预测模型，从用户的消费行为中，识别出潜在营销机会，为促进用户重复购买提出建议、积累经验。

（4）支撑产品关联销售。即通过分析用户的消费特征和消费倾向以及产品组合，为关联产品的销售和用户价值的提高提出建议。

（5）建立长期用户忠诚。即结合用户价值管理，整合用户接触策略与计划，为建立长期的用户忠诚提供信权益息支撑，并维系营销活动的执行与管理。

（6）实现用户权益最大化。即实现用户利益最大化，需要稳定可靠、性价比高的产品，便捷快速的物流系统支持，长期稳定的服务质量，以及对用户心灵的感化和关怀。用户权益的最大化是互动营销设计的核心理念。

### 7. 情感营销

现如今，越来越多的企业开始在各大新媒体平台上打“感情牌”，在营销时从用户的情感需求出发，引起用户的共鸣，将情感寄托在营销之中，建立与用户的情感连接，即采用情感营销。

情感营销能够营造出一个温馨、和谐并充满情感的营销环境，帮助企业树立良好的形象，建立良好的人际关系，实现长远目标；情感营销还可以聚拢和自身理念相同的用户，与之建立情感连接，满足用户在情感上的需求，从而对企业品牌产生偏爱，提高对品牌的忠诚度；情感营销还是战胜竞争者的有力武器，通过情感营销，企业可以赢取用户的好感和信任，拥有比竞争者更大的获胜概率，在市场中越走越远。

### 1）情感营销的情感定位

在进行情感营销时，一般可从产品命名、产品设计和产品宣传三个方面来进行情感定位。

（1）产品命名中的情感定位。在对产品进行命名时，企业可以借助耳熟能详的歌曲、诗词、名言、故事等，将产品与其中的情感相结合，使用户看到产品时，就能产生一定的情感，更容易引导用户消费。

（2）产品设计中的情感定位。在设计产品时，企业要从用户的角度考量将产品根据用户的不同特征来设计，这样更容易获取用户的好感，为产品带来更多的销量。

（3）产品宣传中的情感定位。在对产品进行宣传时，企业可以赋予产品新的定位，让用户通过企业的宣传，认为该产品是独一无二的，并在产品销售时，更愿意浏览该产品的详情页，带来更多流量，提高点击率和转化率。

### 2）情感营销关键点

情感营销要抓住设计、包装、商标、广告语、价格、公关和服务七个关键点。

（1）设计。定制设计指企业在制造、设计产品或提供服务时，考虑到不同用户的消费需求，为用户提供参与制造产品的权利，让用户能够在产品中表达自己的情感，以此吸引用户接受产品或服务。主题设计指企业抓住用户在某一特定时间段的特殊情感需求，创造出的能够表现情感的全新经营和服务主题，再根据这个主题，设计产品或提供服务，引起用户共鸣，如美妆品牌在妇女节等节日推出的限定版等。环保指企业在设计、制造产品、营销等过程中，充分关注社会及环保问题，做到既不伤害用户情感，也不损害用户利益。

（2）包装。包装可以从美化产品、促进销售以及赋予产品不同风格和丰富内涵等方面来思考，引起用户不同的情感感受，获得用户的好感及认同。例如，某些美妆品牌的口红套装，其包装所用的套盒不仅外观好看，还可以改造为手包。

（3）商标。设计商标时，需注意简洁明了，便于识别和记忆，使用户能很快被吸引；同时，还需要讲究艺术感，表达出企业的理念，使用户对其印象深刻，当用户看到相似事物时，就能够想起企业的商标。

（4）广告语。在进行情感营销时，企业应注意广告语表达的方式。一般而言，能够与用户产生情感共鸣的广告语，可以在一定程度上提升产品形象，消解用户对广告本能的抵触，引发用户现实或潜在的需求。

（5）价格。进行情感营销时，企业可根据用户的情感需要，推出情感价格，如针对会员用户可实行新品优先购买、享受折扣价格等；还可结合特定节日等，针对不同人群，实施优惠策略。

（6）公关。公关是企业营销的重点，要求企业站在用户的角度进行思考，加强与用户的情感交流。良好的公关活动可以有效渲染企业及品牌的情感色彩，将理念传递给社会，树立良好的形象，使用户感受到企业的亲和力，更容易赢得用户的信任。

（7）服务。服务是企业对市场的二次竞争，良好的服务应做到严肃、真诚地处理问题，及时、高效地兑现承诺，随时为用户解疑释惑，只有这样，才能提高用户的忠诚度，加大企业与竞争者的服务差异，增强营销效果，获得差异化的竞争优势。

## 任务实施

### 一、综合运用互联网营销工具进行全方位营销

针对公司绿色农产品特点，综合运用互联网营销工具，进行全方位营销推广，设计主要实施步骤。

步骤1：广告拉动，借助各种网络营销资源，运用搜索引擎、企业网站、超链接、网络平台等工具发布企业绿色农产品卖点信息，设计程序化广告，实现有选择性地向不同消费者投放，推送接近其内在需求的广告内容，多方位宣传企业品牌，让客户快捷了解绿色农产品原生态、养生、健康等突出特点，促其喜爱、依赖直至信任，产生购买行为。

步骤2：运用即时通信工具，实施精准营销。利用拥有众多用户群体的微信、热门App等，结合互联网大数据支持，对用户定位，及时、快速向大量在线用户传递绿色农产品信息，利用弹出式窗口咨询，发布商品促销、同类商品比对价格等信息，吸引用户点击并促其购买。

步骤3：运用移动电子商务、二维码等工具，多渠道营销推广绿色农产品品牌。用SEO优化、第三方平台推广、问答营销、QQ群营销、分类信息发布、B2B平台宣传等网络营销工具，在官方公众号、微博、网站、自媒体平台等进行宣传推广；在企业名片、宣传单、海报上印网站二维码、网址进行宣传；利用二维码技术打通进入移动端的通道；利用LBS技术实现地理位置的共享；利用O2O打造线上线下的闭环。

步骤4：建立在线销售中心服务。选择有即时通信功能的在线实时交流工具，进行快速、高效实时互动交流，更好地服务客户。针对顾客网上购物流程，在商品查询、阅读产品介绍、比较价格、了解交货时间和退货政策、选择商品并加入购物车、订单确认、在线付款等各环节，利用即时信息为用户提供一对一的咨询，实时提供顾客服务，降低顾客因某个环节出现问题而放弃购物的比率，提高在线购买的成功率。

### 二、选择适合的互联网营销方法进行营销

针对企业绿色健康农产品特点，选择并运用适合的互联网营销方法进行营销，制订主要实施步骤。

#### 1. 运用口碑营销方法

步骤1：策划引爆点。

抓住农产品绿色生态的卖点，挖掘出原生态、无污染、安全健康亮点，为消费者提供增值点，找出产品、包装、服务、员工、场地等相关的连接点，布局每个连接点的内容价值，策划眼球引爆点——食品安全与健康养生。

步骤2：制造话题。

从消费者体验角度入手，通过引爆点制造以消费者为中心的口碑话题——生态养生产品带来绿

色健康生活，快速吸引用户关注并参与热议，积极分享，迅速传播，形成口碑效应。

步骤3：选择传播渠道。

针对目标对象是中高端消费群体的特点，选择其经常出现的微博、微信、抖音等新媒体作为传播渠道，整合媒体资源，发布信息，动态沟通，加速覆盖。

步骤4：培养意见领袖。

与已有个人品牌且拥有大量粉丝的意见领袖合作，把目标人群定位在关注绿色产品且消费能力强的白领人群，以良好的口碑快速占领这个领域的客户，向其传递品牌理念，发挥引导作用，培养广泛的品牌口碑；培养出影响传播对象的公众人物及健康专家，成为意见领袖来引导传播。

步骤5：深化品牌口碑。

借助利益引导，举办转发送赠品、产品好评抽奖、分享微信朋友圈赠优惠券等营销活动，激发并保持消费者对绿色农产品品牌口碑正面传播的宣传热情。企业积极参与公益活动，提高品牌的认知度和美誉度。

步骤6：监控口碑传播效果。

监测发帖量、点击数、回帖数、转载量等数据，掌握论坛渠道的口碑传播效果；监测博文数量、点击数量、转载数量、评论及主要关注点等因素，掌握微博渠道的口碑传播效果；监控转发量、评论次数、点赞次数等数据，掌握微信渠道的口碑传播效果等。对传播的过程进行有效管理和控制，有效引导舆论走向，预防因为一些意外因素而产生负面的口碑效应。

### 2. 运用活动营销方法

步骤1：明确活动营销目标。

以绿色农产品打开互联网营销市场，品牌上市营销造势为目的，确定目标受众为中高端消费者，对用户信息数据库进行分析，按其需求、喜好、购买习惯分类，精准覆盖目标受众。

步骤2：选择适合的传播平台。

选择绿色农产品用户群比较集中的微博、微信、抖音、购物网站、手机App等新媒体平台发布企业活动营销信息。

步骤3：生成活动营销创意。

深研市场对原生态绿色农产品的需求，找准企业、受众共同诉求的结合点——农产品从田野到厨房餐桌，进行创意策划，确立绿色、健康、养生的活动主题，线上线下贯通联动，多平台助力主题活动，

选择有机农场，设计成户外参观培训基地，邀请中高端消费者体验种植、采摘、制作、品尝新鲜无污染的农产品，以场地服务放大价值，参与乡村食材体验者以照片、微视频形式记录活动过程，参与直播有奖评选，充分利用网络视频资源平台，将视频内容作为一种素材或介质，渗透到人与人关系里去，广大网友观看视频、上传视频、分享视频的同时，绿色农产品品牌得以广泛推广。

步骤4：策划活动营销内容 。

线上活动——视频征集与大赛网络活动，用户分享体验绿色农产品过程及制作美食等微视频活动；微博、微信上的有奖转发、大轮盘、献祝福、晒照片等。同时，增加在客户端和社交网站的软文与广告投放、搜索引擎的关键词投放等。

线下活动——组织参观地理标志绿色农产品活动，带领消费者真正了解绿色农产品生产的全过

程，举办绿色产品节、展示会、公益活动、赞助冠名等，赢得更为广泛的关注和好感，树立品牌形象，加大品牌声量，为主体活动铺路，将全部线下资源进行网络的二次曝光，以最大化宣传效果。

将绿色健康的理念渗透到产品的每一个环节，体现出产品的生命与活力，使消费者感受到农产品品牌强烈的生态、健康主题特色。打造绿色农产品官网“微视频人人有奖”活动专区，提供腾讯微信和新浪微博的参与平台，通过活动流程设置达成线上线下的品牌联动、社交互动，实现活动营销目标。

步骤5：把握准时间节点。

选择在消费者需求最高的“黄金时间”节假日和绿色农产品上市的最佳时间及时开展活动营销，以带来强大传播效果；有针对性地在客户端、内容相关网站、社交网站、搜索引擎等投放或视频宣传，保证主题活动信息较大的覆盖面。

步骤6：有效地预热活动。

与核心粉丝、种子用户分享、沟通，通过他们自主传播来增加活动营销热度；与其他知名用户合作，通过付费推广的方式让其协同进行活动营销预热。

步骤7：及时开展活动营销。

细化活动主题、宣传文案、目标受众、时间地点、活动流程、参与规则、人员安排、物资清单、经费预算、注意事项等内容。完整、完美地实施活动营销，加强对活动的监督、指挥、协调和沟通，以保障活动营销效果的达成乃至超越预期。

步骤8：总结提升与后续开发。

首先是对活动的开展进行分析、总结、评估及复盘，对照目标检查活动营销实效性，总结经验和教训，为下次活动开展做有效支撑和准备，以期提升类似活动营销的成功率；其次是打组合拳，形成活动系列，持续举办活动，形成活动营销的良性循环，同时注重数据的收集更新，分析不同受众的数据指标，并以此为依据确定以后的活动项目，开展有针对性的活动来吸引并黏住用户，提升绿色农产品品牌影响力。

## 项目总结

本项目以任务驱动形式，引导学生从总体上认知互联网营销，做好互联网营销实施前期的准备工作——营销策划，具体包括实施有效的互联网营销市场调研，分析目标市场的发展情况，用户群体的特征，建立互联网思维，设计营销组合策略，综合运用营销工具与方法等内容。通过本项目任务的操作完成了模拟企业分析网络营销环境，开展互联网营销调研与分析，辅助公司在战略层进行产品定位与客户群定位，制定产品、价格、渠道等方面的组合营销策略，合理选择运用适合的营销方法与工具，设计互联网营销策划方案等基础性工作，为后续项目实施奠定坚实基础。

## 项目实训

制定绿色农产品互联网营销策划方案。

### 一、实训目的

在学习了互联网营销策划的基础知识及互联网营销工具、方法、策略等相关内容后，通过对具体互联营销项目进行研究与设计，进一步加深对互联网营销策划基本概念、营销理念、方法体系的理解，掌握互联网营销策略，灵活运用互联网营销工具和方法来解决实际应用问题，培养互联网营销策划能力。

## 二、实训准备

学生3～4人为一个小组，选组长1名，负责组织协调组内成员的分工和协作；小组各成员要求有明确的分工，并将分工职责写入策划方案设计报告中作为考核内容；小组成员收集好相关资料，通过协作共同完成企业互联网营销策划方案。

## 三、实训内容

A公司是一家以销售绿色健康农产品为主的中型企业，请根据企业实际情况和产品特点，进行一次虚拟的互联网营销策划，通过分析绿色农产品市场营销现状和互联网营销需求，确定互联网营销目标，设计绿色农产品的互联网营销市场定位，提出营销策略，选择可行的互联网营销实施方法，制定出绿色农产品互联网营销策划方案。

## 四、实训要求

（1）互联网营销策划要结合企业实际需求，主要解决两个问题，即企业为什么要采用互联网营销模式以及企业如何实施互联网营销。

（2）策划方案内容要具体，结构应完整，包括网络营销目标、用户定位、用户分析、产品卖点分析、网络营销战略，网络营销组合策略设计等。

（3）要体现对所学互联网营销主要工具和方法的综合运用，具有一定的应用可行性。

# 考核评价

互联网营销策划考核评价表

| 考核项目 | 内容与要求 | 分值 | 学生自评（20%） | 小组互评（40%） | 教师评价（40%） | 合计 |
|---|---|---|---|---|---|---|
| 任务完成（40分） | 能够准确分析绿色农产品互联网营销环境 | 10 | | | | |
| | 能够明确绿色农产品互联网营销目标 | 10 | | | | |
| | 能够明确产品定位及目标，对目标客户进行科学分析 | 10 | | | | |
| | 能合理运用互联网营销工具和方法，方案设计具有可行性与科学性 | 10 | | | | |
| 自我管理能力（15分） | 能培养自己的责任心 | 5 | | | | |
| | 能够合理管理自己的时间 | 5 | | | | |
| | 能灵活运用所学知识 | 5 | | | | |
| 合作交流能力（15分） | 能够积极主动进行组内、组间同学的交流讨论 | 5 | | | | |
| | 能够条理清晰表达观点 | 5 | | | | |
| | 能积极获取信息并反馈信息 | 5 | | | | |

续表

| 考核项目 | 内容与要求 | 分值 | 学生自评（20%） | 小组互评（40%） | 教师评价（40%） | 合计 |
|---|---|---|---|---|---|---|
| 解决问题能力（15 分） | 能够客观分析事物的现状 | 5 | | | | |
| | 能有效使用信息资源 | 5 | | | | |
| | 能发现并解决常规问题 | 5 | | | | |
| 创新能力（15 分） | 能提出有价值的观点 | 5 | | | | |
| | 能使用不同的思维方式 | 5 | | | | |
| | 能制定创新方案并实施 | 5 | | | | |
| 合　计 | | | | | | |

# 项目 2
# 搜索引擎营销

## 项目导入

5G、人工智能、机器学习等技术的高速发展，给搜索引擎行业带来了稳定发展和新的机遇。截至2022年6月，我国网民规模达10.51亿，互联网普及率达74.4%；截至2021年12月，搜索引擎用户规模达8.29亿，搜索引擎使用率达80.30%。调查数据显示，有近80%的人在工作和生活中产生疑问都会通过搜索引擎查找答案。搜索引擎就像一幅信息地图，引领着用户在浩瀚的信息海洋中航行。臻享有限公司是一家销售有机食品为主的中型企业，结合互联网新零售的热潮及技术驱动，臻享有限公司重塑有机食品供应链模式，推出了线上线下结合的新销售模式。当前，臻享有限公司已经意识到搜索引擎是最为有效的网站推广手段之一，并认同搜索引擎营销对公司获取商业价值的重要性。但就网络发展态势来看，臻享有限公司想在数以万计的网站中脱颖而出，就必须在搜索引擎中获得较好的位置以获得更多的用户点击进而达成交易。臻享有限公司责成你负责企业网站的搜索引擎营销工作，通过探究消费者的搜索习惯和知晓搜索引擎排序规则的基础上，能对企业网站制定有效的搜索关键词，同时有针对性地进行网站优化，使网站上更多的内容被搜索引擎收录、关键词获得更好的排名，也可以通过搜索引擎竞价推广机制，将搜索结果排名提前，从而提升网站的访问量和知名度，达到提高销量的目标。

## 学习目标

### 1. 知识目标

（1）了解搜索引擎营销的基本概念、原理。

（2）掌握关键词的分类方法、百度分词算法。

（3）熟悉搜索引擎竞价推广的概念、特点和优势。

### 2. 能力目标

（1）能根据用户需求进行互联网营销信息的收集、整理、分析与研究，开展互联网营销调研，为企业进行产品和客户定位。

（2）能建立互联网思维，设计互联网营销战略，具备互联网营销策略综合运用能力。

（3）具备综合运用互联网营销方法和工具进行营销策划的能力。

### 3. 素质目标

（1）通过了解我国搜索引擎营销的发展及功能特点，认识互联网技术及搜索引擎网站的快速发展，增强政治认同和文化自信。

（2）在搜索引擎优化的工作过程中恪守法律要求，做到诚实守信，维护规则意识，并不断提高自己的审美素养和创新精神。

（3）在进行数据分析与优化中，树立精益求精的精神和严谨的科学态度，不断提升职业素养，形成职业自豪感和自信心。

## 项目实施

## 任务 1　搜索关键词设置

### 任务解析

针对臻享有限公司主营的有机食品设置搜索关键词，根据企业产品特点和消费者的搜索习惯，使搜索关键词符合用户的搜索习惯，通过关键词为网站带来更多的流量，为后续的搜索引擎优化和竞价推广做好基础铺垫。

扫一扫

什么是搜索引擎营销（上）

### 知识链接

### 一、搜索引擎营销简介

#### 1. 认识搜索引擎

搜索引擎是一种自动从互联网中搜集信息，并对信息进行整理和排序后，再提供给用户进行查询的系统。对互联网用户来说，搜索引擎是获取网络信息的常用工具，可以帮助用户高效、快速地查找和比较自己需要的信息。我国的互联网事业发展态势良好，搜索引擎用户规模不断增长，搜索引擎市场商业化程度不断提高，搜索引擎已渗透到用户衣、食、住、行等各个领域，行业增速明显加快，搜索引擎平台迎来稳定发展阶段，进入成熟期。国内搜索引擎平台的快速发展也让我们有了更强的政治认同和文化自信。

#### 1）认识常见的搜索引擎

目前，常见的搜索引擎有百度、360搜索、搜狗搜索、Bing等。

（1）百度。百度致力于为人们提供“简单可靠”的信息获取方式。“百度”一词源于中国宋代诗人辛弃疾所写的《青玉案》：“众里寻他千百度”，象征着百度对中文信息检索技术的执着追求。

百度拥有数百亿的中文网页，而且这些网页的数量每天都在快速增长。此外，百度的服务器分布在全国各地，百度可以从最近的服务器直接将搜索信息返回给本地用户，让用户体验极快的搜索传输速度。百度每天可以处理来自100多个国家和地区的数以亿计的搜索请求，用户可以通过百度搜索全球新鲜、全面的中文信息。

（2）360 搜索。360搜索是全文搜索引擎，是目前广泛使用的主流搜索引擎之一。360搜索包括网页、新闻、电影等搜索产品，为用户带来安全、真实的搜索服务体验。360搜索不仅掌握通用搜索技术，还创造了PeopleRank算法、拇指计划等创新技术。目前，360搜索已经建立了一支由数百名工程师组成的核心搜索技术团队，拥有数万台服务器。其庞大的搜索引擎系统每天抓取超十亿个网页，收集的优质网页数量超数百亿，网络搜索速度和质量都非常好。

（3）搜狗搜索。搜狗搜索是中国领先的中文搜索引擎，致力于中国互联网信息的深度挖掘，帮助用户加快信息获取，为用户创造价值。

在搜狗搜索中，音乐搜索只有不到2%的死链接率，图片搜索有独特的组图浏览功能，新闻搜索有一个“看热闹”的首页可以及时反映互联网热点事件，地图搜索有全国无缝漫游功能，极大地满足了用户的日常需求，让用户上网浏览更方便。

（4）Bing。Bing（必应）是微软推出的搜索品牌，集搜索首页图片设计、崭新的搜索结果导航模式、创新分类搜索及相关搜索用户体验模式于一体、视频搜索结果一键直达、预览播放图片、搜索结果不翻页等功能。

2）搜索引擎的类型

随着搜索引擎技术的不断发展，搜索引擎越来越多，主要包括全文搜索引擎、目录索引、元搜索引擎、垂直搜索引擎和集合式搜索引擎。

（1）全文搜索引擎。全文搜索引擎是目前广泛使用的主流搜索引擎。它的工作原理是计算机索引程序通过扫描文章中的每个词，为每个词创建一个索引，指示该词在文章中出现的次数和位置，当用户查询时，检索程序会根据预先建立的索引搜索并将搜索结果反馈给用户。这个过程类似于通过字典中的检索字表查找词的过程。百度、360搜索都是全文搜索引擎的代表。

特点：

搜索引擎面临大量的用户检索需求（几十到几千次点击/秒），要求搜索引擎在设计检索程序时要高效，并尽可能多地完成计算量大的工作。当建立索引时，可以有效地执行检索过程，使计算压力可以承受，一般的数据库查询技术不能实现全文检索的时间要求。

（2）目录索引。目录索引是人工方式或半自动方式搜集信息。审阅完信息后，编辑会手动形成信息摘要，并将信息放置在预先确定的分类框架中。大部分信息面向网站，提供目录浏览服务和直接检索服务，如 hao123 就是目录索引的代表。

特点：

首先，搜索引擎属于自动网站检索，而目录索引完全依赖人工操作。用户提交网站后，目录编辑会浏览该网站，然后根据一套自定义的标准甚至编辑的主观印象来决定是否接受该网站。

其次，当搜索引擎收录网站时，只要网站本身不违反相关规则，一般都可以成功登录。目录索引对网站的要求更高，有时甚至多次登录都可能不会成功。在登录搜索引擎时，一般不需要考虑网站的分类，登录目录索引时，必须将网站放在最合适的目录（directory）中。

最后，搜索引擎中各个网站的相关信息都是自动从用户的网页中提取出来的，所以用户有更多的自主权；而目录索引则要求必须手动填写网站信息，并且有各种限制。更重要的是，如果工作人员认为提交的目录和网站信息不合适，那么他们可以随时调整，而且不会提前告知。

（3）元搜索引擎。元搜索引擎又称多搜索引擎，通过统一的用户界面，帮助用户从多个搜索引擎中选择和使用合适的（甚至同时使用多个）搜索引擎，实现检索操作，是检索工具的全局控制机制。著名的元搜索引擎包括 InfoSpace、Vivisimo 等。

特点：

①没有独立的网页数据库。

②能够根据用户的需求综合特定的搜索引擎的搜索结果。

③能够索引特定类型的搜索，如图片、文档、网页、视频等。

（4）垂直搜索引擎。与全文搜索引擎不同，垂直搜索引擎更侧重于特定的搜索领域和搜索需求，如图片搜索、视频搜索、法律搜索、专利搜索、论文搜索等，是通用搜索的一个细分领域。在特定的搜索领域有更好的用户体验，如百度专利、百度文库等，都是垂直搜索引擎。

特点：

①搜索是产业商业联盟的平台，是整合产业链的上下游企业的搜索入口。

②垂直搜索的表现与百度不同，结构化搜索和非结构化搜索一起使用。

③从广告模式来看，它提供了除了Google Adsense和百度竞价排名广告之外的另一种可能。

（5）集合式搜索引擎。集合式搜索引擎类似于元搜索引擎，不同的是它不会同时调用多个搜索引擎进行搜索，而是用户从提供的几个搜索引擎中进行选择，然后搜索用户需要的内容。HotBot、Howsou、Duoci等都是集合搜索引擎的代表。

特点：

它可以整合众多搜索引擎的特点，更准确地找到目标内容。

#### 3）搜索引擎的作用

搜索引擎是网站建设中“方便用户使用网站”的必备功能，也是“研究网站用户行为的有效工具”。高效的站内检索让用户能够快速准确地找到目标信息，从而更有效地促进产品和服务的销售。并且，通过对网站访问者搜索行为的深入分析，对于进一步制定更有效的网络营销策略具有重要价值。

从网络营销环境的角度看，搜索引擎营销环境的发展对网络营销的推动具有举足轻重的作用；从效果营销的角度来看，很多企业之所以能开展网络营销，是因为使用了搜索引擎营销；从完整电子商务的组成部分来看，网络营销是向终端客户传递信息的最重要组成部分和重要环节。

### 2. 搜索引擎营销的形式

搜索引擎营销可以分为三种基本形式，即搜索引擎登录与排名、搜索引擎优化和关键词广告。搜索引擎营销服务还有很多其他形式，都是在上述基本形式的基础上发展而来的。

扫一扫

什么是搜索引擎营销（下）

#### 1）搜索引擎登录和排名

这种方法一般比较简单，只需要根据搜索引擎的提示一步步填写即可。每个搜索引擎都有不同的登录详细信息。一般来说，搜索引擎登录所需的内容包括网站名称、网址（URL）、关键词、网站描述和站长联系方式。大多数搜索引擎都需要人工审核，因此在审核后的几天或几周内，提交的内容才会显示收录信息。

2）搜索引擎优化

搜索引擎优化（search engine optimization，SEO）是一种免费的在线推广方法。在了解搜索引擎自然排名机制的基础上，对网站进行内外调整优化，提高网站在搜索引擎中的关键词自然排名，在关键词搜索结果中获得更高的排名，从而增加网站流量，达到网站销售和品牌建设的预期目标。

SEO成本较低，不需要承担无效点击的风险，同时一旦完成优化，排名的效果会比较稳定。但受关键词竞争激烈程度、优化者水平和搜索引擎算法变化等一些因素影响，一般耗时较长，所以不能保证在指定的时间内一定能实现指定排名，而且要随时做好迎合搜索引擎平台新算法的调整准备。

SEO对技术要求相对较高，整个工作流程贯穿网站的策划、建设、维护始终，主要按照网站定位分析—关键词分析—网站结构优化—网站页面优化—网站内容优化—主动向外提交网站—导入外部链接—数据监控与分析几个步骤进行。

3）关键词广告

关键词广告即搜索引擎营销（search engine marketing，SEM），也称竞价营销和搜索引擎广告。就是通过网站付费的方式获得网站效果排名，支付费用和关键字质量的综合价值越高，排名越高。

通过SEM可以使用户定位更准确，广告的投放效率更高，同时用户可以自行选择广告位和灵活控制预算，利用点击付费的形式，降低推广费用。SEM追求更高的性价比，以更少的投入获得更多来自搜索引擎的流量，产生商业价值。

3. SEO与SEM的联系与区别

SEO与SEM的目的都是通过用户在搜索引擎中搜索关键词的行为为网站引流，带来经济效益。以百度为例，当用户输入关键词时，SEO与SEM的结果同时展示，如图2.1.1所示。

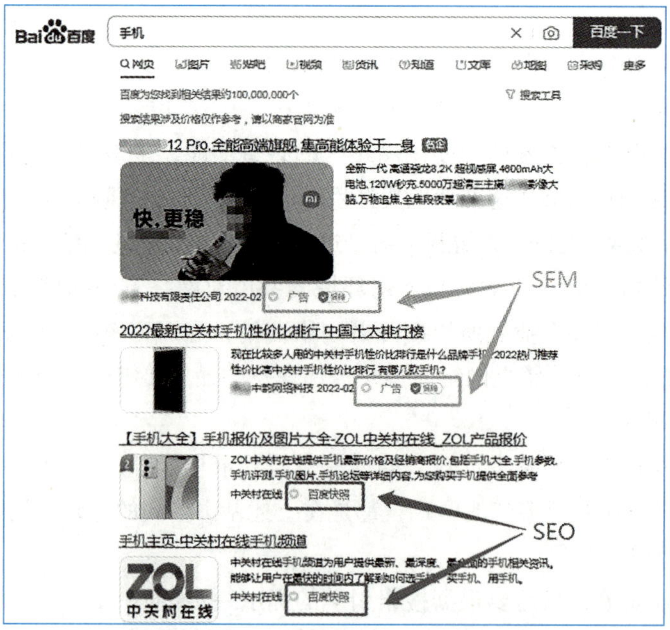


图 2.1.1 SEM 和 SEO

从图2.1.1中可以看出，SEM与SEO的展示方式是不同的，SEM是一种付费排名，同时使用技术手段和付费手段实现，显示的是“广告”；而SEO是自然优化排名，通过纯技术手段实现，显示的是“百度快照”。对于企业来说，两者各有利弊，如图2.1.2所示。如果企业预算充足，可选择SEO+SEM的方式推广。SEO提高网站权重，保证网站质量，有助于品牌宣传，SEM能够迅速带来客户，两者结合，能实现“1+1>2”的效果。

| 特征 | SEM | SEO |
|---|---|---|
| 提升排名速度 | 快 | 慢 |
| 稳定性 | 差 | 强 |
| 成本 | 持续消耗 | 相对较低 |
| 排名位置 | 靠上 | 靠下 |
| 恶意点击 | 需要担心 | 无须担心 |
| 关键词排名难易度 | 容易 | 需要竞争 |
| 搜索引擎跨越 | 针对一个 | 可以借鉴 |

图 2.1.2　SEM 与 SEO 优劣势对比

## 二、关键词制定

### 1. 关键词的概念与分类

扫一扫

如何制定关键词（上）

#### 1）关键词的概念

关键词是指用户为了寻找某个相关信息（产品、服务等内容），在搜索引擎的搜索文本框中输入的一段文本。它等同于网站的定位或主营产品，即企业希望用户通过怎样的词语找到自己，可以是一个词语、一个短语或者一句话。

#### 2）关键词的分类

（1）按热度进行分类。

热门关键词：指近期搜索量比较大的关键词。通常情况下，这类关键词的竞争非常激烈，想获得较高排名比较困难，但是一旦排名靠前，网站就可以获得可观的流量。

普通关键词：指具有一定的搜索量的关键词。这类词通常竞争程度一般，并且细分程度较高、覆盖范围广、精确度较高。

冷门关键词：指搜索量较小的关键词，在专业领域涉及较多。这类关键词数量巨大，但搜索量偏低，同时用户的目标也非常精准。

（2）按相关度进行分类。

品牌词：指企业公司名称或专有品牌名称，如小米、华为等。

品类词：指企业主营产品、服务所属品类的关键词，如手机数码、婚纱摄影、教育培训等。

人群词：指目标客户群体表现出的主流兴趣点，如大码女装、考研资料等。

（3）按重要程度进行分类。

目标关键词：也称核心关键词，直接表现网站主题，是描述网站主体最贴近、最精准的词语。这类关键词竞争比较激烈，但能够带来较大的流量。

长尾关键词：是指字数较多、描述具体的关键词，是对目标关键词的拓展和延伸，一般由多个关键词组合而成。这类关键词搜索量相对较小，但搜索用户广泛且精准度高，能够带来一定流量，竞争难度小。由于用户的搜索习惯和语言表达方式不同，长尾关键词是无穷无尽的，靠的是聚沙成塔的效应。

相关关键词：指与目标关键词和长尾关键词相关的关键词，它的作用是辅助目标关键词和长尾关键词，让网站的排名更容易靠前。

例如，目标关键词是“点读笔”，那么长尾关键词可以包含目标关键词也可以不包含，可以设置长尾关键词为“哪个品牌的点读笔比较好”。但用户在搜索“英语学习”时，搜索它的人不一定需要点读笔，而日常学龄前儿童在进行英语启蒙时经常会利用点读笔来辅助学习，所以“英语学习”就可以作为目标关键词和长尾关键词的相关关键词。适当出现一些相关关键词，能够让搜索引擎更加精确定位，有助于排名。

### 2. 关键词的分词与密度

#### 1）分词

分词又称切词，是指把网页中的正文内容划分为若干具有实际意义的词汇。以百度为例，百度搜索引擎根据用户搜索的词语，运用分词算法把字符串拆分成独立的字符，这就是百度分词技术，如图2.1.3所示。

图 2.1.3　百度分词技术

搜索关键词“华为智能手机”，在百度搜索引擎中会被拆分为“华为”“智能”“手机”三个词，那么在网站的标题、描述、关键词中，出现分词中的任意一个，都有被展现的可能。中文里的词通常是由两个或两个以上的中文字符组成，因此，搜索引擎不能借助分隔符对页面正文内容进行分词，而是按照某种算法把页面内容划分为若干中文词汇。而百度搜索引擎有自己的一套字典，会对字典里没有的词进行拆分，将其拆分成字典中已经存在的相关词语。利用分词技术，不仅能够降低优化关键词的难度，还能够促进关键词的多样化。

2）关键词密度

关键词密度是指关键词在网页上出现的总次数与其他文字的比例，一般用百分比表示。

关键字密度=关键词词频(即关键词出现次数)/页面总词汇量

相对于页面总字数而言，关键词出现的频率越高，密度也就越大。需要注意的是，关键词密度不是关键词占整个网站所有页面的密度，而是指占某个网页的密度，它是和一个网页的比例，而不是和整个网站。

在SEO中，对关键词密度高低没有太多要求，自然合理即可，常见的关键词密度应保持在2%～8%。关键词密度太低，被引擎蜘蛛抓取到的概率小，起不到优化效果；太高可能会被搜索引擎认为是在堆砌关键词，从而被认为是作弊而遭到处罚。

查询网页的关键词密度，可以通过网络在线工具，如“站长工具”中的“关键词密度查询”查询，如图2.1.4所示。

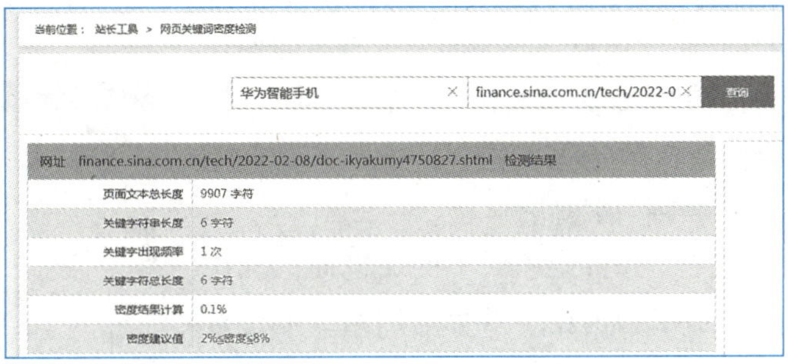


图 2.1.4　关键词密度查询

在“关键词”搜索框中输入关键词，在“网站地址”搜索框中输入要查询的网址，单击“查询”按钮，可以看到，在该网页中，查找的关键词“华为智能手机”密度为0.1%。

搜索引擎会根据页面中每个关键词的密度对页面的主体进行定位，如果搜索的关键词在页面中的密度过低，就会被搜索引擎排除在搜索结果以外，难以得到展现。

3）关键词的选择标准

扫一扫

如何制定关键词（下）

（1）关键词要与网站内容相关。关键词是为网站服务的。用户使用搜索引擎时，都有一定的目的，希望能找到自己所需的内容。所以，选择的关键词要与网站的内容有一定的相关性，这样，用户在点击网页后才会多做停留，进而转化为有效流量。

（2）目标关键词要有精准性和商业价值。宽泛的关键词通常竞争性强，不利于优化，而特殊性强的关键词虽然竞争度小，但搜索量一般也很小。

比如，计算机销售公司采用“计算机”作为关键词，那么竞争程度就会非常高，想要提高网站排名的难度很大，而且目标也不够精准，搜索的用户可能是想查询计算机维修、计算机工作原理等。如果以“品牌名+计算机”“计算机销售”“计算机价格”等作为关键词，会较容易提高网站排名，而且搜索的用户购买的意向也会更强。反之，如果设置的关键词是“××市××品牌计算机销售”，可能又比较特殊，不利于发展新客户。

（3）站在用户的角度思考。网站在设计关键词的时候不能只根据自己的主观想法，这样的关键词可能过于专业，而使用搜索引擎的用户大部分是非专业人员，这样的关键词就不符合用户的搜索习惯，可以借助网站数据调查工具，了解用户的搜索习惯确定最终的关键词。

（4）关键词要选择搜索量较大、竞争度较小的词。很多词尽管意思相近或相同，却有不同的搜索量和竞争度。搜索量大的词会带来较好的流量，同时竞争性也比较强。选择竞争力较小的关键词，比较容易优化，从而帮助网站获得更好的排名。

查看关键词在百度中的搜索量和竞争度，可以利用“百度指数”。如图2.1.5和图2.1.6所示，通过“百度指数”，可以看到在近30天内，“绿色食品”日均搜索量为349，还可以看到不同相关性的关键词竞争度高低。

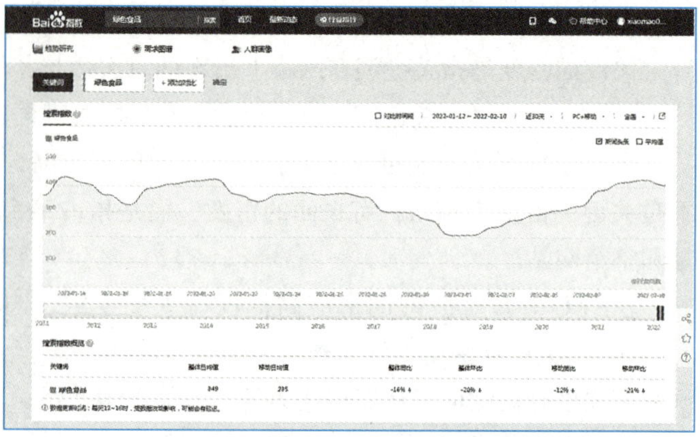

图 2.1.5 “绿色食品”的百度指数

### 4）挖掘关键词的方法

（1）进行自我分析。围绕网站的定位和目标人群，思考“我们能为用户解决哪些问题”“用户有问题的时候会搜索哪些关键词”“如果我是用户，我想在搜索的时候看到什么样的答案”……。可以利用思维导图扩展思路。

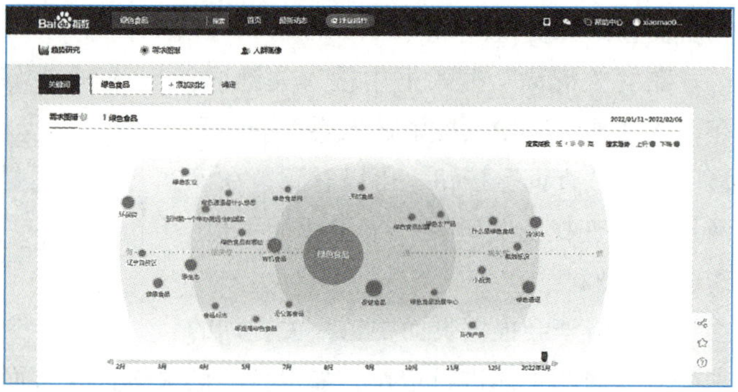

图 2.1.6 “绿色食品”的搜索指数竞争度

（2）分析竞争对手的关键词。利用搜索引擎查询竞争对手的网站，通过查看网站首页源文件（在页面中空白处右击并选择“查看网页源代码”）中的标题（title）、关键词（keywords）、描述（description）中包含的关键词，为自己网站的关键词制定提供依据。

例如，一个销售坚果的公司的网站需要优化，在百度中搜索“三只松鼠”网站，并查看其源文件，可以看到在其TDK标签中都使用了哪些关键词，如图2.1.7所示。

```
<title>三只松鼠</title>
<META content="三只松鼠股份有限公司创立于2012年，总部位于安徽芜湖，主营产品覆盖了坚果果干、面包糕点、谷物制品、肉食卤味、方便速食等全品类休闲零食，致力于为主人带去质高、价优、新鲜、丰富、便利的快乐零食" name="description">
<META content="三只松鼠,三只松鼠官网,三只松鼠电子商务有限公司,坚果,干果,互联网坚果,碧根果,夏威夷果,山核桃,食品,农产品,双十一" name="keywords">
```

图 2.1.7 查看网站源文件

（3）利用搜索引擎挑选关键词。在搜索引擎输入框中输入“绿色食品”，在自动弹出的下拉列表中会显示一些近期搜索量大、搜索频率比较高的关键词，如图2.1.8所示。

同时，在搜索结果的下面会显示一个“相关搜索”模块，里面也和下拉列表一样，显示了一些搜索频率高、搜索量大的关键词，如图2.1.9所示，这些都可以作为关键词供筛选。

（4）使用关键词拓展工具。可以利用百度指数、站长工具、爱站网、5118平台等扩展目标关键词和挖掘长尾关键词、相关关键词，同时可以筛选出搜索量高且竞争度低的关键词。

### 5）关键词趋势预测

（1）节日趋势预测。通过百度指数，能够发现一些关键词的搜索量呈现在某些特定时段明显上升的趋势，主要体现在一些特殊的时间节点上。如果销售的产品中有哪些与节日需求相关，就可以提前2～6个月开始优化特殊的关键词。通常可以采用专题页的形式，以快速提高关键词的排名。

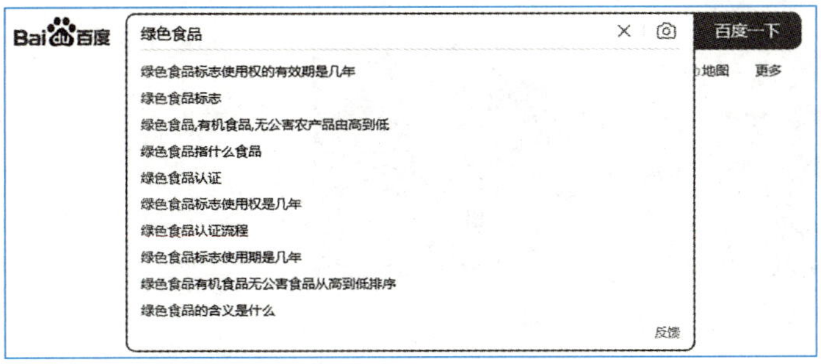


图 2.1.8 下拉列表

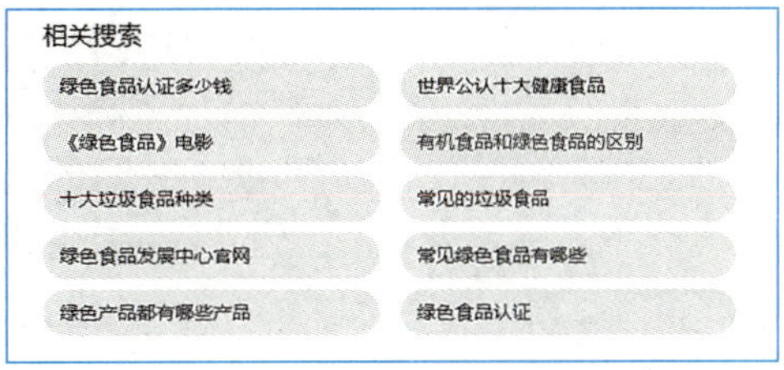


图 2.1.9 相关搜索

（2）社会热点预测。SEO人员应善于感知社会新闻热点，利用热点事件及时修改SEO计划，做好关键词的调整工作。获取社会热点要关注国家政策变化和发展趋势，具备职业敏感性，也可以通过微博热搜、百度新闻、腾讯新闻、今日头条、短视频平台等。

## 任务实施

针对臻享有限公司主营的有机食品制定网站的搜索关键词。结合销售产品的特点及用户搜索习惯，分别确定目标关键词、长尾关键词及相关关键词。

步骤1：在了解网站定位和目标消费人群的基础上，以“有机食品”为核心制作思维导图，如图2.1.10所示。

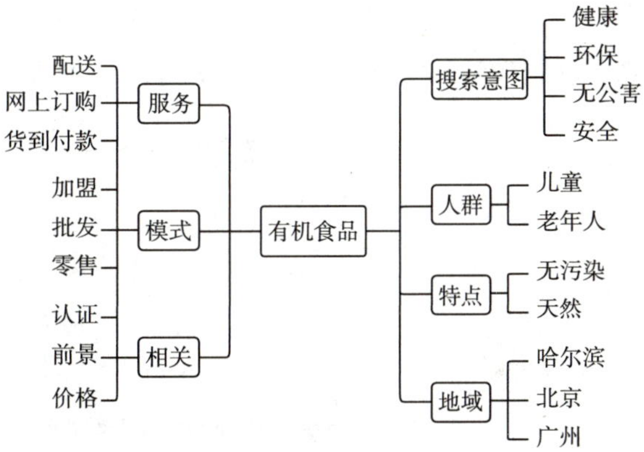


图 2.1.10 以“有机食品”为核心的思维导图

步骤2：在百度中搜索“有机食品”，在弹出的下拉列表和相关搜索模块中查看相关关键词，如图2.1.11和图2.1.12所示。

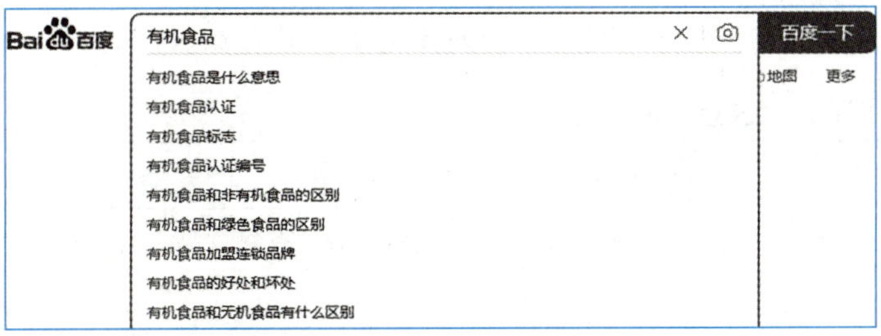


图 2.1.11 “有机食品”下拉列表

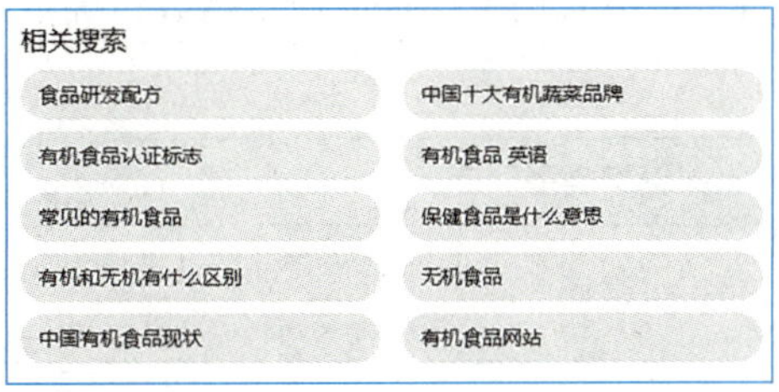


图 2.1.12 “有机食品”相关搜索

步骤3：在搜索结果中单击排名靠前的网页，通过页面导航栏等查找可用的关键词，如图2.1.13所示。

图 2.1.13　查找导航栏关键词

步骤4：在空白位置右击，在弹出的快捷菜单中选择“查看网页源代码”，在TDK标签中查看关键词，如图2.1.14所示。

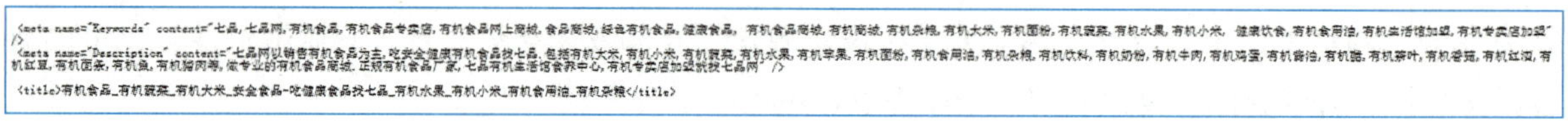

```
<meta name="Keywords" content="七品,七品网,有机食品,有机食品专卖店,有机食品网上商城,食品商城,绿色有机食品,健康食品, 有机食品商城,有机商城,有机杂粮,有机大米,有机面粉,有机蔬菜,有机水果,有机小米, 健康饮食,有机食用油,有机生活馆加盟,有机专卖店加盟"
/>
<meta name="Description" content="七品网以销售有机食品为主,吃安全健康有机食品找七品,包括有机大米,有机小米,有机蔬菜,有机水果,有机坚果,有机面粉,有机食用油,有机杂粮,有机饮料,有机奶粉,有机牛肉,有机鸡蛋,有机酱油,有机醋,有机茶叶,有机香菇,有机红酒,有机红豆,有机面条,有机鱼,有机猪肉等,做专业的有机食品商城,正规有机食品厂家,七品有机生活馆食养中心,有机专卖店加盟就找七品网" />

<title>有机食品_有机蔬菜_有机大米_安全食品-吃健康食品找七品_有机水果_有机小米_有机食用油_有机杂粮</title>
```

图 2.1.14　查看网页 TDK 标签

步骤5：在爱站网中利用“关键词挖掘”工具，在搜索框中输入“有机食品”，单击“查询”按钮，在查询结果中寻找所需要的关键词，如图2.1.15所示。

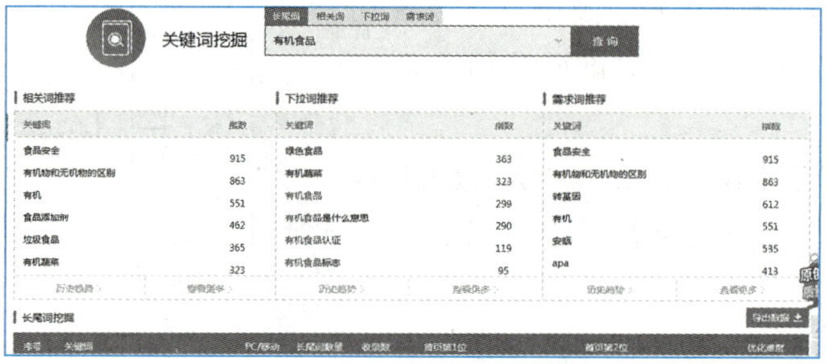


图 2.1.15　爱站网中的“关键词挖掘”

步骤6：从思维导图中挑选其他关键词，重复以上步骤，将得到的关键词进行整理，也可以利用百度指数查询关键词的搜索指数，确定目标关键词、长尾关键词、相关关键词，见表2.1.1。

表 2.1.1　关键词列表

| 关键词类型 | 关 键 词 |
| --- | --- |
| 目标关键词 | 有机食品、儿童有机食品、有机食品配送、有机蔬菜、绿色食品、绿色有机食品、有机食品专卖 |
| 长尾关键词 | 有机食品是什么意思、有机食品专卖店加盟、有机食品的好处、有机食品标准、哪些企业销售有机食品、有机食品比普通食品价格高吗、有机食品和绿色食品的区别、有机食品认证、有机食品靠谱吗 |
| 相关关键词 | 食品安全、垃圾食品、健康食品、健康饮食、营养食谱 |

# 任务2 搜索引擎优化设计

## 任务解析

针对臻享有限公司主营有机食品的网站特点和当前排名情况，根据SEO的优化原理、过程与技巧，对臻享有限公司网站进行优化设计，使网站在搜索引擎中获得更好的排名，吸引更多消费者点击。

## 知识链接

### 一、搜索引擎的工作原理

搜索引擎的工作原理主要包括蜘蛛爬行、抓取建库、网页处理、检索服务、结果展现五个环节，如图2.2.1所示。

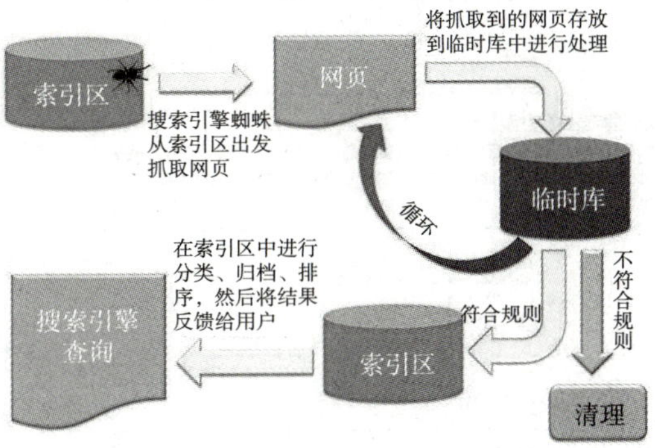


图 2.2.1 搜索引擎的工作原理

#### 1. 蜘蛛爬行

互联网类似于一个巨大的蜘蛛网，搜索引擎就像蜘蛛一样在互联网上爬来爬去，当爬到一个网站的时候，就会把网站的内容记录下来。搜索引擎蜘蛛通过对网络的不断探索，将优质的网页抓取到自己的数据库中。不同的搜索引擎蜘蛛有不同的名称，如BaiduSpider、Sogou Web Spider、Bingbot等。

#### 2. 抓取建库

搜索引擎在抓取网页的时候会同时运行多个蜘蛛程序，通过网页上的超链接，不断发现和抓取新的网页。经过不断地重复此过程，搜索引擎蜘蛛就可以爬行完互联网上的所有网页。当搜索引擎蜘蛛到达一个网页后，会对网页内容进行检测，判断信息是否为垃圾信息，如存在重复、乱码、作弊等内容，搜索引擎蜘蛛会剔除这部分内容，将有价值的网页进行收录，存储到数据库中。同时，由于网页信息随时会被更改，所以搜索引擎蜘蛛也会不断地对抓取过的网页进行更新。

搜索引擎蜘蛛会采用深度优先、宽度优先和最佳优先三种策略爬行网页。

（1）深度优先策略。搜索引擎蜘蛛沿着网页文件中的一个链接爬到下一个网页进行爬取，并继续沿着新网页中新发现的链接进行爬取，直到没有要爬取的链接，然后返回第一个网页，并跟随另一个链接继续向下爬取，重复此过程，直到所有爬取完成。

（2）宽度优先策略。搜索引擎蜘蛛在一个网页，先爬行该网页上所有的链接，再爬行下一层网页所有的链接。

（3）最佳优先策略。搜索引擎蜘蛛到达一个网页时，会将其中的所有链接收集到地址数据库中，经过分析，筛选出具有较高爬取重要性的链接。

#### 3. 网页处理

由于搜索引擎蜘蛛抓取到的数据量过于庞大，网页不能直接用于索引服务，所以还需要大量的预处理工作，如结构化网页、分词、去停止词、降噪、去重、建立索引库、链接分析、数据整合等。

4. 检索服务

检索服务简单地说就是关键词排序。当用户搜索某个关键词时，包含关键词的网页都会提取出来，搜索引擎会根据网站的权威性、页面与关键词的相关性、时效性、丰富度、加权降权等情况对参与排名的页面进行综合排序，得到最终的搜索结果。

5. 结果展现

搜索引擎通过摘要式（见图2.2.2）、图片式（见图2.2.3）、视频式（见图2.2.4）、软件下载式（见图2.2.5）、步骤式（见图2.2.6）和新闻资讯式（见图2.2.7）等对搜索结果进行展现。

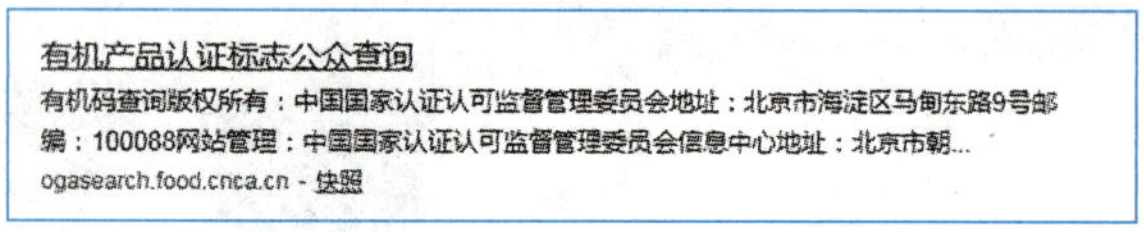


图 2.2.2 摘要式

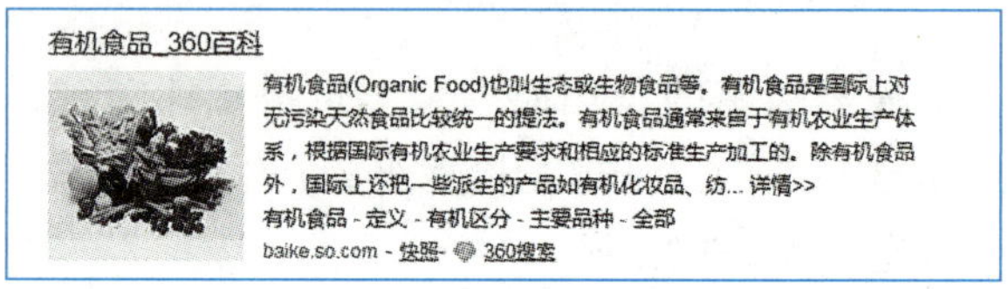


图 2.2.3 图片式

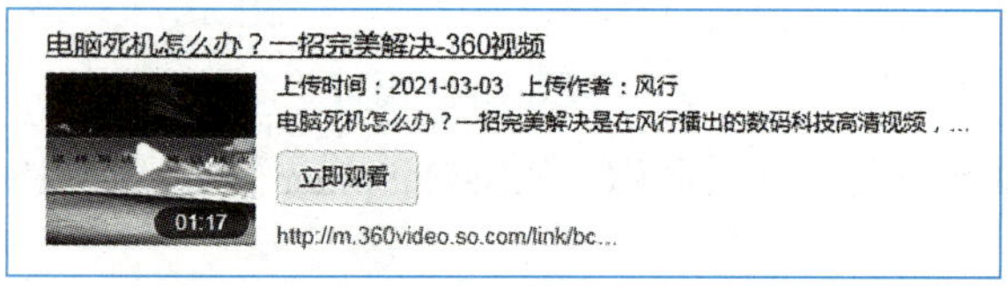


图 2.2.4 视频式

图 2.2.5 软件下载式

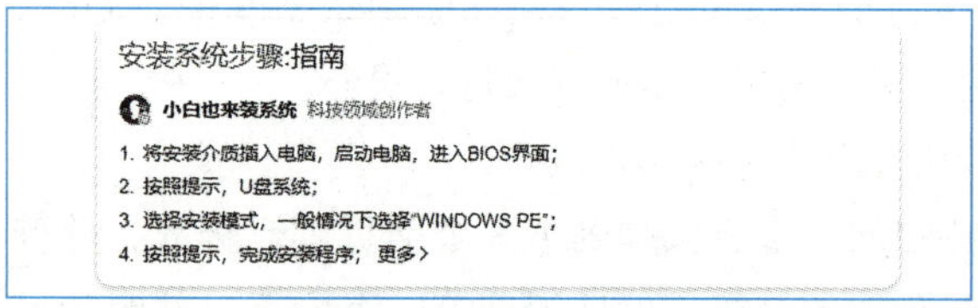


图 2.2.6 步骤式

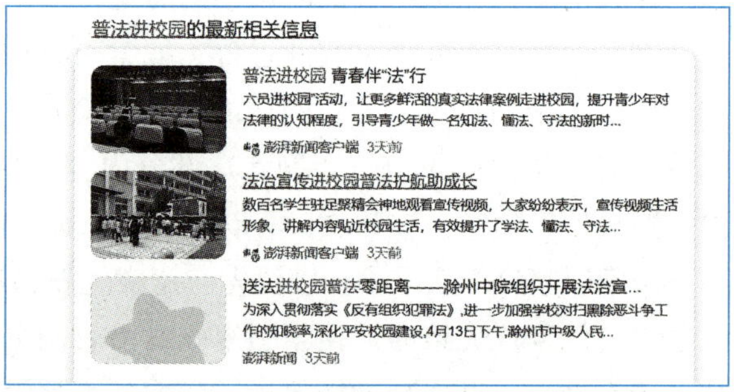


图 2.2.7 新闻资讯式

扫一扫

认识SEO常用名词

## 二、SEO 常用名词

1. 网站权重

网站权重是一个模糊的概念，主要取决于网站布局的好坏和用户体验。网站的权重越高，排名就越靠前，流量也就越大，越容易取得较高的点击量。

百度权重分为1～9等级，数值越大，代表权重越高，相应地，网站质量也越好。

### 2. 收录

收录是指搜索引擎把网站的统一资源定位符（URL）收入自己的数据库。

查看网站收录量可以使用site指令。格式为“site:网站域名”。如在百度搜索框中搜索“淘宝网”的网站收录情况，如图2.2.8所示。

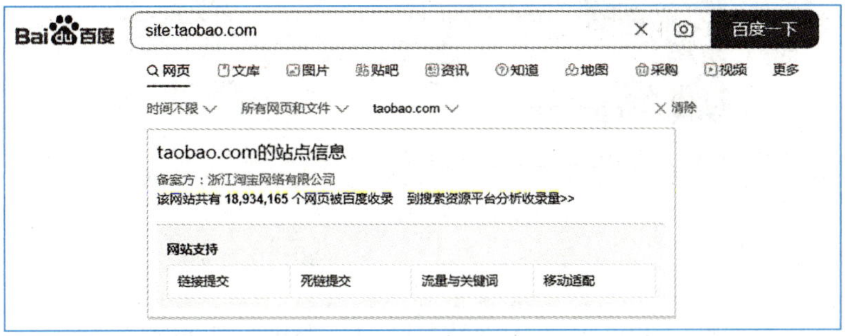


图 2.2.8　收录量

查询在URL中包含指定文本的网页可以使用inurl指令。格式为“inurl:指定文本”或“inurl:指定文本+空格+关键词”。如在百度搜索框中输入“inurl:football 新浪”，可以查询到每个页面的网址中都包含football文本，并且页面内容中还包含“新浪”关键词，如图2.2.9所示。

图 2.2.9　inurl 指令

查询在页面标题（title）中包含指定关键词的网页可以使用intitle指令。格式为“intitle:关键词”。如在百度搜索框中输入“intitle:有机食品”，可以查询到每个页面的标题中都包含“有机食品”文本，如图2.2.10所示。

图 2.2.10 intitle 指令

## 3. TDK标签

（1）T（title）：标题标签，在title中显示网站关键词，有利于网站的排名。

（2）D（description）：描述标签，字数为60～80个，应至少出现一次核心关键词。

（3）K（keywords）：关键词标签，与网站主题密切相关，数量在3～5个为宜。

TDK标签对搜索引擎优化起决定性作用，是网站核心内容。

## 4. 超链接

网站的超链接是指从一个网页指向另一个目标的连接元素。当用户单击超链接后，浏览器会根据超链接类型的不同采取不同的操作。

根据对象的分类，超链接可以分为图片链接和文本链接，文本链接又分为锚文本链接、URL链接和邮件链接。锚文本是一种特殊的文本链接，它将网页中的关键字做成链接，指向网站中的其他页面，如图2.2.11所示。搜索引擎利用锚文本了解所在页面的内容和指向页面的内容，可以提升所在网页和指向页面的排名，同时，锚文本的引导作用可以使用户通过锚文本快速转到其他相关页面。

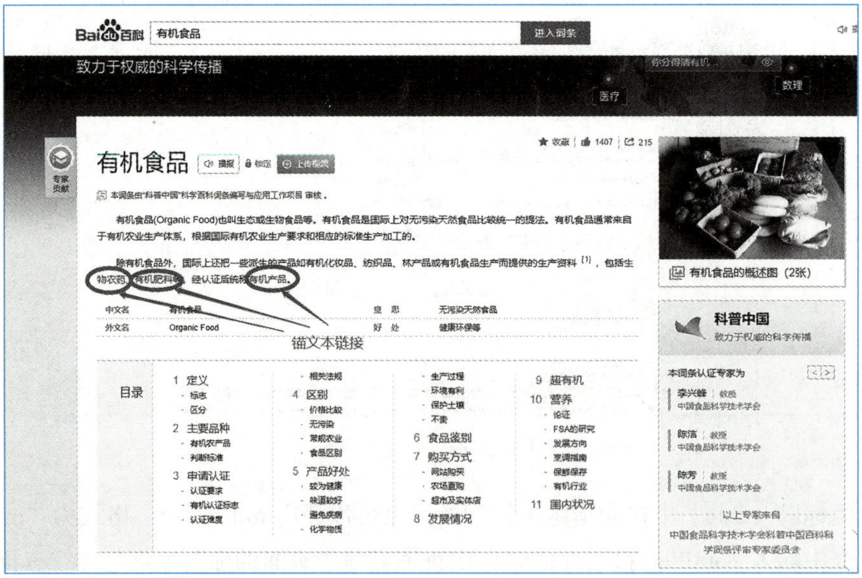


图 2.2.11 锚文本链接

按方向分类，链接可以分为导入链接和导出链接。如图2.2.12所示，京东首页中的“京东生鲜”，对于京东首页来说就是导出链接，而对于京东生鲜来说就是导入链接。

图 2.2.12 导入与导出链接

根据内外分类，链接可以分为内部链接和外部链接。内部链接是指网站内页面之间的链接，如网站内部的导航、分类等指向网站内部其他页面的链接。外部链接是指其他网站与本网站之间的链接，包括从外部网站指向本网站的链接和从本网站指向外部网站的链接。网站中的“友情链接”等就是本网站指向外部网站的外部链接；而在论坛等其他网站回复帖子，或包含本网站链接的文章被其他网站转载，则成为其他网站指向本网站的外部链接。由于网站所有者无法控制其他网站指向自己的网站，因此外部链接是无法控制的。

对于搜索引擎来说，外部链接在提升网站排名中具有更重要的作用，尤其是被权重较高的网站链接，对SEO则更为有效。

### 5. URL

URL是指网站网址，URL的位置如图2.2.13所示。

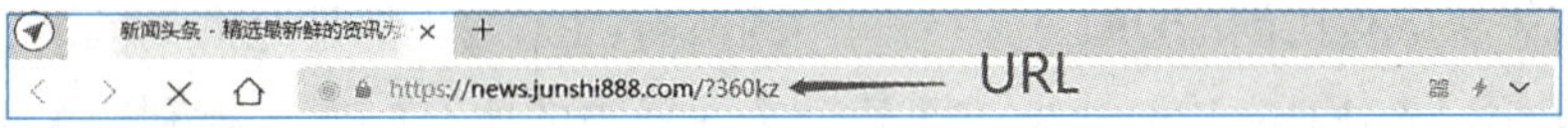


图 2.2.13 URL

通常情况下，URL由四部分组成，分别是协议、网站域名、文件名以及页面ID。URL又分为静态URL和动态URL。动态URL是指末尾带“?”“%”“&”等符号的网址，网页会根据参数的不同生成不同的网页内容。而静态URL则不含任何变量，网页的内容是固定的，指向的文件也是实际存在的。

因为静态URL不带参数，用户会更容易理解页面内容；同时，静态URL符合搜索引擎的抓取原则，有利于搜索引擎收录网站页面信息，有利于网站排名。

而动态URL因为每次链接到网络时参数不同，导致产生大量内容相近的网页，使搜索引擎蜘蛛在抓取的时候产生大量的重复工作，页面收录效率的降低会影响网站的收录和排名，所以对动态URL进行静态化处理，可以提高搜索引擎收录页面的工作效率，从而增加页面收录量。

在设计URL时，目录结构要尽量简洁，内页最好控制在三层（网站域名+文件名+页面ID），字母全部小写，尽量不要出现除字母、数字、“/”、“.”以外的特殊符号，如果是中文网站的URL，可以包含简单的指示性英文单词，以利于提升用户体验。

扫一扫

SEO技术研究

## 三、SEO 技术研究

### 1. robots文件

robots文件（或robots.txt文件）是一个文本文件，可以使用任意文本编辑软件进行编辑，如Windows系统中的记事本robots文件保存在网站的根目录下。

搜索引擎蜘蛛每次爬取网站时，都会先检查网站根目录下是否有robots文件。robots文件是网站和搜索引擎之间的协议，它告诉搜索引擎哪些页面可以收录，哪些页面不能收录，就像一个房间门口的提示牌，告诉人们这个房间是否可以进入。robots文件可以屏蔽网站中比较大的文件、网站不需要对外公开的内容，或者一些死链接。如果网站根目录下没有robots文件，搜索引擎蜘蛛会认为网站的所有页面都允许被爬取。

#### 1）robots文件查看

在浏览器中输入“域名/robots.txt”可查看网站的robots文件，如图2.2.14所示。

#### 2）robots文件使用

robots文件以User-agent开始，后面加上若干Disallow和Allow行。

User-agent行用于描述搜索引擎蜘蛛的名字，若该项的值设为“*”，表示对所有搜索引擎有效。

Disallow用于描述不希望被访问的URL，这个值可以是完整的URL，也可以是URL的前缀。若本行值为空，表示允许访问网站中的所有URL。

图 2.2.14　查看 robots 文件

Allow用于描述希望被访问的URL。一个网站的所有URL默认都是允许访问的，所以Allow通常与Disallow搭配使用，先用Disallow禁止访问某个文件夹中的所有URL，再利用Allow来允许访问其中可以被访问的URL。

#### 3）robots文件的注意事项

（1）robots文件中的规则可以分批设置，不一定要一次性统一设置，一般设置完成后一个月生效。

（2）要选择性地屏蔽，不要屏蔽大量页面，首页不能被屏蔽掉。

（3）robots文件中至少要有一条Disallow记录，否则所有搜索引擎都可以访问网站中的所有URL。

#### 4）使用工具生成robots文件

因为robots文件中包含较多的指令，编写比较复杂，所以，可以利用互联网上的一些在线工具生成该文件，保存在记事本中后，再上传到网站根目录。图2.2.15和图2.2.16所示为使用站长工具中的“robots.txt文件生成”工具生成robots文件。

图 2.2.15 robots 文件生成（1）

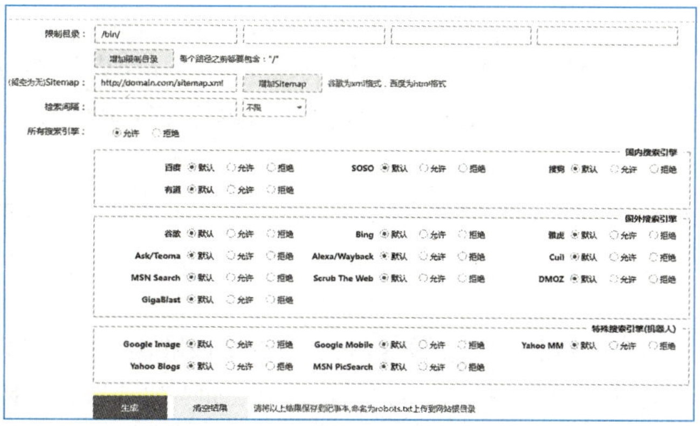

图 2.2.16 robots 文件生成（2）

2. nofollow标签

一些 SEO 作弊者会在博客或论坛中发布大量链接，因为外链是搜索引擎如何对网站进行排名的重要因素，通过这种方式为自己的网站带来外部链接。为防止垃圾链接给网站带来的麻烦，可以在网页中加入nofollow标签。

nofollow 标签被各大搜索引擎广泛支持。它可以指示搜索引擎不要抓取网页中任何带有nofollow标签的出站链接，从而减少垃圾链接占用的网站权重。

同时，可以通过给网站中不太重要的内容添加nofollow标签，降低这部分网页的权重，使权重向重要的网页集中。

1）nofollow标签应用

网站底部经常会出现“关于我们”“意见反馈”等链接，如图2.2.17所示，或网站内引导用户阅读的其他页面链接，如图2.2.18所示。虽然这些链接对用户都有帮助，但从SEO角度看，这些链接都会被搜索引擎蜘蛛抓取，从而分散网站权重。所以，可以使用nofollow标签避免搜索引擎蜘蛛的爬行、抓取。

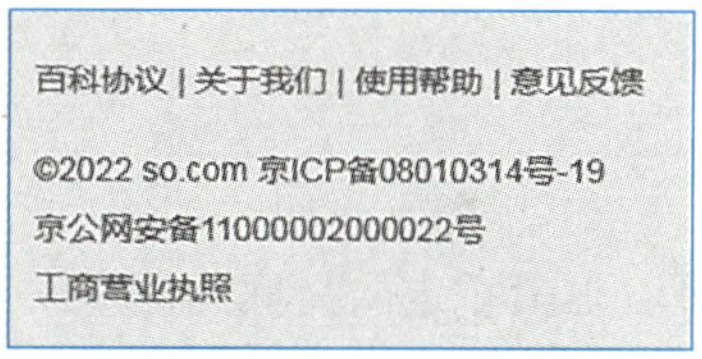


图 2.2.17 网站底部链接

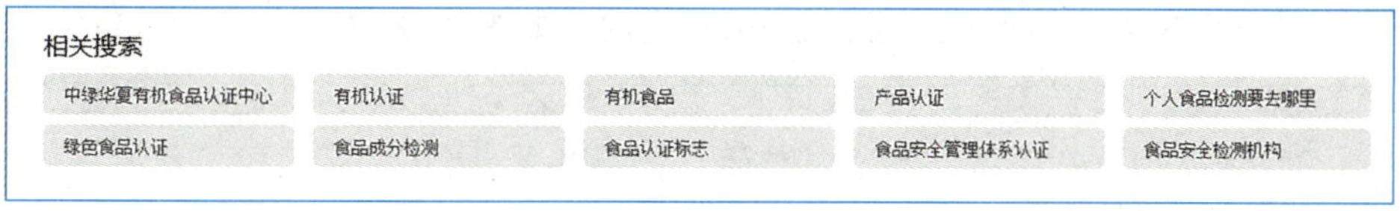


图 2.2.18 相关搜索

同时，对于咨询量比较大的网站，为了让更多页面被抓取，也可以对已经被收录的页面添加nofollow标签，避免页面的重复抓取。

2）nofollow标签和robots文件的区别

（1）nofollow标签针对网站页面权重的分配，robots文件针对网站页面是否被收录。

（2）nofollow标签针对某个链接，robots文件针对整个网站。

（3）nofollow标签放在具体页面代码中，robots文件放在网站根目录下。

### 3. 404错误页面

当网站上出现死链接或网页不存在的情况下，页面上会显示“无法找到该网页”等类似页面，如图2.2.19所示，这就是系统默认的404错误页面。

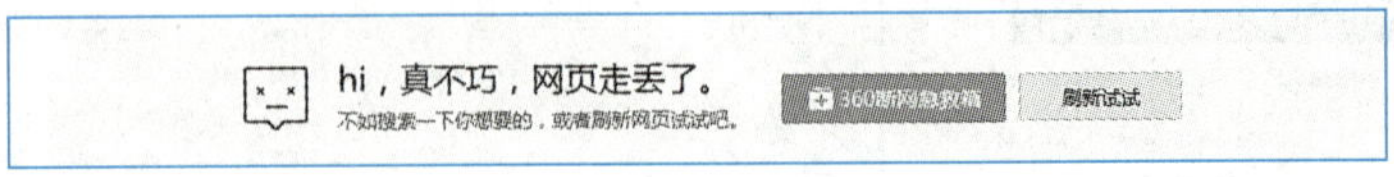


图 2.2.19　404 错误页面

404错误页面会通知搜索引擎蜘蛛该链接是死链，不要收录。如网站无效链接过多，又没有设置404错误页面，搜索引擎就会抓取到大量死链，而认为网站是垃圾网站，对网站进行降权或封站处理。所以，现在很多服务器都会自带定制404错误页面功能，防止因为无效链接而被搜索引擎降权的情况。

对于用户来说，传统的404错误页面会带来不好的用户体验，使精准用户流失，所以很多大型网站会设计优化自定义404错误页面，如图2.2.20所示，在错误页面中设置引导性链接，带领用户打开正确的有效页面。

图 2.2.20　自定义的 404 错误页面

### 4. 301重定向

301重定向又称301跳转，是一种自动转向技术。比如，新浪的网址是www.sina.com.cn，如在浏览器中不输入www.，仅输入sina.com.cn，按【Enter】键后会自动跳转到带有www.的网站上，这就说明该网站做了301重定向。利用站长工具中的“HTTP状态查询”输入网址sina.com.cn，在查询结果中显示“返回状态码：301”，说明该网址做了301重定向，如图2.2.21所示。

图 2.2.21　301 重定向

通过301重定向，可以将两个域名解析到同一个网站。当网站需要更换域名时，也可以通过301

重定向将原网站的累计权重转移到新域名。

搜索引擎优化不是一个能快速实现排名提高的方式，需要日积月累、坚持不懈才能达到一定的功效。只有通过长期的数据监控和分析，找到网站SEO动态发展曲线，才能够对网站未来的SEO发展趋势进行准确判断，给网站优化带来较大帮助，为网站带来大量稳定的用户群。

在利用SEO相关技术实现网站的搜索引擎优化过程中要注意遵守法律要求，尤其是外部链接的优化，要遵守规则意识，避免作弊。同时要注意页面内容的原创性，因为高质量的内容也会让搜索引擎给予较高的权重，注意不要侵权，这也要求我们在工作过程中应恪守法律要求，做到诚实守信，维护规则意识，并不断提高自己的审美素养和创新精神。

## 任务实施

分析臻享有限公司网站目前在搜索引擎结果页面的排名情况，在现有基础上，利用SEO优化原理和技巧，对臻享有限公司网站进行搜索引擎优化，使网站在搜索结果中获得更好的排名。

### 1. 网站基本情况分析

步骤1：市场定位。

通过市场调研，了解臻享有限公司目前在国内有机食品市场上的位置，并以调研结果为依据，设定网站的优化目标要在主要搜索引擎搜索结果的前三页中显示。

步骤2：用户分析。

生活中经常购买有机食品的中青年人群偏多，除了对生活品质有要求外，大部分购买是为家中的儿童或老年人食用，并且以女性购买者偏多。在明确用户群体的基础上，分析这部分用户的搜索特点和喜好，建设符合需求的网站布局、链接结构、内部及外部链接等。可以利用百度指数查询相关关键词的人群属性，分析年龄、性别等分布情况。

步骤3：竞争对手分析。

通过市场调研，对本地和国内的有机产品市场和在搜索引擎中排名靠前的网站进行分析，从网站结构、布局、内容组织、外部链接等方面进行统计、比较，取长补短。

### 2. 网站访问速度检测

在对网站优化前，应先对臻享有限公司网站的访问速度进行检测，因为网站的访问速度和稳定性非常重要，如网站访问速度慢，会影响消费者的体验感，增大跳出率。可以利用站长工具、爱站网、百度统计等进行检测。如网站的打开速度较慢，可以通过在网站设计中通过页面优化和设置，也可以通过改进服务器类型、提升服务器配置或带宽、更换服务器提供商等方式进行改善。

### 3. 网站关键词布局与优化

步骤1：在网页标题中布局关键词。

网页的标题在网页选项卡中显示，如图2.2.22所示，搜索引擎会在其中提取网站关键词。

图 2.2.22　网页标题

在网页源代码的〈title〉标签中直接输入网页标题关键词即可，如图2.2.23所示。

```
<title>有机食品网上商城_有机生活_致力于推广提升大众有机质量生活的领导者 </title>
```

图 2.2.23　title 中的网页标题

在网页标题中布局关键词需要注意：

（1）页面标题中的关键词以3～5个为宜，因为关键词越多，每个词分到的权重就越少。

（2）标题中的关键词要按照重要性排列，因为搜索引擎会根据关键词的顺序来确定关键词的权重，重要的放在前面，不重要的放在后面，最后放置公司名称的简写，如“有机食品_健康生活_臻享有限公司”

（3）每个关键词中间用“｜”或“_”等连接符隔开。

（4）标题的总字数要控制在30个汉字以内。

步骤2：在网页描述中布局关键词。

网页描述是介绍网页的内容，如图2.2.24所示。这些内容不会在网页中显示，但是在搜索结果中会有显示，如图2.2.25所示。

```
<meta name="description" content="专注于推广有机食品，提升大众高品质有机生活，发布各类有机新闻及提供高质量有机生活服务的领导网站。">
```

图 2.2.24　网页描述

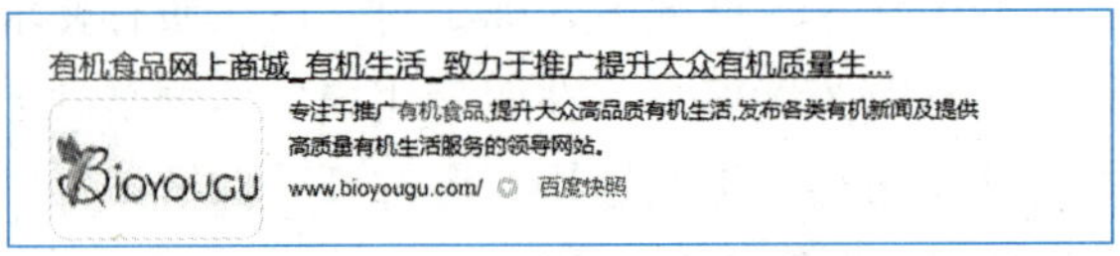


图 2.2.25　网页描述在搜索结果中的显示

在网页描述中布局关键词需要注意：

（1）网页描述是对整个网页内容的概括，它应该是一个连贯流畅的段落，而不是一堆关键词。

（2）尽可能将筛选出的关键词融入标题中。

（3）描述的总字数控制在80个汉字以内，标点符号可以是半角英文，以节省篇幅。

步骤3：在keywords中布局关键词。

网页的keywords在网页的源代码中可以看到，如图2.2.26所示，而keywords中的内容只有搜索引擎能看到，网页和搜索结果中都不显示。

```
<meta name="Keywords" content="有机生活，质量生活，有谷会员，有机食品行业资讯新闻，有谷积分商城">
```

图 2.2.26　keywords 关键词

keywords对排名的影响比较小，所以在设置keywords时，用标题中的关键词直接设置即可。

#### 4. 网站页面的优化

步骤1：优化页面图片。

图片在搜索结果中可以图文并茂地展现出来，所以，搜索引擎将图片作为索引和抓取的参考标准之一。在搜索结果中显示图片，可以第一时间吸引访客，增加网站的访问量，如图2.2.27所示。

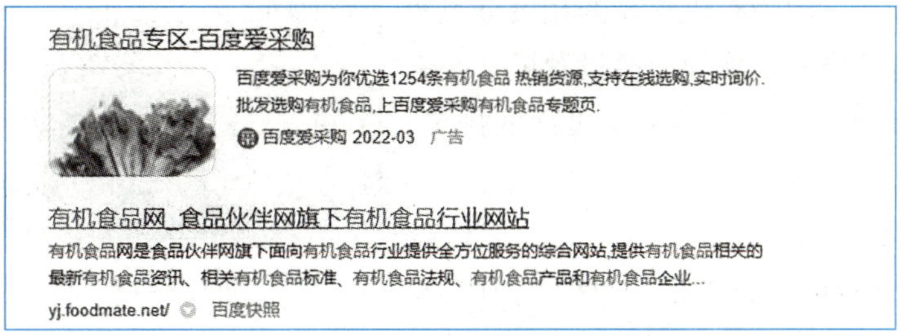


图 2.2.27　搜索结果图片展示

网页中图片文件的大小要求既要能够清晰显示图片内容，又不影响网页的加载速度，如果因图片像素太大而影响加载时间，客户的体验和搜索引擎的抓取效率都会降低。

对于网页中的重点图片，如Logo、产品图片、文章中的配图，可以添加alt标签属性，即为图片添加说明文本，如图2.2.28和图2.2.29所示。alt标签不仅可以提升关键词密度，还可以引导搜索引擎蜘蛛抓取图片，并告知图片意思。

图 2.2.28　鼠标放在图片上时图片的 alt 标签

图 2.2.29　图片不能显示时 alt 标签效果

步骤2：优化页面内容。

搜索引擎的核心就是为用户提供精准且优质的内容，而内容更新的频率也代表着网站的活跃度，所以要保持内容更新的持续性和规律性。除此以外，原创内容也可以提高搜索引擎对网站的收录率，提高网站转载和做外链的概率，为网站带来用户好感与忠诚度。

撰写的原创内容要与网站主题有关，也可以是经验、技巧、测评等。分析热点事件、挖掘论坛精华、问答平台用户的常见问题都是比较好的原创内容素材。食品安全问题、健康饮食观念，都是公司撰写原创内容可以选择的主题，同时，在内容中渗透有机食品的好处，也会激发潜在客户的搜索和关注。

### 5. 网站链接的优化

对于搜索引擎而言，一个链接代表一张“选票”，外部链接是网站之间的互相“投票”，内部链接则是网站内各页面的互相“投票”。

步骤1：优化内部链接。

#### 1）导航栏优化

导航栏位于网站顶部，搜索引擎会先抓取它，并赋予它更高的权重。因此，导航栏是一个非常重要的内部链接区域。

对导航栏的优化，不仅要方便搜索引擎蜘蛛抓取，还要方便用户选择。因为有机食品的相关分类较多，所以可以设置分类导航；将导航栏设置成文字链接，利于搜索引擎识别抓取，提升分类页面的排名，如图2.2.30所示。

图 2.2.30 导航栏

### 2）面包屑导航优化

面包屑导航栏位于导航栏的下方，如图2.2.31所示。

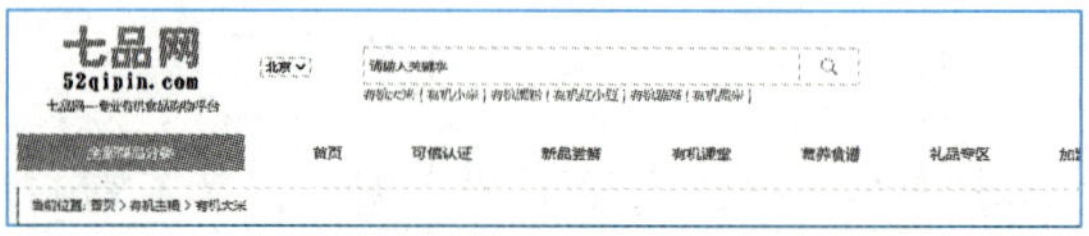


图 2.2.31 面包屑导航

使用面包屑导航可以构建合理的网站结构。搜索引擎蜘蛛可以沿着面包屑导航的链接爬行，有利于搜索引擎蜘蛛抓取网站内容；它可以让用户知道当前网页的类别，帮助用户理解内容；让用户知道自己的当前位置，提供快速返回各个层级页面的入口，方便用户操作；有利于网站内部链接的建设，增加内部链接。

在优化面包屑导航时，要注意避免面包屑导航出现跳级的现象，应根据实际层次结构显示。同时，面包屑导航要采用链接的形式，并设置相应的关键词。如“臻享有机>有机主粮>有机大米”

### 3）锚文本优化

锚文本的长度最好控制在12个字符左右，可以是单个关键词或者组合关键词，这样才能突出网页的关键词，提升网页的收录量。同时，不要将不同关键词的锚文本指向同一个页面，这样会导致搜索引擎蜘蛛无法判断哪个是核心关键词，会分散网站页面的权重，达不到优化效果。如果同一个网页中某个关键词出现多次，只需将第一个出现的关键词做成锚文本即可。

步骤2：优化外部链接。

搜索引擎非常重视外部链接，因此对外部链接的质量要求也越来越高。在开发外链时，要注意外链的来源网站要权威、权重高、内容健康，网站之间要内容相关、种类多样来源广泛。同时，外部链接数量越多，尤其是单向链接越多，越容易被搜索引擎看中。

为网站添加外部链接时，可以在分类目录（如hao123）中提交臻享有限公司的网站；可以到行业信息网（如企业黄页）中进行注册，在里面添加企业简介、产品信息和联系方式等内容，也可以添加臻享有限公司的网站的外部链接；可以将撰写的软文内容添加在权重较高的网站中；在可以在搜索引擎中搜索“链接交换平台”找到友情链接交换平台，如链介网等；可以在视频网站，如B站、优酷、腾讯视频等发布一些使用有机食品制作美食的视频，带上自己网站的外部链接；可以在论坛网站进行注册，为签名添加“有机食品”关键词，并做成链接指向臻享有限公司的网站，然后经常在论坛中发布和回复帖子，也可以在帖子的内容中添加相应的指向公司网站的外部链接；可以到生活类或美食类博主的博客中留言，并带上自己网站的外部链接；或者开通新博客，发表原创文章，并带上公司网站的外部链接等。

#### 6. 其他优化设置

可以通过将 robots 文件添加到网站来阻止不需要被搜索引擎抓取的页面；将网站所有的URL路径全部静态化；为网站设置404页面，当用户输入的URL不正确时，自动跳转到404页面再跳回主页。

#### 7. 优化效果分析

可以利用站长工具对网站的优化效果进行检测。

步骤1：在站长工具网中选择“SEO综合查询”，如图2.2.32所示。

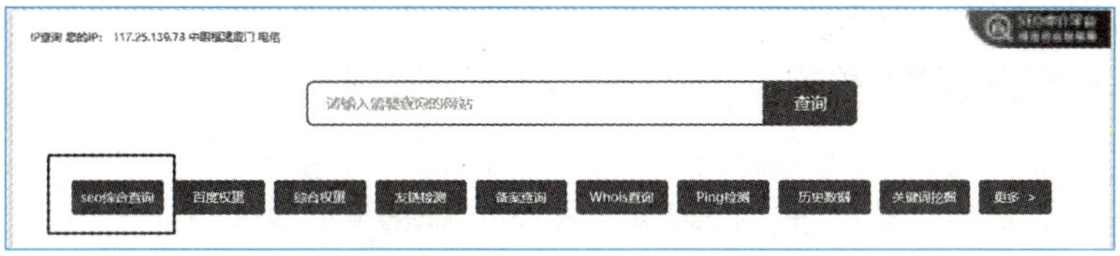


图 2.2.32　SEO 综合查询

步骤2：在搜索框中输入网址，单击“查询”按钮。

步骤3：在基本信息中，可以看到网站权重、ALEXA世界排名、反链数、网站速度、域名年龄等信息。

网站的权重越高，流量就越大，相应的关键词的排名就越靠前。

ALEXA世界排名是当前比较权威的网站访问量评价指标。

反链数是指其他网站中指向自己网站的外部链接，单击“反链数”，可以查看每条外部链接的详细信息。

网站速度越快，用户体验越好，越有利于排名。

域名年龄是指域名注册的时间，注册时间越早，越有利于排名。

步骤4：向下滚动网页，可以看到网站的TDK标签及关键词的排名情况。

## 任务 3　搜索引擎竞价推广

### 任务解析

针对SEM能够在较短时间内快速提升网站流量的情况，根据搜索引擎竞价推广机制，为臻享有限公司开通推广账户，并按产品建立推广计划、单元、创意，配合合理的预算及人群、地域选择，将臻享有限公司网站在搜索结果展示中排名靠前，提升臻享有限公司网站的流量、咨询量和品牌知名度。

### 知识链接

扫一扫

什么是搜索引擎竞价推广

### 一、搜索引擎竞价推广简介

搜索引擎竞价推广也称搜索引擎广告和竞价广告。通过购买相关产品或服务的关键词，企业可以使其广告出现在搜索引擎的搜索结果页面中。搜索引擎竞价推广按效果付费，即按点击付费，展示本身不需要付费。

### 1. 搜索引擎竞价推广的特点

搜索引擎竞价推广主要有四个特点：见效快、效果好、管理灵活、评价准确，这些特点使得搜索引擎竞价推广在网络营销体系中举足轻重。

（1）见效快：这是搜索引擎竞价推广最显著的特点，相比SEO可以节省较长的等待时间。

（2）效果好：搜索引擎竞价推广是通过关键词实现精准定向投放的，用户搜索一个关键词，页面就会显示与之对应的广告，效果较好。

（3）管理灵活：搜索引擎竞价推广已经发展多年，后台管理非常方便灵活，可以实现很多细节设置。

（4）评价准确：搜索引擎竞价推广的数据追踪技术已经非常成熟，企业所投入的具体项目及其效果，都有详细的统计数据和图表。

### 2. 搜索引擎竞价推广的优势

（1）用户定位更加准确。通过关键词等用户行为定位方式，针对企业的潜在客户进行推广。

（2）按点击付费，推广费用较低。计费完全基于潜在客户给企业带来的点击量，没有点击量不计费。

（3）预算灵活控制。客户可登录搜索引擎推广管理系统，设置推广预算方案，查看推广费用；还可以通过控制关键字的数量、位置和时间来管理自己的预算。

（4）广告形式简单，降低制作成本。

（5）广告投放效率高。通过关键词帮助锁定有需求的客户：选择希望推广的关键词，推广信息只会出现在搜索这些关键词的潜在客户面前。通过地域筛选和时间筛选，帮助锁定最需要的客户。推广信息将按照设定的区域和时间进行投放，精准覆盖特定区域和特定时间段的客户。

（6）广告位可以自行选择。用户可以通过调整价格来调整广告展现的位置，具有很强的灵活性。

（7）广告信息可以随时调整更换。客户可以随时登录搜索引擎推广管理系统，修改关键词及创意。

（8）可以随时查看广告效果统计报告。搜索词及账户实时消费情况可随时在管理后台查询。

扫一扫

解析竞价推广排名原理

## 二、竞价推广排名原理解析

搜索引擎推广排名是网站付费推广后，在网民搜索结果页面上显示的排名位置。搜索引擎竞价推广是一种按点击付费的广告服务。企业广告的排名主要取决于企业主设定的每次点击广告价格和账户的权重或质量。以百度推广为例，百度推广的排名位置主要由百度综合排名指数决定。百度综合排名指数的计算公式是：

百度综合排名指数(CRI)＝关键词质量度×出价(竞价价格)

从这个计算公式可以看出，影响企业广告排名的主要因素是关键词质量和出价。因此，企业要想获得良好的企业推广信息排名，就应该努力提高账户关键词质量度和出价。

### 1. 关键词质量度

#### 1）关键词质量度简介

关键词质量度是衡量搜索引擎竞价推广中关键词质量的综合指标，即企业所在的推广平台给企业的搜索推广创意打分。企业推广账号中的每个关键词都会获得一个质量度得分，以五颗星10分的形式呈现。质量度得分越高，系统越考虑公司的推广结果和落地页与看到推广结果的网民的相关性，在同等条件下更容易赢得潜在网民的关注和认可。质量度可以反映网民对企业推广的关键词和广告创意的认可程度。

2）质量度星级简介

在推广账号中，质量度以星级的形式直观展示，质量度采用10分制，从0分到10分共11个等级。0分不符合展示条件，1分左侧推广位展现的机会较低，超过2分（含2分）的关键词，分值越高，竞争力越强。当然，质量度得分越高，也意味着推广系统认为企业的推广结果和落地页与网民的搜索更相关。企业可以通过推广账号后台直接查看关键词的计算机质量度得分和移动质量度得分。

3）关键词质量度的影响因素

通常来说，影响关键词质量度的因素主要有以下几个方面：

（1）点击率。点击率是搜索推广结果的点击量占展现量之比。较高的点击率表明网民关注和认可公司的推广信息。点击率是直接影响关键词质量度的重要因素，相关性和创意撰写水平通过影响点击率来影响关键词质量度。

（2）创意内容和关键词的相关性。由于语言的复杂性，搜索推广平台并不能做到完全智能化地判断关键词和创意内容的相关性。推广人员在撰写广告创意时应当围绕账户推广的关键词来撰写内容，网民在搜索关键词信息时才能引发创意标题和描述的标红，达到系统对于创意内容和关键词相关性的要求，最终获得较高的质量度。

（3）落地页体验。落地页体验主要衡量企业推广的落地页的内容和质量。一个优秀的落地页，不仅会给网民带来良好的用户体验，还能帮助企业更好地展示产品和服务信息。企业推广的落地页是否被系统抓取，呈现的内容是否清晰、充实、易于浏览，都是影响落地页体验的因素。不考虑影响排名的其他因素，推广落地页体验越好，排名更高的机会越大。

4）质量度在推广账户中的作用

（1）限制展示推广结果的资格。如果企业推广账号的关键词质量度为0或1，则可能无法展示公司推广的信息，或者被展示的概率低。

（2）影响关键词的排名。关键字排名由质量度和出价决定。一般来说，当出价相同时，质量度越高的关键词排名越高。

（3）影响点击价格。在一定排名的情况下，作为对优质关键词的奖励，质量度越高，企业为搜索推广结果支付的点击价格越低。

（4）影响最低展现价格。最低展现价格是指关键字在线展示所需要设置的最低出价，由关键字的质量度决定。关键字的质量度越高，该关键字获得展现的最低展示价格就越低。

2. 出价

1）出价简介

出价是指企业愿意为所购买的关键词给出的最高点击价格。这里有两点需要特别注意：一是这个价格是企业愿意支付的点击价格，并不是系统实际收取的点击价格；二是企业设定的出价表示该关键词的最高点击价格。

出价是影响关键词排名的重要因素。在其他因素相同的情况下，价格越高，获得更高排名的机会越大。

2）最低展现价格

最低展现价格也称起价，它是指企业投放的推广信息展现在搜索结果页中时的最低出价。

最低展现价格主要由关键词质量度决定。推广人员在账户后台看到的最低展现价格较高，可能意味着该关键词的质量度太低或者关键词商业价值较大。因此，推广账户中不同关键词的最低展示价格也有所不同。一般来说，推广人员在设置关键字的出价时，如果关键字的出价低于最低展现价格，则关键字状态会显示“搜索无效”，无法获得展示机会。

3）推广点击价格算法

推广的点击价格与排名和质量度相关。

点击价格的计算规则是以下一名的出价乘以它的质量度得分，即下一名的综合排名指数，除以自身质量分，再加上0.01元。计算公式是

推广点击价格=(下一名出价×下一名质量度)÷本关键词质量度+0.01

从上面的计算公式中可以发现，企业推广的点击价格主要受竞争对手的关键词价格及其质量度影响。因此，在设定或者调整关键词出价时，需要多注意排名、点击价格及效果之间的关系。如果是以CPA为投放目标，更要理性地去选择排名的位次。另外，关键词的热度受到选词方向的影响，竞争热度会在很大程度上影响点击价格。

事实上，在整个点击价格体系中，企业只能控制质量度。因此，在搜索推广的过程中，企业需要重点优化质量度。质量度越高，关键词的最低展现价格越低，越有利于降低企业的推广成本。

## 三、账户搭建与推广流程

扫一扫

如何进行账户搭建

### 1. 快速开通推广账户

企业在开展竞价推广前期，首先要在竞价推广平台注册推广账户，开通企业竞价推广服务，然后才能开展竞价推广。

1）开户流程

无论是在百度推广、360搜索推广还是搜狗搜索推广上开户，公司开通推广账户的流程均基本相同。大致可分为开户资料准备、注册申请、信息审核三个步骤。

（1）开户资料准备。企业在开通推广账户前，需要了解当地开户的相关政策以及开户需要准备的材料，并做好充分的准备工作。一般来说，开通推广账户需要准备的材料包括营业执照、ICP(网络内容服务商)备案、行业相关资质等。

（2）注册申请。准备好开户资料后，即可申请开户。企业可通过网上推广平台申请注册。下面以百度推广账号注册为例，详细介绍账号注册的具体流程。在浏览器地址栏中输入百度推广官网，或直接在浏览器搜索框中搜索“百度推广”，打开百度营销首页，如图2.3.1所示。单击“注册”按钮，进入百度营销账户登录页面，如图2.3.2所示。企业需按照相关要求填写用户信息，然后提交并验证信息。

用户信息验证完成后，单击“下一步”按钮，跳转至用户信息填写页面，企业需按照页面填写要求填写用户信息。百度营销账号注册用户信息填写完毕后，单击“下一步”按钮，完成百度营销

账号的注册。

图 2.3.1　百度营销首页

图 2.3.2　百度营销注册页面

（3）信息审核。申请完账号后，百度推广平台还需要审核企业账号的基本信息，主要包括营业执照、公司主体、从业资质、ICP备案、公司所在地、联系方式和网站内容等。通常来说，推广平台会在三个工作日内对企业资质进行评审。审核通过后，企业需要向账户充值推广预算，充值后即可开始推广。

2）开户费用

目前，国内三大推广平台——百度、360搜索、搜狗搜索，首次开通推广账户均要求预付一定的开户费用。不过，三大推广平台对预付开户金额及相关服务费用的标准不同。

3）登录推广账户

注册好推广账户并预付指定数额的开户费后，企业即真正拥有了自己的推广账户。推广人员登录推广后台就可以开始推广操作了。

2. 账户结构

账户结构是指企业为了达到最佳推广效果，按照搜索引擎推广账户的规则，对关键词和创意进行汇总而形成的有序结构。以百度推广账号为例，百度推广账号的结构可以分为四个层次，分别是推广账户、推广计划、推广单元、关键词/创意。不同的层级具有不同的功能和作用。

1）推广账户

作为最高层级，一个推广账号最多可以包含100个推广计划。账户的主要功能是管理推广计划，可以设置账户推广预算、推广地域等。

2）推广计划

推广计划是账户的子集，每个推广计划最多包含1 000个推广单元。它的主要功能是管理推广单元，可以设置推广地域、每日预算、创意展现方式、投放时段、否定关键词、IP排除等。

3）推广单元和关键词/创意

推广单元是用于管理关键字/创意的单位，每个单元最多包含5 000个关键字和50个创意。它的主要功能是管理单元内的关键词和创意，可以设置出价、否定关键词等。其中，关键词和创意之间是多对多的关系，即同一个关键词可以对应多个创意，同一个创意也可以被多个关键词使用。此外，还可以为关键字和创意分别设置 URL。

不同层级之间某些功能具有优先级，换言之，在同样设置条件下，优先以层级高的设置为准。

### 3. 竞价推广的基本流程

扫一扫

竞价推广的基本流程

一个完整的竞价推广流程大致可以分为两个阶段，即物料准备阶段和账户搭建阶段。

#### 1）物料准备

企业开展竞价推广前期需要准备推广物料，竞价广告展现的内容主要包括关键词、创意及URL。

（1）关键词搜集。竞价推广主要通过对网民检索的关键词进行分析来推荐广告信息，因此推广账户选择的关键词对于推广效果有着直接影响。

推广人员不能盲目主观地选择关键词。应该首先确定关键词的目标方向，围绕营销目标选择关键词，或者使用相关工具挖掘关键词。

（2）创意制作。竞价广告的创意，即网民搜索结果中展现的推广信息内容，一条完整的创意包括一个标题、两行描述、访问 URL 和显示 URL。广告创意的制作应当以推广关键词为指导。广告创意的展现形式主要为两行文字描述，每行描述不能超过40个字节。对于推广人员来说，制作出独特新颖的广告创意对于提升推广效果有着重要影响。

（3）URL准备。URL是落地页广告链接，用户看到企业推广的广告，产生了兴趣就会点击这条推广信息，而推广信息链接到的正是企业落地页广告，它将用户带到广告页面向用户详细介绍广告内容。

#### 2）账户搭建

（1）新建推广计划。推广计划是管理推广的大单元。单独明确的推广计划不仅有助于为不同的业务分配预算统计，还有助于继续建立清晰独立的推广单位。

推广计划的制订可以按照产品/业务类型、产品定位区域、临时推广类型等来划分。

步骤：

① 进入百度营销网站首页。

② 在登录框中输入用户名、密码和验证码后进入百度营销账户。

③ 单击推广账户的“进入”按钮，进入百度搜索推广首页。

④ 填写推广计划名称并按照要求设置相关信息，单击“确定”按钮即可完成新建推广计划。

（2）新建推广单元。推广单元是管理推广的小单元。可以将意义相近、结构相同的关键词纳入同一推广单元，增强针对性。意义相近是为了确保每个关键词与每条创意均具有较高的相关性，保障推广信息展现时读起来通顺有条理。结构相同是为了确保推广信息展现时更容易“飘红”，吸引眼球。

步骤：

① 在账户层级导航里选中“推广单元”，然后单击下方的“新建单元”按钮，或者直接在左侧账户树中选择企业需要新建单元的推广计划。

② 在弹出的对话框中，选择用户要添加单元的推广计划，然后输入推广单元名称、出价价格等信息，单击下方的“确定”按钮即可完成新建推广单元。

（3）添加关键词和创意。

添加关键词和创意就是将物料准备阶段搜集的关键词和创意添加到创建的推广单元中。

① 关键词的匹配方式。关键词的匹配包括精确匹配、短语匹配、广泛匹配三种方式。

a．精准匹配是指只有当网友搜索到的关键词与公司推广的关键词完全相同时，才会显示推广结果。

b．短语匹配是精确匹配和广泛匹配之间的折中。它既没有广泛匹配那么广泛，也不像精确匹配针对性那么强，转化效果也是介于两者之间。短语匹配有三种匹配模式，分别为“精确包含”“同义包含”“核心包含”。

精确包含是指当网民的搜索词完全包含企业设置的关键词时，系统可以自动显示企业的推广结果。精确包含可以精准定位潜在客户，为企业带来大量有价值的搜索流量。但与同义包含和核心包含相比，展现机会较少，因此企业可以将转化率较高的关键词设置为精确包含模式，提升企业推广效果。

同义包含是指当网民的搜索词完全包含企业设置的关键词以及关键词的插入、倒置和同义形式时，系统才有可能展现企业推广结果。同义包含匹配的范围比精确包含范围要广些，因此企业选择同义包含带来的流量也更多些。

核心包含匹配模式的范围较精确包含和同义包含都要广泛，只要网民的搜索词中包含企业设置的关键词或关键词的核心部分，包括关键词核心部分的插入、倒置、同义词，系统都会自动显示企业的推广结果。

c．广泛匹配是指当网民的搜索词与设定的关键词高度相关时，即使企业没有将这些词作为关键词提交，推广结果也可能有机会展示。

无论采用何种匹配方式，关键词都能为用户精准定位目标网民，即企业的潜在客户。尤其是在广泛匹配和短语匹配的帮助下，用户可以将推广结果展示给尽可能多的潜在客户，从而抓住更多的商机。同时，大量的免费展现也将提升用户品牌在网民中的知名度。

② 添加关键词。在推广单元里直接添加关键词，单击“新建关键词”按钮即可。

推广人员可以直接单击“关键词规划师”右侧的“已选关键词”，然后再单击“添加”按钮，在文本框中输入要添加的关键词即可。可以利用“关键词规划师”提供的搜索功能和流量查询功能来筛选关键词。

③ 添加创意。选择要添加创意的推广单元，直接单击该推广单元层级下“新建计算机设备优先创意”按钮，填写创意信息。

（4）账户其他设置。

设置好推广单元的关键词和创意后，还需要对广告投放的条件等账户其他地方进行详细设置。账户其他设置包括账户预算设置、投放地域设置和投放时段设置。

① 账户预算设置。账户预算是指推广人员设定的企业账户在一定时间段内愿意支付的推广费用的最大值。在相应的时间段内，当点击费用（消费）总额达到设定的预算值时，企业的推广信息将

自动下线，即网民搜索时不再显示推广结果。

通过设置账户预算，可以帮助企业控制搜索推广的整体消费，而不必担心过度消费；还可以帮助企业控制消费比例，把推广费放在重点推广业务上，把钱花在“刀刃”上。

推广账户的预算可以根据账户级别从账户层级和计划层级到搜索推广账户的每日推广预算进行设置。账户推广预算的设置方法如下：

登录企业推广账户，单击“预算中心”，进入“预算设置”页面，选择“搜索推广”，按照账户级别分别设置推广账户的每日预算和推广计划的每日预算。设定好每日预算费用后，单击“确定”按钮，即可完成推广预算设置。

除了上面提到的账户预算设置方法外，还可以直接在账户和推广计划级别页面设置账户每日预算和推广计划每日预算。

② 投放地域设置。推广地域即企业选择的推广投放的地域范围。推广地域设置是指根据企业营销目标需求设置的推广主要投放地域。设置推广地域后，只有该地域的网民搜索时，才会展现企业广告。目前，百度推广地域设置的最小级别可以到省级的二级市和直辖市。推广地域设置的作用是覆盖更多优质的潜在客户，降低推广成本。推广地域设置也可以按照账户和推广计划层级分别进行设置。

③ 投放时段设置。在实际推广中，企业可能不需要24小时投放广告，那就可以设置每日推广时间段，投放时段设置需要在推广计划层级下进行设置。

单击“推广时段”旁的“编辑”按钮，进入“推广时段设置”页面，选择需要投放的时段，即可完成推广时段设置。

扫一扫

如何进行账户数据分析（上）

## 四、账户数据分析与优化

### 1. 推广效果转化漏斗

把企业竞价推广的全部过程用图形来表示，可以得到一个漏斗模型——推广效果转化漏斗，如图2.3.3所示。通过它可以将搜索营销过程为三个环节，分别为搜索引擎环节、网站环节、转化环节。它有助于更直观、全面地认识企业的推广过程，将企业的推广过程形象化、数据化地表现出来。

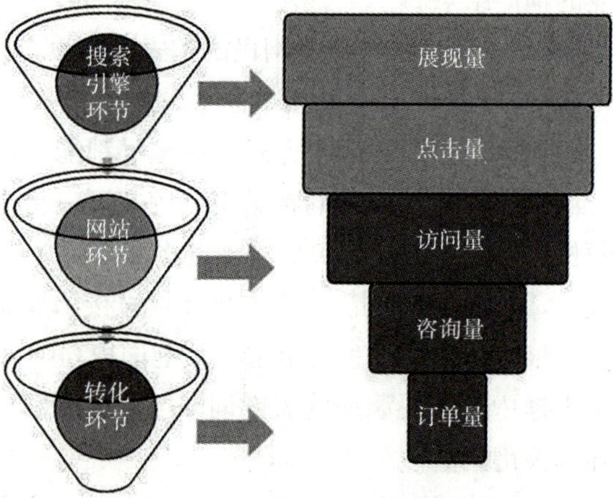


图 2.3.3 推广效果转化漏斗

### 2. 账户数据分析指标

搜索推广效果转化漏斗分五层，从上至下分别为展现量、点击量、访问量、咨询量及订单量。因此，推广账户数据分析的主要指标为展现量、点击量、点击率、访问量、访问转化率、咨询量、咨询转化率、订单量及订单转化率。

#### 1）展现量

网民在搜索查询信息时，如果企业账户内某个符合网民搜索需求的关键词被触发，该关键词所对应的创意将出现在搜索结果页，即关键词和创意的一次展现。一段时间内账户获得的展现次数则是展现量。

查询账户广告的展现量有助于推广人员了解推广结果覆盖的网民数量。通过账户后台的数据报告，推广人员可以知道哪些关键词创意展现机会较大，这些关键词每天能够给网站带来多少的曝光量，从而估算出企业的推广活动能够覆盖多少潜在用户。影响推广展现量的因素主要为关键词数量、关键词匹配模式、账户结构、推广预算和投放时长等。

2）点击量和点击率

点击量是衡量网站流量的重要指标，是指某一时段内某个或某些关键词广告被点击的次数。与点击量相对应的是点击率，即广告点击次数与展现次数之间的比值，用来衡量广告创意受网民欢迎的程度。点击率公式为

点击率＝点击量 ÷ 展现量

影响推广信息点击量的因素主要包括关键词排名、账户结构及创意质量。排名越靠前，说明广告创意越具有吸引力，也就容易获得较高的广告点击量。

3）访问量和访问转化率

访问量是指企业推广信息指向的链接被网民的浏览器加载并完全打开的次数。访问转化率是指访问推广信息的次数与广告点击次数的比值。访问转化率的公式为

访问转化率＝访问量 ÷ 点击量

影响访问量的主要因素是网站打开速度和URL，如果网站打开速度太慢，部分用户会选择离开；另外，推广创意与网站页面内容的相关性也会影响访问量，网民如果在访问网站时难以找到自己需求的信息，会给其带来不友好的用户体验，从而造成访问量较低。

4）咨询量和咨询转化率

咨询量是指网民通过浏览网页与企业进行线上或线下咨询的次数。咨询转化率是指网民咨询企业的次数与网民访问该网站的次数之比。咨询转化率的公式为

咨询转化率＝咨询量 ÷ 访问量

咨询量与推广创意之间并不十分紧密，而是与网站着陆页广告及网站互动性有直接关系。当网民在浏览网站着陆页广告时，如果被页面文案打动，自然会咨询客服，希望进一步了解产品或者服务。

5）订单量和订单转化率

订单量是指网民通过在线、电话或者直接到实体店等方式购买企业推广的产品或服务的次数。订单转化率是指网民订单数量与网民咨询次数之比。订单转化率公式为

订单转化率＝订单量 ÷ 咨询量

订单量和订单转化率与网站的客服和销售人员的业务素质有直接关系。企业订单才是企业推广真正带来的收益，因此，企业要重视企业的客服和销售工作，才能保证最后环节的顺利完成，从而为企业创造更多的经济效益。

视 频

如何进行账户数据分析（下）

3. 账户常见问题分析

通过对账户数据的量化分析，可以发现账户存在的问题。推广人员需要及时调整优化账户结构，提高推广效果。

1）展现量低、点击量低

展示量是账户优化和参考的重要指标，展示量可以直接表明目标人群是否被推广完全覆盖。如果推广结果展示得少，网民点击的机会就会减少，从而影响企业的推广效果。

面对这种情况，首先要检查账户设置是否合理。如果推广时段设置得较短，可能会错过最佳投放时间，或者账户推广预算不足，预算过低，可能导致账户推广计划提前下线等。其次，展现量低和点击量低也直接关系到账号的关键词和创意，所以需要对账户关键词进行诊断。诊断关键词主要从关键词数量、关键词匹配方式和关键词排名三个方面进行分析。

（1）关键词数量。要注意账户关键字是否存在关键字类型单一或关键字数量不足的情况。如果出现这样的问题，就需要拓展相关关键词，增加关键词数量，覆盖更多受众。

（2）关键词匹配模式。关键词匹配方式的选择是否合适，如果只使用精确匹配或短语匹配方式，可能会错过相当一部分的流量。因此，建议使用“广泛匹配+否定匹配”的组合进行测试，观察推广效果。

（3）关键词排名。排名对于推广效果非常重要。如果推广排名太低，很难引起网民的注意。如果出现这样的问题，就要立即调整出价价格和创意。

2）展现量高、点击率低

展现量高和点击率低不仅会造成用户流失，还会对账号质量度产生巨大的负面影响。

在处理这个问题时，首先要考虑账户关键词和推广创意的相关性是否有问题。比如，在短语匹配模式下，关键词可能会让企业的推广结果得到大量展示，但由于创意内容与关键词相关性不高，导致网民流失。例如，一位销售防盗门的企业主购买了关键字“门”，因为该关键字具有广泛的含义，从而导致高展现量和低点击率。

其次，展示结果的排名位置也是影响点击率的重要因素。观察账号的平均排名是否处于受众不易发现或排名非常靠后的位置，然后有针对性地调整排名位置。

最后，查看推广创意是否过于平淡，没有突出的产品卖点和折扣信息，同质化现象严重，也无法吸引用户点击。

3）点击量高、访问量低

根据推广效果的转化漏斗，在网站链接中，点击量和访问量会有一定的差异，一般为20% ~30%。如果损耗值太大，则需要检查问题的原因。

一般来说，点击量高、访问量低的问题与网站页面加载速度和网站链接有一定的关系。网民点击广告后，如果网民因为网站加载速度过慢而离开，则需要对网站设计页面进行优化调整，如减少页面音视频、动画设计元素；另外，检查访问链接是否有问题，如不正确应及时更换。

最后，还需要检查推广创意和着陆页之间的低相关性。如果页面内容与创意描述信息存在较大差异，可能会出现网民一进入网站就离开网站的问题，导致网页跳出率高。需要注意的是，恶意点击和作弊获得的流量也会造成点击量高、访问量低的问题。

4）访问量高、咨询量低

对于访问量高、咨询量低的问题，推广人员在优化调整时需要重点关注网站环节。因为关键词广告的主要作用是吸引流量，访问量高说明推广结果吸引了很多流量，所以需要对网站内容进行优化，改善网站广告着陆页与推广创意描述的相关性，提高网站的内容质量。此外，还需要缩短网站的加载时间，提高网站页面的打开速度。

5）咨询量高、订单量低

咨询量高和订单量低意味着较低的转化率，这与网站体验密切相关。广告即使给网站带来了优质的流量，仍然需要给客户带来良好的网站体验，才能促进转化。因此，在面临转化率低的问题时，需要整合网站数据进行针对性优化。当然，也有特殊情况。比如，网站客服水平低，没有及时跟进客户，导致用户流失。在这种情况下，就需要加强客户服务管理，提高客户服务水平。

4. 账户优化流程

1）检查账户结构

扫一扫

如何进行账户数据优化

账户结构是账户的基础部分，清晰的账户结构不仅便于推广人员管理账户，也有利于账户后期优化。因此，推广人员在优化账户前，首先要检查账户结构，查看账户结构是否清晰简洁，账户相关设置是否合理。

2）查看账户推广报告

登录账户后台，单击“推广报告”，进入账户数据报告页面，查看账户最近一段时间（7天、14天、30天）的推广数据。了解账户在这段时间里的消费、展现、点击、平均价格、网页转化、商桥转化等数据基本走势，然后通过账户数据对比的方式了解账户推广效果的整体情况。当然，除了查看账户整体状况外，还要查看账户推广“计划报告”“单元报告”“关键词/URL 报告”“基础创意报告”中广告展现、消费、点击及平均点击价格等数据。了解账户中哪些推广计划、推广单元的关键词和创意推广效果较好。

3）分析账户数据，找出主要问题

通过查看账户的推广数据，找出账户存在的主要问题。

4）调整优化

（1）调整关键词。调整关键词的原则可以总结为：扬长避短。就是在账户中增加对效果好的关键词的推广。对于效果不佳的关键词，通过调整出价、修改匹配方式、延长推广时间等方式优化。

①找出效果不好的关键词进行调整。

低展现、低点击、无咨询的关键词。此类关键词检索量较低，搜索热度较低，导致展现较低，点击率较低。针对这种情况，可以暂停或删除关键词，扩充一批新关键词，从而增加关键词展示、点击和咨询的机会。

高展现、低点击、无咨询的关键词。这些关键词多为流量词，能带来很大的曝光率，但点击量很低。针对这种情况，可以适当调整关键词匹配方式，缩小匹配方式的覆盖范围，从广泛匹配、核心包含转变为同义包含和精确匹配，提升关键词排名和质量度。

②找出推广效果好的关键词，增加其展现机会。

推广效果好的关键词多为展现量高、点击率高、平均点击价格低的关键词。优化账户时必须遵守“二八原则”，即重点优化占账户推广费用80%的核心关键词。因此，对于这样的关键词，应该继续保持它们的优势，增加它们的展示机会。

表现好的关键词应该在数量上进一步扩大。一般会从核心关键词或高效关键词入手。某些类型的关键字在账户中表现良好，通过扩词的方式添加对应的长尾关键词，将扩展后的关键词放到网站，然后根据推广效果进行筛选和优化。关键词扩展可以使用关键词规划器、搜索词报告、站长工具、百度指数等选词工具，挖掘一些符合用户搜索习惯的关键词。

（2）优化创意。创意优化的一个重要方法是在创意中插入通配符，以获得更多人气，提高关键词与创意的相关性，吸引更多网民点击创意。推广人员可以通过创意报告来评估创意的质量，发现最能吸引网友的卖点和表达方式，从内容和形式上不断优化创意，进一步提高关键词的点击率和质量度，从而为企业带来更多潜在客户。

①内容方面：

创意必须围绕关键字编写，只有这样，创意才能满足网民的搜索需求，激发网民的关注和兴趣。

创意应尽可能包括价格和促销活动。产品的相关信息网民能从创意中了解得越多越好。如果网民看到价格后仍然点击，说明他们对价格水平感到满意，并有可能购买。特别是对于个人消费者来说，价格和促销信息很容易引起他们的注意，尤其是数字形式的优惠幅度、折扣金额等，如使用免费、折扣、促销等词语。

使用号召性的词汇。号召性词汇很容易引起网民的注意并激发他们采取行动，包括申请、注册、报名、咨询等带有行动色彩的动词，或立即、马上等具有紧迫感的时间副词。

②形式方面：

相关数据显示，创意中进行1～3次“飘红”，会显著增加网民对推广结果的关注度。因此，在创意的标题和描述中插入通配符以获得“飘红”。

尝试不同的句型。一般来说，疑问句容易引起好奇心；感叹句比陈述句感情色彩更强烈，更容易引起注意。

对于标题创意，应该使用短句，避免过长的公司名称或网站名称占据字符位置。

（3）账户其他设置。账户其他设置主要包括账户预算、投放地域、推广时段等，通过与以往同期投放数据对比，找出推广效果好的投放地域和推广时段。

在搜索引擎竞价推广的账户搭建过程中，应熟知不同的数据变化影响因素，在进行数据分析与优化中要全面分析影响推广的因素，掌握不同因素组合变化带来的推广结果变化程度，做到精益求精。在优化账户的过程中，应该踏实细致，形成精益求精的精神和严谨的科学态度，不断提升职业素养，形成职业自豪感和自信心。

## 任务实施

以百度搜索引擎为例，为臻享有限公司进行搜索引擎竞价推广，提升臻享有限公司网站的流量，使网站在搜索结果展示中排名靠前。

### 1. 开通百度推广账户

步骤1：开户资料准备。

准备臻享有限公司的营业执照、网站ICP备案、相关资质等。

步骤2：注册申请。

（1）在浏览器中进入百度推广首页，在“账号登录”栏中单击“注册”超链接。

（2）打开“验证账户”页面，在其中输入臻享有限公司的用户名、密码等信息，单击“下一步”按钮。

（3）打开“完善信息”页面，输入臻享有限公司联系人姓名、臻享有限公司名称等，单击“下一步”按钮。

（4）打开“成功”页面，单击“开始使用”按钮，即可完成臻享有限公司的百度推广账户的注册。

步骤3：信息审核。

账号注册申请成功后，百度推广会审核账号的基本信息。审核内容主要包括营业执照、从业资质、ICP备案、公司联系方式和网站内容。通常来说，推广平台会在三个工作日内对企业资质进行评审，审核通过后，臻享有限公司需要向账户充值一定推广费用以做推广预算，充值后账户即可投入使用。

### 2. 新建计划

步骤1：在百度推广首页“账号登录”栏中输入用户名、密码和验证码后，单击“登录”按钮。

步骤2：进入百度推广后台的主页面，在“推广产品”下方的“搜索推广”栏中单击“进入”按钮。

步骤3：进入搜索推广的账户页面，单击左侧的“计划”超链接，进入“计划”页面，单击“新建计划”按钮。

步骤4：打开“新建推广”页面，在其中设置“营销目标：共享有机健康生活”“推广业务：有机食品”“推广网址：臻享有限公司网址”，完成后单击“继续”按钮。

步骤5：打开“设置推广计划”页面，在“计划名称”文本框中输入计划的名称，如“生鲜食品”。

步骤6：在“推广地域”下拉列表框中有“账户地域”和“自定义计划地域”两个选项，如果选择“账户地域”，则会使用账户设置中的地域。为了使广告的投放更精确，通常每个计划需要单独进行设置，此时可以选择“自定义计划地域”选项，然后在界面中选择要进行推广的地区，如北京、上海、天津、广州、深圳等地域，并且还可以为每个地区单独设置出价系数。

步骤7：在“推广时段”栏目中，可以设置进行广告展示的时段，默认是“全天时段”，也可以选择“自定义计划时段”选项，自己选择要显示广告的时段，如7:00—9:00、11:00—14:00、17:00—22:00等，还可以为不同的时段设置不同的出价系数。

步骤8：在“推广方式”栏中，可以选择广告的推广方式，有“关键词”和“网址”两种。“关键词”方式需要设置相应的关键词，当用户搜索关键词时就会展示广告，“网址方式”需要设置有机食品相关行业的网址，当搜索结果中出现这些行业的网址时则展示广告。

步骤9：在“设备出价设置”栏中可以设置出价的方式，有“以移动出价为基准”和“以计算机出价为基准”两种。可以设置“以移动出价为基准”，那么移动设备上的出价会在移动价格的基础上乘以“移动出价系数”。

步骤10：在“预算”栏中，可以设置每日的广告预算，如果选中“预算”复选框，在后面显示的文本框中可以设置每日的广告预算，如5 000元；当广告被点击所产生的费用总额达到5 000元后，广告会自动下线。如果选中“不限定预算”复选框，则会一直显示广告，直到账户中的余额用完。

步骤11：单击“更多设置”后的展开按钮，在展开的界面中还可以设置“否定关键词”和“人群”，如设置否定关键词为“非有机食品”后，当用户的搜索词包含“非有机食品”或与此完全一致时，将不显示广告；如设置人群为18～65岁、女性，将只对指定的人群展示广告。

步骤12：设置完成后单击“保存并新建单元”按钮即可保存计划，再打开“新建单元”页面，为计划添加推广单元。

### 3. 新建单元

步骤1：在账户页面单击“单元”超链接，然后单击“新建单元”按钮，即可为计划新建推广单元。

步骤2：打开“选择计划”页面，在“计划”下拉列表框中选择前面设置的“有机生鲜”计划，单击“下一步”按钮。

步骤3：打开“设置推广单元”页面，在“单元名称”文本框中输入单元名称，如“有机蔬菜”。

步骤4：在“单元出价”文本框中设置每次点击的基础价格，由于在“计划”中选择的是“以移动出价为基准”，所以这里的价格是在移动设备上每次点击的价格，如设置为6.8元。

步骤5：在“分匹配出价”栏中可以设置不同匹配模式下的出价系数。

步骤6：在“关键词”栏目中可以设置广告的关键词。在左侧的搜索区域中可以搜索相应的关键词，然后单击关键词右侧的“添加”按钮，将其添加到右侧的“关键词”列表框中，然后在“匹配模式”下拉列表框中选择关键词的匹配模式，如确定为“广泛匹配”。

步骤7：在“出价策略”栏中可以为关键词设置出价策略。

步骤8：设置完成后，单击“保存”按钮保存“有机蔬菜”单元。如果还要继续新建单元，可以单击“保存并新增一个单元”按钮继续设置“有机水果”单元，如果不需要，则可以单击“完成”按钮返回“单元列表”网页，或“单击下一步新建创意”按钮，进入“新建创意”页面。

### 4. 新建创意

步骤1：新建基础创意。

（1）在账户页面单击“创意”下的“基础创意”超链接，打开“基础创意管理”页面，单击“新建创意”按钮。

（2）打开“请选择计划单元”页面，选中“有机蔬菜”单元后面的复选框，单击“下一步”按钮。

（3）在打开的页面中设置创意的标题、描述和网址等内容。

（4）单击“上传图片”下方的“上传”按钮，在打开的页面中可以上传一张有机蔬菜图片作为广告中的图片，完成后会显示移动配图和计算机配图，单击其中的“裁剪”按钮可对图片进行调整，完成后为图片设置主题。

（5）单击“保存”按钮，完成基础创意的新建，返回“基础创意管理”页面，在其中可以看到新建的基础创意。

步骤2：新建高级创意。

高级创意的种类很多，主要有图片、子链、文字、视频和线索。在“高级创意”的“首页”页面单击“新建组件”按钮，在弹出的下拉菜单中选择相应的命令，即可创建相应的创意组件。

（1）图片类组件。图片类组件可以在广告中显示多张图片，单击图片可以跳转到对应的网页中，有“图集”和“图文”两种形式。

（2）子链类组件。子链类组件可以在广告中添加多条超链接，有“长子链”和“短子链”两种形式。

（3）文本类组件。文本类组件，可以在广告中添加多条文本内容，有“文本描述”和“知识问答”两种形式。

（4）视频类组件。视频类组件可以在广告中添加视频，有“单视频”和“多视频”两种形式。

（5）线索类组件。线索类组件可以方便用户连接客服，分为“电话组件”和“咨询组件”。

### 5. 账户预算设置

步骤1：在搜索推广的“账户”页面中单击“预算”后的“不限定预算”超链接，展开“预算设置”单选按钮，并在其后的数值框中输入预算的金额，如100 000元。

步骤2：单击“保存”按钮保存设置，这时“预算”后的超链接文本变为设置的金额。

### 6. 地域设置

在搜索推广的“账户”页面中单击“地域”后的“全部地域”超链接，展开“地域设置”界面。此时，所有复选框都呈选中状态，即投放地域为“全部地域”。也可以按照前面所选的地域，取消选中不需要投放广告的地区复选框，单击“保存”按钮保存设置。

### 7. 人群设置

步骤1：设置特征行为人群。

（1）在搜索推广的“账户”页面中单击“人群”下的“特征行为”超链接，在打开的界面中单击“设置特征行为人群”按钮。

（2）打开“设置人群”页面，在“特征行为人群”下拉列表框中选择“新建并选择人群”选项。

（3）打开“新建并选择人群”对话框，在“人群名称”文本框中输入人群名称，在“定向方式”栏中设置人群定向方式，选择“特征定向”选项；再设置人群的性别、年龄和兴趣等特征。此时在右侧的图表中可以看到当前设置所覆盖的人群范围，完成后单击“保存”按钮。

（4）返回“设置人群”页面，在“可选计划”栏中单击计划名称后面的“+”按钮，将计划添加到右侧的“已选计划”栏中，单击“仅保存”按钮，将人群绑定到选择的人群中。

（5）返回到“账户”页面，可以看到新添加的特征行为人群。

步骤2：设置地理位置人群

（1）在搜索推广的“账户”页面中单击“人群”下的“地理位置”超链接，在打开的界面中单击“设置地理位置”按钮。

（2）打开“设置人群”页面，在“地理位置定向人群”下拉列表框中选择“新建并选择地理位置”选项。

（3）打开“新建并选择地理位置”对话框，在其中的下拉列表框中选择一个城市，在其后面的文本框中输入具体地点，单击“搜索”按钮选择一个搜索结果作为目标位置。

（4）完成后，在新出现的文本框中输入一个数字作为半径，这样当一个用户处于以目标位置为圆心、以设定的数字为半径的圆所覆盖的范围内时，将被定向为目标人群。

（5）单击“保存”按钮返回“设置人群”页面，后面的设置操作与特征行为人群的相同。

## 项目总结

本项目以任务驱动形式，主要介绍了搜索引擎营销的方式对比、关键词筛选与制定、搜索引擎优化的目标和相关技术、搜索引擎竞价推广的方法和技巧。通过本项目任务的操作，引导学生完成了根据有机食品的产品特点、用户搜索习惯、运用相关工具设置搜索引擎关键词，同时，能根据搜索引擎抓取、收录、排名规则，对网站进行基础优化、关键词优化、页面优化、链接优化操作，利用查询工具分析优化效果，掌握搜索引擎优化方法，也能利用搜索引擎竞价推广的排名原理设置推广方案并通过数据分析进行优化，最终提高网站在搜索引擎中的排名。

## 项目实训

为臻享有限公司的网站进行搜索引擎营销

### 一、实训目的

通过学习搜索引擎优化和搜索引擎竞价推广的原理和技术手段后，对臻享有限公司网站进行搜索引擎营销，深入了解相关概念，知晓不同技术运用和因素组合搭配对网站在搜索引擎中排名的影响，能根据排名结果对网站进行不断优化。

### 二、实训准备

人员准备：班级同学分为两组，各组分别选出组长一名，负责组织协调组内成员的分工和协作，两组分别协作完成搜索引擎营销任务。

物料准备：熟悉臻享有限公司的基本情况、竞争对手情况、用户情况；掌握目前网站在搜索引擎中的排名情况；开户资料准备，如营业执照、ICP备案、行业相关资质等；开户费用，根据选定的搜索引擎准备相应的开户费用；推广所需物料准备等。

### 三、实训内容

臻享有限公司是销售有机食品为主的中型企业，根据目前公司网站在搜索引擎中的排名情况，分组进行虚拟的搜索引擎营销，并通过营销结果分析不同技术及因素组合对网站排名的影响，进行优化，使网站在搜索引擎的结果中排名提升。

## 四、实训要求

（1）分析网站的基本情况，完成网站访问速度的检测。

（2）完成关键词的挖掘与筛选，进行网站优化。

（3）利用站长工具等查询软件监测优化效果，不断完善改进。

（4）开通并设置搜索引擎竞价推广账号，设置投放时间、投放渠道等。

（5）将推广期间的数据变化制成图表进行分析，利用图表展现结果对推广计划进行调整。

# 考核评价

搜索引擎营销考核评价表

| 考核项目 | 内容与要求 | 分值 | 学生自评（20%） | 小组互评（40%） | 教师评价（40%） |
| --- | --- | --- | --- | --- | --- |
| 任务完成（40分） | 利用搜索引擎营销的基本原理和技术要求，根据实训目标，提升网站在搜索引擎网站中的结果排名 | 30 | | | |
| | 根据排名结果进行搜索引擎营销优化 | 10 | | | |
| 自我管理能力（15分） | 能培养自己的责任心 | 5 | | | |
| | 能管理自己的时间 | 5 | | | |
| | 灵活运用所学知识 | 5 | | | |
| 合作交流能力（15分） | 知道如何尊重他人的观点 | 5 | | | |
| | 能与其他人有效地沟通 | 5 | | | |
| | 能获取信息并反馈信息 | 5 | | | |
| 解决问题能力（15分） | 能有效使用信息资源 | 5 | | | |
| | 能客观分析事物的现状 | 5 | | | |
| | 能发现并解决常规问题 | 5 | | | |
| 设计创新能力（15分） | 能提出有价值的观点 | 5 | | | |
| | 能使用不同的思维方式 | 5 | | | |
| | 能制订创新方案并实施 | 5 | | | |

# 项目3
# 新媒体营销

## 项目导入

哈尔滨极地馆是世界首座极地演艺游乐园、哈尔滨国际冰雪节四大景区之一，是以极地动物娱乐表演为核心的游乐园。随着人工智能、5G等数字技术飞速发展，哈尔滨极地公园运用数字化、智能化等技术，通过直播、短视频等形式来提升旅游信息供给质量，2021年哈尔滨极地公园在各新媒体平台累计曝光量达5亿次、粉丝量突破百万，大幅提升了哈尔滨极地公园的曝光率。本项目引入哈尔滨极地馆经过升级改造后重磅推出的二期哈尔滨极地公园为项目背景，通过分析极地公园的新媒体营销推广过程，学会在保持高时效性、低成本性的同时，打造企业IP，传播品牌价值，并最终促进产品销售。

## 学习目标

### 1. 知识目标

（1）了解新媒体营销的定义，总结新媒体营销的优势。

（2）了解新媒体营销渠道的定义，总结新媒体营销渠道的类型。

（3）掌握短视频营销的优势，分析各短视频营销平台的受众。

（4）掌握直播营销的概念，总结直播营销的优势。

### 2. 能力目标

（1）能够构建目标用户画像，根据用户需求设计新媒体营销内容。

（2）能够在微信公众平台渠道实施新媒体营销策划，在短视频平台渠道实施新媒体营销策划。

（3）能够根据目标客户的类型做出正确的短视频营销渠道决策，实施执行短视频的策划、拍摄和制作工作。

（4）能够对直播营销的整体流程进行策划，开展直播营销工作。

### 3. 素质目标

（1）在进行新媒体营销准备的过程中保持科学严谨的态度。

（2）在实施新媒体营销渠道策划活动时遵守广告法等法律规范和各新媒体营销平台的规则。

（3）在拍摄过程中关注生态环境的保护。

（4）在直播营销的过程中诚信经营不做虚假宣传。

# 项目实施

## 任务1 新媒体营销的准备

### 任务解析

因受众群体年轻化，哈尔滨极地公园决定利用新媒体开展企业营销，探索新的营销模式。通过完成本任务，学生能够组建新媒体营销团队，明确各岗位职责，能根据新媒体营销的特点及类型，正确选取新媒体平台，进行新媒体营销的准备活动，为公司新媒体发展找准方向，并能够在进行新媒体营销的准备活动中保持科学严谨的态度。

### 知识链接

扫一扫

新媒体营销是什么

### 一、认识新媒体

网上购物、手机视频聊天、发微博、看直播……新媒体作为一种新的媒体形态，悄然改变着人们的生活。“新媒体”是一个相对的概念。相对于传统媒体而言，新媒体是指在报刊、广播、电视等传统媒体以后发展起来的各种新型的媒体形态，包括网络媒体、手机媒体、数字电视等。“新媒体”也是一个时间概念。在不同的时间段，新媒体有着不同的内涵。在互联网普及的初期，新媒体主要以互联网为媒介，以网络新媒体为主流，而现在，随着大数据、云计算、人工智能、VR/AR、物联网、移动终端等新技术、新手段的不断更新和演变，我们处于“万物皆媒”的新环境阶段。当前，新媒体涵盖了所有数字化的媒体形式，包括所有数字化的传统媒体、网络媒体、移动端媒体等。

就现阶段而言，新媒体是以现代信息技术为支撑的、具有高度互动性和非线性传播特质的、能够传输多元复合信息的大众传播媒体，是新的技术支撑体系下出现的媒体新形态。

### 二、认识新媒体营销

#### 1. 新媒体营销

本质上来说，新媒体营销是企业软性渗透的商业策略在新媒体形式上的实现，通常借助媒体表达与舆论传播使消费者认同某种概念、观点和分析思路，从而达到企业品牌宣传、产品销售等目的。

从企业的角度来看，新媒体营销是指企业借助各种新媒体平台，将产品或服务信息，以潜移默化的方式发布出去，在目标受众中形成广泛且深入的信息传播，让目标受众卷入具体的营销活动中，最终实现企业品牌形象的树立、产品销售等目标。

从消费者的角度来看，新媒体营销可以帮助消费者迅速找到其想要的产品或服务，通过新媒体平台，消费者不仅可以享受企业提供的各种优质产品和服务，满足自己的个性化需求，还可以及时与他人分享自己的感受，与企业之间形成良好的互动合作关系。

总体来说，新媒体营销是指企业或个人在新媒体思维的指导下，充分利用新媒体平台的功能、特性，通过对目标受众的精准定位，针对目标受众的需求，研发个性化的产品和服务，采取新媒体营销方法，开展新媒体营销活动的全过程。

#### 2. 新媒体营销优势

##### 1）成本低廉

与传统的电视广告、报刊广告相比，新媒体营销的固定资金投入较少，并且可以借助先进的多媒体技术手段全面实时发布营销信息，从而更好地进行企业产品和品牌的宣传与推广。

##### 2）覆盖广泛

新媒体营销需要互联网环境的支持，其传播方式和传播渠道均多样化。新媒体营销不受时间和空间的限制，能够覆盖全世界的目标消费人群，营销信息也能不受影响地得以扩散。

##### 3）定向精准

新媒体营销基于大数据、云计算等技术，能够通过用户在网络上的浏览行为所产生的信息数据，绘制产品的目标人群画像，从中寻找到客户的潜在需求，从而有针对性地进行营销，制定更加精准的营销策略并获得更好的营销效果。

##### 4）传播迅速快

新媒体营销的传播速度主要体现在传播途径和自身特点两个方面。从传播途径上说，新媒体营销更注重信息的传播，符合用户需求的信息，用户会更愿意主动传播，从而加快信息传播的速度；从自身特点上说，新媒体平台本身具有信息发布便捷、快速的优点，用户可以随时随地接收信息。

##### 5）互动性强

新媒体信息的传播是双向的，用户可以对营销信息进行传播、讨论和反馈，甚至还能参与营销的策划与改进，具有非常强的互动性。

### 三、新媒体营销准备

扫一扫

如何定位新媒体营销用户

企业要想获得竞争优势，达到更好的营销效果，就需要做好用户定位和内容定位，企业需要了解目标用户，构建用户画像；根据用户画像制订营销计划，结合用户需求，将营销信息精准投放给目标用户，提高产品或品牌的综合竞争力。

#### 1. 新媒体营销用户定位

##### 1）了解目标用户

了解目标用户，一是需要了解哪些是自己的目标用户，二是需要了解这些目标用户的主要特征。而要清楚这些内容，应当从用户属性和用户行为两个方面进行分析。

（1）用户属性。用户属性是指用户的自身分类属性，包括性别、年龄、身高、职业、住址等基本信息。这些属性信息的不同可能会导致用户的收入水平、生活习惯和兴趣爱好不同，从而影响用户的消费行为。因此，要在开展营销计划前就做好用户属性的分析，找到符合自己产品和品牌定位的用户群体，这样才能针对这些用户群体更好地制订营销计划，刺激他们产生消费行为。

定位与企业属性相符的用户可以从以下两个方面入手：一方面可通过对大量消费群体的地理位置、消费水平、消费行为、年龄、收入等属性信息进行分析，将具有类似消费行为的群体筛选出来，并将其与企业的产品和目标进行匹配，得到最终的目标消费群体；另一方面可以通过问卷调查、有奖问答、实地探访等方式进行调查研究，了解用户的实际想法，有针对性地根据用户的行为来调整产品定位。

（2）用户行为。用户行为由用户意向左右。用户意向是指用户选择某种内容的主观倾向，表示用户接受某种事物的意愿，是用户行为的一种潜在的心理表现。一般来说，影响用户意向的因素主要有以下三点。

①环境因素：环境因素会影响用户意向。例如，夏季紫外线照射严重，防晒产品在该时间段就会比其他时间段的人气高；又如，某热播剧引起人们对某件商品的关注，受该热播剧的影响，关注该商品的用户也会增多。

②商品因素：主要是对商品的价格、质量、性能、款式、服务、广告和购买便捷性等因素的考虑。例如，在直播平台上，用户可以在观看直播的同时直接购买商品，这比传统视频营销结束后告知用户通过何种渠道购买更加便利。

③用户个人及心理因素：由于自身经济能力（如购买能力、接受程度）、兴趣习惯（如颜色偏好、品牌偏好）等的不同，用户会产生不同的购买意向。用户的心理、感情和实际的需求各不相同，也会产生不同的行为动机。

用户的行为是不断变化的，要想了解用户的行为，就需要重视用户信息的收集与分析，并发现用户的行为规律。用户定位是一个长期的过程，企业不仅要在营销计划开始前就进行定位分析，还要在营销过程中随时观察用户的变化，找出用户未被满足的需求，将其作为下一阶段营销计划的改进方向。

### 2）构建用户画像

用户画像是表现用户行为、动机和个人喜好的一种图形表示，能够将用户的各种数据信息以图形化的形式直观展示出来。但是，用户画像展现的并非某一个用户的信息，而是具有相同特征的目标用户群体的共同信息，通过画像的方式来为这些具有共性的用户贴上一个标签，从而实现数据的分类统计。

通过对用户属性与用户行为的分析可以建立起基本的用户画像模型，然后再将收集和分析的数据按照相近性原则进行整理，将用户的重要特征提炼出来形成用户画像框架，并按照重要程度进行先后排序，最后再进行信息的丰富与完善，即可完成用户画像的构建。

### 3）提供用户服务

经过前面的定位基本可以确定企业所要面向的目标用户，但这并不意味着用户定位已经结束。企业不但要在用户心中树立起独特的形象，还要根据产品和用户的需求做好服务定位。不仅要让企业选择目标用户，还要让目标用户主动选择企业。

首先，要充分了解企业所在行业的情况，了解企业产品的特点，并根据这些内容有针对性地进行用户的产品服务定位，让目标用户感到企业提供的产品与他们的需求是一致的，从而提高用户的认同感。

其次，要从目标用户需求的角度出发，突出企业自身产品与竞争对手产品之间的差异，在用户心中留下特别的印象，最终打造出属于自身的特色产品或服务。

扫一扫

如何定位新媒体营销内容

### 2. 新媒体营销内容定位

新媒体内容包括文字、图片、音频和视频等不同表现形式，可以充分满足营销人员的不同营销需求，建立并保持与用户的良好关系，达到推广产品、树立良好的品牌形象的目的。通过对内容进行定位，营销人员可以使输出的营销信息更符合用户需求，达到为用户解决实际问题的目的，培养出用户的品牌忠诚度。

#### 1）内容定位的流程

一般而言，内容定位的流程包括确定目标人群、确定营销方式、选择营销媒介、策划和包装内容、打造内容亮点、设计转化入口以及追踪和反馈效果七个阶段。

（1）确定目标人群。确定目标人群是指缩小企业投注成本范围，确定具有重要价值的核心目标用户。一个产品的目标用户范围通常会比较广泛，但在这个大范围内，只有一定数量的用户会为产品创造价值，企业需要找出这部分目标用户，缩小成本投入范围，分析其消费方式、习惯以及心理，挖掘能够触动他们的痛点，针对目标人群制定营销策略，提高推广的精准度。

（2）确定营销方式。在进行内容定位前，营销人员应根据产品和品牌的特点、营销目的和营销途径，选择适合的营销方式。营销人员在选择营销方式时，应选择能够更恰当、更完整地表达营销内容的方式，或对自己较为擅长的领域进行专门的内容策划。

（3）选择营销媒介。有了好的营销内容后，营销人员只有依靠优质的营销媒介和渠道，才能扩大营销范围，增强营销效果。在新媒体平台上，内容营销可选择的平台很多，因此，营销人员需要根据具体的营销策略，选择适合的平台或者联合其他平台进行推广。

（4）策划和包装内容。策划和包装内容是内容营销中的重要一环。即使是好的内容，也需要一定的机遇，适当在不同时间反复使用、包装内容，可以增加内容的曝光率，吸引更多用户的注意，保持内容在核心目标用户中的曝光度。

（5）打造内容亮点。打造内容亮点是内容营销的核心，能够使内容创造更多产品或品牌价值。在进行内容营销的过程中，往往难以保证每一个内容推广的亮点，但依然要将亮点作为内容营销的重点。一般可以从优化关键词、展现价值、体现品牌精神、挖掘用户痛点这四个方面进行思考。

（6）设计转化入口。不管是视频、声音、图片还是文章，任何优质内容营销在推出时都需要一个方便用户行动的入口，如"快速关注""直接购买""了解更多""收藏转发"等，让用户可以及时通过简单便捷的入口对所接收的信息进行关注、购买、收藏等。一般来说，用户刚接收信息的时候是转化的最佳时刻，时间间隔越久，入口操作越复杂，用户的转化行为就越低。

（7）追踪和反馈效果。一般来说，衡量内容营销的质量和效果可以遵循内容制作效率、内容传播广度、内容传播次数、内容转化率等指标。根据各项指标的实际表现对内容营销的效果进行评价和判断，再对表现不佳的指标进行优化改善，从而获取更大的营销价值。内容营销需要企业长期坚持，才能将“内容”深入用户心中，使用户形成对品牌的固有印象，只有坚持更新，培养好的内容营销习惯，才能创造更多优质的内容，持续向用户分享有价值的信息。

#### 2）内容定位要求

内容定位可以帮助新媒体营销人员确定营销的方向，内容的定位应遵循以下要求。

（1）内容风格的统一。内容要与企业产品或品牌的定位相符合，即保持内容风格、用语等的统一，提升内容的专业性与阅读感受。

（2）内容的高频输出。内容的高频输出是指内容的持续生产能力，即内容从构思到成品所需要花费的时间、精力、成本等是否可以支持内容在某一个频率的时间内持续展现给用户。

（3）内容要满足用户需求。与产品定位、服务定位一样，内容定位也要从用户需求的角度进行考虑，从用户的需求中挖掘痛点，再以内容的形式展示出来，以打动用户。

（4）内容要符合营销目的。营销的目的不同，内容写作的方向就不同，所需要呈现给用户的内容侧重点因此也就不同。以销售产品为目的，就要注重引流和转化，要选择能够直接引导到产品链接页面的营销平台，并在内容中突出目标用户的痛点或可以获得的好处。

（5）内容要贴合运营人员的能力。内容写作不是随便想想就能写出来的，它与运营人员的写作能力是密切相关的。如果没有对内容的策划、写作和整合能力，即使有再好的点子也无法呈现出来。同时，运营人员也要明确自己在做运营时有什么优势，尽量利用自己的优势进行内容定位，这样才能更好地写作内容。

## 四、新媒体运营岗位认知

扫一扫

认识新媒体运营岗位及能力

### 1. 了解新媒体运营岗位

作为新媒体的从业人员，首先要对新媒体本身有一定的了解，包括它的含义、特点、类型等。访问招聘类网站，搜索“新媒体”岗位，可发现新媒体的相关岗位主要包括新媒体营销、编辑、策划等具体岗位职责。在了解新媒体行业的相关岗位之后，也要对每个岗位的具体要求做了解，才能更好地开展工作。

### 2. 了解新媒体运营人员的岗位能力

#### 1）软文写作能力

作为新媒体营销人员，首先得会写软文，尤其是高质量的软文，要求有可读性，内容有深度，有趣味，有吸引力。其次还要具备“网感”。这就要求能够抓热点，熟悉数据分析，具备信息搜集等能力。无论是纯媒体，还是企业的新媒体，对趋势的把握都是关键。更关键的是要在众多趋势中坚持企业认同的价值取向。

#### 2）运营公众号的能力

新媒体运营包括运营企业订阅号、企业服务号和企业小程序号。只有掌握这三个营销工具，才能做好微信营销。一般来说，订阅号主要是传播宣传，服务号主要是企业推广营销，小程序号主要是做企业服务。另外，公众号的营销主要有广告主（属于付费营销腾讯广点通）、H5制作、微信公众号第三方营销活动（微商城、微官网、微投票等）、微信小程序运用等。微博现在更多的作用是社交工具，但对于企业来讲，它是非常重要的营销工具。企业可以不做大力营销，但一定要经常运营。

3）运营自媒体的能力

目前主流的自媒体平台有头条号、百家号、搜狐号、网易号、大鱼号、企鹅号、快传号等。这些自媒体平台都可以开设企业号，所以新媒体营销人员需要去运营这些平台。

4）基础的视频剪辑、图片处理、H5的制作能力

做新媒体营销，要懂得基础的视频剪辑和图片处理。目前视频剪辑功能较为强大的是Adobe Premiere，其次是剪映，使用也十分简单。图片处理方面功能较为强大的软件是Photoshop，基础处理可以使用美图秀秀或者光影魔术手。音频处理方面功能较为强大的软件是Adobe Audition。比较受欢迎的新媒体工具还包括直播、广播电台等。

5）新媒体平台营销模式认知能力

做新媒体运营，需要对各大新媒体平台的运营模式有充分的了解，清楚各大平台的平台规则。新兴媒体的发展和运营，其实就是三个方面，平台+操作+营销。平台：目前有流量的平台都可以了解和使用。操作：每个平台有自己的规则，按照规则去操作即可，不会操作可以去网上学习。要具备营销思维就需要不断地归纳思考，不断地学习。

6）数据分析能力

数据分析能力的获得不是一朝一夕就能完成的，而是长期的意识培养。大数据分析工具的借力解读使用较多的是百度指数、阿里指数、微指数、其他指数等。

解读后要获得的结果是“获取项目的精准定位”，包括以下定位：主推营销产品定位、精准目标客户群体定位、精准垂直营销阵地定位、互联网品牌宣传语言定位、互联网品牌宣传符号定位、互联网品牌宣传行为范式定位。

7）良好的心态

新媒体从业者的基本素质就是具备良好的心态。好的心态往往会相应地影响到一个人的行为。新媒体从业者一定要经得住诱惑，抗得住压力，只有这样才能将工作做好。

3. 做好新媒体营销人员的从业准备

新媒体运营并不是简单地发微博、推长文，它是包含产品、策划、宣传、公关和广告的一系列完整的计划组织、实施和控制活动，不是每个人都能胜任的。要成为一名合格的新媒体运营人员需要做以下准备。

1）产品理解能力

产品是运营的基础，一名合格的新媒体运营人员必须具备产品理解能力，能清晰地进行产品定位，分析产品对用户的吸引力，找到用户的行为模式和特点，针对不同类型用户的需求进行有针对性的营销，从而最大化激发用户的购买欲望和传播欲望。

2）“网感”和灵感

“网感”是新媒体人员对网络敏感度的简称，主要表现在网络热点话题、网络热点词汇、网络热点表情包等网络元素上，是对网络流行热点创造能力的快速反应能力。这种能力能够给新媒体运营人员带来创作的灵感，更好地把握先机，将企业产品或品牌精神与网络热点结合起来，打造具有吸引力的营销内容，从而抢占营销先机。

3）资源整合能力

新媒体营销的平台众多，虽然方便了新媒体人员进行营销信息的推广，但很容易出现资源分散、端口交叉重叠的问题，如在不同的营销平台中存在多个同质化的内容，导致营销内容的原创性与质量降低，给用户带来不佳的观感。新媒体运营人员要了解企业自身的传播渠道和营销模式，积极收集和合理利用网络中的资源（如文章素材、优质合作对象等），进行充分整合后科学选择最有利于企业的营销方式，从而最大限度提高企业营销的传播价值，完成企业品牌的布局。

4）策划和写作能力

新媒体运营人员需要具备良好的内容策划能力，包括对营销内容和方式的定位、对营销渠道的确定、对目标用户人群的分析等，这是进行营销推广的前提。特别是在瞬息万变的互联网环境中，新媒体运营人员要不断通过实践提高自己的策划能力，保证营销计划能够顺利开展。

4. 提升新媒体营销人员能力的路径

（1）明确岗位职责：管理账号、日常维护；用户运营和数据分析；内容定位和选题组稿；外部合作与市场推广。

（2）深度理解公司业务：掌握公司的市场定位；清楚市场定位和发展目标；对比公司和同行，清楚公司的运营特点和独立竞争力。

（3）储备行业知识：学习行业关键知识点，了解行业领军品牌和行业重大事件；分析行业的标杆账号。

（4）学习专业知识：学习内容编辑的方法、传播心理学；学习产品运营与用户推广的方法和技巧；建立工作规范。

## 任务实施

针对哈尔滨极地馆二期——哈尔滨极地公园的盛大启幕，实施有效的新媒体营销团队组织和新媒体营销定位。

步骤1：组建新媒体营销小组，确定各岗位职责。

哈尔滨极地公园为了进行新媒体的营销，首先需要了解新媒体营销团队的构成。一般来说，在拓展新媒体业务时，都会成立相应的新媒体部门，更确切地说成立一个团队，如图3.1.1所示。整个部门由为数不多的人组成，每个人的分工明确，见表3.1.1。

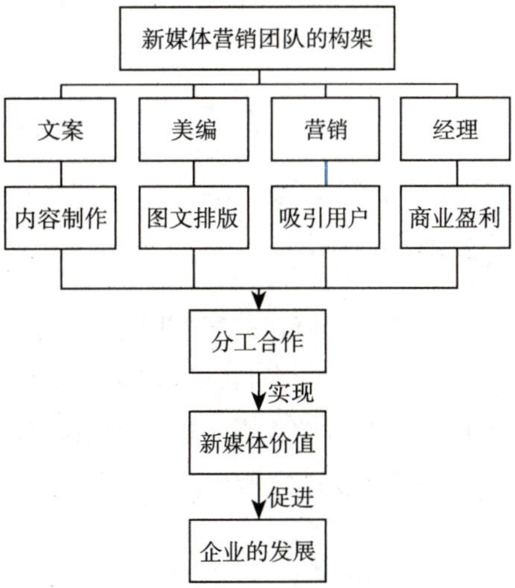

图 3.1.1　新媒体营销团队的构架

步骤2：进行目标用户定位及新媒体营销内容定位。

了解该产品的目标用户，认真分析这些目标用户的主要特征。在充分的市场调研之后，了解消费者需求，从用户自身的特点出发，为其画像，从而找到哈尔滨极地公园的目标人群。

表 3.1.1 哈尔滨极地公园新媒体营销部岗位职责

| 岗 位 | 工作职责 |
|---|---|
| 新媒体运营主管 | 负责极地公园新媒体运营推广，策划主题，制订新媒体团队的营销计划，并负责团队管理工作。有敏锐的市场嗅觉，有良好的沟通交流能力和分析判断能力 |
| 文案 | 根据极地公园的传播目标，进行传播方案的策划、创意、拟写、执行。对新鲜事物、新闻事件等具有高敏感度和洞察力，能完成原创话题创作（短小精焊、关注度高） |
| 美工 | 负责对文案创作进行美术创意设计、制作（图文、表情、插画、H5 等），能够根据部门策划思路和营销概念独立完成个案，充分理解创意意图并准确体现于创意设计中 |
| 运营专员 | 负责极地公园各新媒体渠道的维护，熟知各大平台知识和使用技巧，熟悉新媒体传播规律，有关注互联网热点信息的习惯，对目标客户的阅读兴趣、喜好、习惯有一定了解。建立有效运营手段提升用户活跃度；定期与粉丝互动；策划并执行相关线上推广活动 |

（1）目标用户定位。经过市场调查发现，哈尔滨极地公园的目标群体为年轻的学生和亲子家庭。哈尔滨极地公园针对年轻学生这一用户群体，打造了打卡点、极地海洋动物表演、异域风情演绎、室内电玩城以及海豹餐厅等产品卖点；针对亲子家庭这一用户群体，打造了小动物互动、极地海洋知识、亲子餐厅以及北极熊酒店等产品卖点。新媒体营销团队应通过这些卖点选择适合新媒体营销的平台，设计图文推广文案，确定服务模式、推送风格等，进而打造品牌形象，实现新媒体营目标。

（2）新媒体营销内容定位。既然哈尔滨极地公园的目标用户群体分别是年轻学生和亲子家庭，那么在新媒体营销的内容定位上也应该分别针对两部分用户群体进行规划。

在针对年轻学生群体时，文案内容应以网络流行用语为主，图片选取上应以强饱和度、强对比度为主，音频的节奏要活泼明快，视频的节奏也要快速，要用最短的时间直接切入主题。

在针对亲子家庭群体时，文案内容应注重知识性和逻辑性，图片选取上应以清新和清晰为主，音频上要尽量选择纯音乐，视频中的背景音乐声音不宜过大，且不能超过视频中文案讲述的声音。

## 任务 2 新媒体营销渠道策划

### 任务解析

本任务所描述的案例哈尔滨极地公园新媒体营销推广项目是基于目标市场细分后，针对年轻学生和亲子家庭两个目标客户进行新媒体营销推广渠道的策划。因此，应从目标人群的消费行为和消费心理角度出发，设计的渠道策略应该符合目标客户的新媒体应用习惯。在实施新媒体营销渠道策划活动时，要遵守广告法等法律规范和各新媒体营销平台的规则。

### 知识链接

#### 一、新媒体营销策划概述

新媒体营销策划是指以新媒体平台为传播和购买渠道，把相关产品的功能、价值等信息传送给目标群众，从而实现品牌宣传、产品销售目的的营销活动。

新媒体营销策划的第一步是定位，只有明确了定位才能全方位开展营销策划活动。定位主要解决三个W的问题，即给谁做（who）、做什么（what）、在哪里做（where）。这三个问题分别对应的是用户定位、内容定位和渠道定位。企业只有了解用户，洞察用户的需求，才能借助新媒体拉近与用户的距离。用户定位需要确定目标用户群体，然后对用户群体进行特征分析，进而构建精准的用户画像。深入了解用户的欲望和需求，激发有价值的用户积极参与、购买、反馈并分享产品。

新媒体营销的竞争就是围绕一个定位——帮“哪些用户”，在“什么场景”，解决“什么问题”。这样的内容才更容易生存，也更持久。

只有选择好正确的渠道平台，才能将企业产品所能“解决的问题”传递给定位好的用户群体。因此新媒体营销策划中，渠道的策略尤为重要。通过渠道策略选择好某一个平台，而一个平台的调性就好比一个人的性格，不同的平台其调性也不相同。同样的内容在不同的平台发布会有不一样的效果。企业营销人员必须深谙不同的新媒体平台的特点和风格，才能选择适合自身需求和调性的平台来开展营销策划。

当完成以渠道策略后，接下来是进行营销内容的策划。需按照营销策划方案的撰写框架，将策划的内容撰写成可执行的营销策划方案。那么，如何做好新媒体营销渠道策略呢？这就需要了解新媒体营销渠道的相关知识。

## 二、新媒体营销渠道的定义与类型

新媒体营销渠道是指新媒体营销的类型，是新媒体内容在不同平台呈现的“方式”。这些“方式”主要有文字、图片、音频、动画、视频等，下面按照“方式”的不同进行具体解释。

### 1. *以图文为主要“方式”的新媒体类型*

文字：文字是最为常见的内容呈现形式。

图片：用会被转载的图片做广告，这种直观的视觉方式让读者在瞬间记住图片所要宣传的产品或思想。

目前在以文字和图片为主要“方式”的新媒体类型中，应用最为广泛的主要有以下三种。

#### 1）新浪微博

新浪微博的互动性直接，推送不受数量和时间的限制，形式多样，并且因其开放性而容易造成扩散式的传播效果，如图3.2.1所示。

图 3.2.1　新媒体渠道示例——新浪微博

扫一扫

新媒体营销渠道的定义与类型有哪些（上）

#### 2）微信公众平台

微信公众平台包括订阅号和服务号，针对已关注的粉丝形成一对多的推送，推送的形式多样，包括文字、语言、图片、视频等，并且基于微信本身庞大的用户基础，传播效果较好，如图3.2.2所示。

图 3.2.2　新媒体渠道示例——微信公众平台

3）百度百家号和新闻头条号

百度百家号和新闻头条号分别是由百度公司和字节跳动公司推出的类似于微信公众平台订阅号的一款产品。这两款产品都是通过大数据技术判断用户需求，从而再形成一对多的推送，推送的形式也包括文字、语言、图片、视频等，如图3.2.3所示。因为其在推送前无须关注也能收到内容，因此每一篇内容也能取得很好的传播效果。

2. 图文+动画+音频的新媒体类型——H5

常用免费H5页面制作平台有易企秀、腾讯风铃、京东、秀米、最酷网、点点客海报等。

1）H5页面的特点

（1）具有移动端自适应能力。H5页面会根据不同的手机屏幕尺寸进行适配，以达到不同屏幕的最佳显示效果。

（2）支持多媒体功能。一般H5页面都支持背景音乐、视频播放等多种多媒体功能。

（3）页面素材预加载。为了保证整个页面的播放流畅，H5页面都搭配预加载功能，即用户点击之前就完成了页面的加载，保证阅读流畅性。

（4）支持滑动翻页，每个页面内容单独成页。

（5）大量使用滚动侦测特效，即滑动页面的同时，大量文字或图片会自动加载出来，造成一种动态美感。

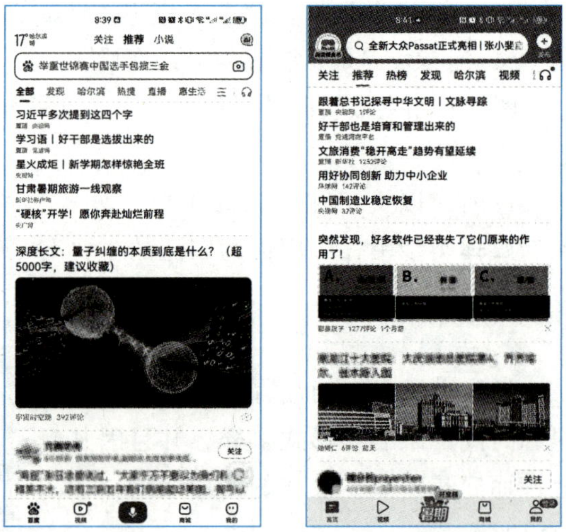


图 3.2.3　新媒体渠道示例——手机百度和今日头条

2）H5页面中需要重视的页面设计要素

（1）用户体验。用户体验设计针对用户浏览页面的感受，在H5页面设计中，设计人员需要深入了解用户浏览习惯、阅读方式，使用合理的音乐背景，搭配整体风格。

（2）界面设计。页面设计重点在于页面的布局设计，包括文字图片大小及布局。设计师要注重图形界面的设计，做到合理而有趣。

（3）交互设计。在H5页面浏览中，优秀的H5页面通过音乐、视频及滑动屏幕调用用户的视觉、触觉、听觉，从而最大限度地提高产品的推广效果及传播效率。

#### 3）工作中常用的H5——易企秀

易企秀旗下产品涵盖H5、海报、长页、表单、互动、视频等创意设计工具，产品使用简单，好用制作快，用户简单操作就可以生成炫酷的翻页H5、海报图片、营销长页、问卷表单、互动抽奖小游戏、特效视频等各种形式的创意作品，可以快速分享到社交媒体开展营销。下面以易企秀为例，介绍H5制作方法。

（1）易企秀的工作环境的准备。易企秀可以在电脑端通过360、搜狗等各类浏览器打开；也可以在手机的应用平台中下载“易企秀设计”App，实现移动端的操作。

（2）易企秀账号的注册。第一次使用易企秀平台时，可以先注册一个账号，因为注册账号可以获得更多的资源，同时也能够将作品的草稿和相关的素材保存在云端，方便之后的操作。在注册时可以选择两种方式：一是通过电子邮箱申请注册账号，这时需要先有一个电子邮箱地址；二是通过第三方平台账号登录（主要是QQ账号和微信账号），这样就免去了注册过程带来的麻烦。在之后使用易企秀平台时，可以选择利用之前注册时的邮箱号或者QQ或微信第三方登录。推荐使用第三方登录的方式，这样更加便捷。

（3）易企秀制作前的筹划工作。在制作易企秀前通常应该思考以下四个问题：一是我们的创意，即要展示的内容和展示这个内容的方式是什么；二是背景音乐，应当选择能够烘托气氛的MP3格式的音乐；三是应用的图片，应主要选择符合主题的视觉效果好的图片；四是文字内容，文字是最为重要的信息载体，一定要做到富有感染力。

（4）易企秀作品模板的创建。在创建易企秀的过程中，需要选择新建空白模板还是应用模板商城中的已有模板。空白模板设计的自主性和个性化较强，但制作过程比较烦琐；模板商城中的已有模板虽然少了一些个性化，但是操作简单便捷，适合新手使用。同时，模板还分成了竖屏模板和横屏模板，虽然只是在观看方式上不一样，但是由于目标客户一般使用手机观看，所以建议选择竖屏模板。

（5）易企秀作品的编辑制作。易企秀作品是逐页生成的，每一页都要设计图文排版和动画特效。因此，在编辑制作易企秀作品时应注意平台提供的八个组件的使用。

①文本：控制文字的内容、大小、颜色、间距等要素。

②图片：控制图片的大小、位置、效果等要素。

③背景：控制页面背景的色彩、花纹等要素，建议全作品统一背景。

④音乐：控制作品的背景音乐内容，一个作品仅能使用一段音乐。

⑤形状：在页面中添加图形内容，并控制其大小、色彩和位置等要素。

⑥组件：在页面中添加按钮、选框等特殊的内容，并控制其大小、位置等要素。

⑦表单：在页面中添加各类型的表单工具。

⑧特效：编辑作品中翻页、文本或图片等内容出现或消失等各类动画效果。

在利用八个组件编辑作品的过程中，还需要使用“预览和设置”按钮反复浏览作品，以便于及时发现问题和解决问题。同时也要经常使用“保存”按钮来保存半成品，以防断电、断网等突发事件给工作造成不便。

（6）易企秀作品的发布与推广。在经过反复的预览检查，确定完成了作品后，便可以单击“发布”按钮来发布作品。这时可以选择“场景二维码”“场景链接”“一键分享”三种方式来推广作品。可以单击“退出”按钮来退出作品制作的过程。在下一次进入时，可以在“我的场景”和“我的推广”中找到作品和作品的推广方式。在“我的推广”中也可以选择某一个场景、下载更大尺寸的二维码，用于线下活动时展示在户外或平面广告牌上。

### 3. 新兴的新媒体类型——视频和直播

#### 1）视频平台

通过在视频网站上上传视频，和他人分享内容的方式获得流量和人气是视频网站的最初盈利方式，但由于视频网站维护成本昂贵，导致视频营销发展一度受创。随着新媒体营销的兴起，在视频前、中、后加上贴片广告成了视频广告新的盈利点，其中以优酷、爱奇艺、腾讯视频等视频网站为主，如图3.2.4所示。

扫一扫

新媒体营销渠道的定义与类型有哪些（下）

图 3.2.4 新媒体渠道示例——视频平台

#### 2）短视频平台

另一种更加方便的视频表现形式是短视频。与普通的视频相比，短视频具有操作流程简单、随拍随传、即拍即处理、即时通过社交软件分享等特点。它的时长相当短，一般在60 s以内，可以快速进行内容的查看与分享。

#### 3）网络直播平台

网络直播是一种可以与用户进行现场实时连接的新媒体营销方式，具有真实性和直观性等特点，是目前十分流行的新媒体营销方式。与视频相比，直播更加直观，并且可以更好地实现与用户之间的互动，使营销更加方便。抖音、快手等短视频与直播平台目前发展迅速。

#### 4）抖音短视频、直播平台渠道建设

由字节跳动公司推出的抖音是目前市场占有率最高的短视频、直播新媒体营销平台之一。开通抖音这一新媒体营销渠道，可以帮助企业获得更多的新媒体用户资源。

抖音平台的账号注册应注意以下三点：

（1）账号注册的规则。抖音平台的账号注册要尽量做到“一机一卡一号”，即一个手机、一个手机卡使用同一个账号，更不要多个手机号在同一手机设备上反复登录和退出。

（2）账号资料的完善。抖音的账号资料信息一定要一次性填写完整，而且越完善越好。在填写的过程中应注意以下问题：

①抖音号：一般是默认分配的英文、数字和符号的组合，因为只能修改一次，所以修改时一定要慎重，建议当粉丝数达到10 000人以上时再修改。

②账号名称：个人账号名称应和账号的人设相匹配，切忌个人账号注册企业名称；企业账号名称应为公司名、品牌名或产品名全称且无歧义，如果体现特定内容，则需要结合认证信息及其他扩展资料认定。账号名称含有过于宽泛字样的或有违反广告法字样的不予通过。

③账号头像：头像图片要清晰，不涉及违法违禁内容，不要含有广告内容，企业可以使用企业logo或品牌名称，但一定要完整。头像和名称也尽量不要随意修改。

④账号简介：主要用来表明身份、领域、理念和态度，信息可以尽可能详细和完整。如果有头条账号、微博账号等第三方的账号都可以去绑定，可以增加权重。新号的权重一般很少，所以通常认为注册的时间越长越好。

## 三、实施新媒体营销渠道策划

扫一扫

如何实施新媒体营销渠道策划

### 1. 新媒体营销渠道策划原则

新媒体营销并不是单一地通过某一种渠道进行营销，而是需要利用多种渠道整合营销。在利用新媒体营销渠道推广时应遵守以下原则。

（1）趣味原则（interesting）。新媒体不同于传统媒体，它在情感上与受众人群走得更近。因此新媒体的内容营销很大程度上都带有娱乐化倾向。

（2）利益原则（interests）。新媒体可以为受众提供资讯、信息、功能、服务、物质利益，甚至是心理上的满足，这些都可以说是利益。

（3）互动原则（interaction）。新媒体不仅仅是将信息送达受众人群，还要与受众交流，让受众主动参与营销的互动和创造。

（4）个性原则（individuality）。新媒体时代，每个人都是不同的个体，想要让受众产生“焦点关注”的满足感，就要进行性化营销。传统营销环境下，个性化营销难度大、成本高，但新媒体时代，个性化营销变得简单、成本低。

### 2. 微信公众平台渠道策划

（1）内容推送形式策划。微信公众平台的推送形式有文字、图片、音频、视频和互动游戏等，根据目标用户群体的不同，在推送前需要策划好适当的形式、适当的时间和适当的封面图片，以便于提高推送的效率。

（2）基于用户维度的品牌构建策划。微信公众平台的推广要以用户为中心，需要分析用户的地域、年龄、性别、受教育程度、收入水平和行业等信息，才能提供用户最想看到的内容。

①地域：不同地区的用户在文化、习俗、喜好等方面会有一定的差异性。如南方和北方的生活

习惯、风俗、喜好有很大差异。

②年龄：不同年龄阶段的用户需求是不一样的。一般年轻人喜欢新鲜事物，接受能力强，如网络热点、流行时尚等对年轻人有强大的吸引力；中老年人则对生活周边、健康养生等内容比较感兴趣。

③性别：一般而言，女性用户更喜欢娱乐、服装、鞋包等领域的内容；男性用户更喜欢科技、汽车、数码等领域的内容。因此，根据用户性别不同，运营者要对运营风格做出相应的调整。

④受教育程度：用户受教育程度不同，其所接受的文化、风格和内容就会不同，一般受教育程度越高的人，对内容的要求也越高。

⑤收入水平：只有用户能够承受产品的价格，产品推广才能带来成交，这类用户才能成为产品的核心用户。

⑥行业：行业不同，用户的关注点就不同，推广要与行业相匹配，为目标用户人群设计他们关注的内容。

（3）公众平台营销活动策划。准备好用户需求后，就可以使用微信公众平台的新媒体营销渠道有针对性地开展营销活动。活动形式及特点、说明见表3.2.1。

表 3.2.1　公众平台各类营销活动策划对比

| 活动形式 | 说　明 | 特　点 |
|---|---|---|
| 留言抽奖 | 根据当下热点、近期活动、时间节点等，准备一个互动话题，让用户在微信文章的留言区写留言互动，进而随机抽选或按点赞数排名选取中奖用户 | 简单易行，可控性强，只要话题互动性足够强，用户的参与热情一般比较高 |
| 好友申请关注 | 通过奖品吸引用户参与活动，用户邀请特定数量的好友关注后即可获得奖品 | 可借助第三方工具或者自主开发功能。因为任务规定必须要获取固定的人数，所以活动成本可控 |
| 红包抽奖 | 可设置关注抽奖或线下扫码抽奖，有机会获得现金红包或实物礼品 | 发红包是聚集人气的有效手段，也是回馈用户的常见手段 |
| 投票评比活动 | 投票一般是比赛制，通过设计物质或精神方面的奖励，吸引用户报名参加，然后利用微信公众平台自带的投票功能进行投票，根据最终票数决定获奖者 | 有利益驱使、有好友社交互动作为支撑，一般投票活动的宣传效果不错 |
| 答题猜谜 | 这种活动形式是通过文字、图片或视频设计谜题，用户将答案发送到微信公众号后台参与互动，答对谜题即可获奖 | 这类活动的参与门槛较低，可以充分调动起用户的参与积极性 |
| 有奖调研 | 根据微信公众号的定位，有时需要结合合作方的需求，利用第三方工具或自身的调研系统设置调研问卷，号召用户参与并填写信息，然后随机抽取中奖用户 | 这类活动形式可以刺激用户的参与度，增强其对微信公众号的黏性，还可以引发用户对平台、品牌的思考和认同 |
| 征文征稿 | 运营者设定主题，让用户参与创作，筛选出的内容可以在微信公众号发布和推广，并给予原创作者一定的奖励 | 这类活动形式参与门槛较高，适合用户质量和用户黏性较高的微信公众号 |

3. 短视频平台渠道策划

（1）短视频渠道推广的选题。在选题过程中短视频的角度一定要新颖，这样才能引发用户的共鸣；同时要以用户为中心，形式上侧重用户的互动性和参与性，内容上侧重垂直性；最后要注意遵守平台规则和法律规范，以及践行社会主义核心价值观。

（2）短视频渠道推广的内容策划。短视频渠道内容策划要素见表3.2.2。

表 3.2.2　短视频渠道内容策划要素

| 内容策划关注点 | 具体细节 |
| --- | --- |
| 垂直细分 | 确定核心目标用户；<br>聚焦主题场景；<br>打造生活方式 |
| 原创性 | 内容富于个性；<br>内容与热点相结合，富于情趣 |
| 价值性 | 知识性内容要保证实用、专业、易懂；<br>娱乐性的内容要有趣味性；<br>提升用户生活品质的内容；<br>激发用户情感共鸣的内容 |
| 短视频主题与时长 | 抓住“黄金前三秒”；<br>快速进入高潮 |

（3）短视频渠道推广的整体优化策划。针对短视频发布与推广的过程，需要注意对短视频的封面、标题、标签和文案进行整体优化，以便于提高推送效率。

## 任务实施

为哈尔滨极地馆二期——哈尔滨极地公园盛大启幕实施有效的新媒体营销渠道策划。

### 1. 哈尔滨极地公园新媒体营销渠道决策

在做出新媒体营销渠道决策前，我们应该首先明确企业的目标用户，再根据目标用户的新媒体平台使用行为来决定新媒体营销的投放渠道。前文中分析过哈尔滨极地公园的目标用户主要是年轻学生和亲子家庭两类群体，下面逐一来分析这两类群体的新媒体平台使用行为。

（1）年轻学生。据数据显示，当代大学生主要使用的图文社交类新媒体营销平台按照排名依次为微信、微博和QQ，而短视频类的新媒体营销平台主要为抖音、快手和火山。

（2）亲子家庭。主要需要关注家庭成员中妈妈的新媒体平台使用行为。这部分女性用户相对于大学生群体对微博的依赖度下降，但小红书平台的使用率大大上涨。

因此，将哈尔滨极地公园新媒体营销渠道确定为微博、微信、抖音和小红书这四个主要渠道，同时企业也可以在手机百度、今日头条、快手、西瓜视频、旅游App和相关的教育类App中投入一定量的广告作为辅助渠道。

### 2. 哈尔滨极地公园新媒体营销渠道推广实施

在实施推广计划的过程中，首先应该根据平台的特点以及平台中目标用户的行为来进行整体的内容规划，如在微博中可以使用互动话题的形式，增强年轻人的参与度，实现链式推广；而在微信公众号应以官方严谨的态度，发布一些内部动态或优惠活动信息；在抖音平台中应当以场景作为核心，使用户有一种身临其境的感觉；在小红书中应当以体验分享和旅游攻略的形式，来诱发目标用户的消费需求。

下面仅以新浪微博和微信公众平台为例来演示哈尔滨极地公园新媒体营销的实施。

（1）新浪微博。在新浪微博中每一个用户都是企业潜在的营销对象，企业利用更新自己的微博内容向目标用户传播企业信息、产品信息，并不断获得粉丝的关注。再通过设计话题或者活动的方式，引发粉丝参与互动和转发，从而起到扩大宣传、促进销售的新媒体营销目标，如图3.2.5所示。

（2）微信公众平台。通过让粉丝关注官方的微信公众平台，实现与特定目标群体的全方位沟通、互动，并利用文字、图片、语音、视频等多种表现形式，形成线上线下互动，如图3.2.6所示。

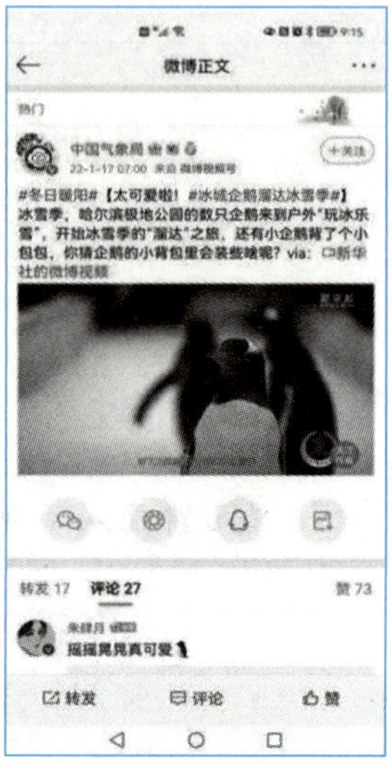


图 3.2.5 哈尔滨极地馆在新浪微博渠道推广样例

图 3.2.6 哈尔滨极地馆在微信公众平台渠道推广样例

## 任务3 短视频营销的实施

### 任务解析

本任务所描述的案例哈尔滨极地公园新媒体营销推广项目在完成新媒体营销渠道策略后，针对年轻学生和亲子家庭两个目标客户进行短视频营销具体实施。因此应从短视频营销渠道的特点和工作流程的角度出发，设计出具体的短视频渠道新媒体营销实施策略。

通过完成本任务，学生能够通过新媒体营销团队成员的共同分工协作，能根据短视频营销的特点选择正确的短视频营销投放渠道，并根据所选短视频平台的类型完成短视频的策划与拍摄，在拍摄中时刻注重环境保护和对生态环境保护的宣传，随后进行短视频平台投放，借助短视频营销优势助推公司新媒体发展。

### 知识链接

#### 一、短视频营销

短视频指视频长度以秒计数，并且主要依托移动智能终端实现快速拍摄和美化编辑，可在社交媒体平台上实时分享和无缝对接的一种新型视频形式。短视频不同于文章、音频那种单一的内容模式，它融合了文字、语音、视频，使得用户在接收内容时更加立体化。其直观的表现形式、多样的内容和较高的互动感可以带来多元化的盈利模式，因此短视频营销方式在新媒体营销中格外重要。

扫一扫

认识短视频营销

## 二、短视频营销优势

### 1. 灵活的互动性，沟通更方便

短视频营销有着很强的互动性，几乎所有的短视频都可以进行单向、双向甚至多向的互动交流。对于企业而言，通过短视频对企业的品牌进行传播，能够帮助企业获得用户的反馈信息，从而更有针对性地对自身进行改进。对于用户而言，可以通过企业发布的短视频进行互动，表达自己的意见和建议，这种互动性使得短视频能够快速地传播，还能使得企业营销效果实现有效提升。

### 2. 低成本打造高效传播

与传统的广告营销费用相比，短视频营销的成本更低，这也是短视频营销的优势之一。短视频营销的成本低主要表现为制作成本低、传播成本低和维护成本低。通过策划高品质短视频的内容，通过短视频真正击中用户的痛点和需求点，短视频便能够迅速传播，很大程度节约了营销成本，并且取得了显著的营销效果。

随着用户对短视频内容的要求逐步提高，短视频的创作也逐渐专业化、团队化发展。虽然制作短视频的门槛低，但想要借助短视频的力量获得良好的营销效果，则需要以专业化团队的力量作为支撑，保证短视频营销的专业化。

### 3. 购物方式快捷方便

短视频是一种时长较短的图文影音结合体，因此短视频营销能够带给消费者图文、音效所不能提供的感官的冲击，是一种更为立体、直观的感受，赢得消费者的青睐，使其产生购买的欲望。短视频营销的效果比较显著，一是因为画面感更强，二是因为短视频可与电商、直播等平台结合，实现更加直接的盈利。

短视频的高效性体现消费者可以边看短视频，边购买产品，这一优势从消费者的购买行为上来看很明显。随着移动互联网的迅速发展，消费者大多喜爱利用上网的方式进行消费，短视频营销在市场中占据了一席之地。

### 4. 锁定目标客户，精准营销

与其他类型的营销方式相比较，短视频营销还具有指向性强的优势。短视频营销可以准确找到企业的目标受众，从而达到精准营销的目的。短视频平台会对搜索引擎进行优化，这样目标客户一般都会在网站上对关键词进行搜索，使得短视频营销更加精准。

### 5. 迅速传播，激发兴趣

短视频营销还拥有传播速度快、难以复制的优势，因为短视频能够迅速地在网络上传播开来，其时间短，适合快节奏的生活，因此更能赢得广大受众的青睐。此外，用户在与短视频进行互动的过程中，不仅可以点赞、评论，还可以转发。一条包含精彩内容的短视频，如果能够引发广大用户的兴趣并被他们积极转发，则可以促进传播。

6. 营销效果可数据化跟进

短视频营销本身属于网络营销，可对短视频的传播和营销效果进行数据分析，短视频营销效果可以进行数据化的跟进，分析衡量短视频营销的具体效果；筛选可以促进销量增长的短视频；给市场营销方案提供正确的引导。

视 频

短视频营销平台有哪些

## 三、短视频营销平台认知

主流短视频平台有抖音、快手、美拍、秒拍、西瓜视频、小红书、哔哩哔哩、腾讯微视等。对这些平台进行分析可以促进短视频的投放和营销效果的提升。

1. 抖音

抖音隶属于北京字节跳动科技有限公司，截至2022年1月，抖音日活跃用户数突破6亿，标志着其成为高流量的互联网头部平台之一，自身品牌影响力较大。在目标用户方面，抖音以新生代用户为目标，及时把握目标用户的需求偏好，对不同年龄段的人进行归类分析，选出短视频主流板块，不断“下沉”连接多层次用户，吸引大量用户，将抖音打造成为“老少皆宜”的娱乐化社交平台。抖音凭借自身丰富的工程师储备和人工智能实验室的支持，能够基于用户过去的观看行为为用户画像，为其推荐感兴趣的内容，用户的不确定感更强，这更吸引用户观看，从而打造沉浸式的娱乐体验，这种个性化推荐机制是抖音的核心竞争力之一。

2. 快手

快手是北京快手科技有限公司旗下的短视频软件。快手依靠短视频社区自身的用户和内容运营，致力于打造社区文化氛围，依靠社区内容的自发传播，促使用户数量不断增长。快手满足了普通人群表达自我的需求，是一个为普通人提供记录和分享生活渠道的短视频平台。快手坚持不对某一特定人群进行运营，也不对短视频内容进行栏目分类，不对创作者进行级别分类。为了方便用户发布更多的原生态内容，快手的设计以简单、清爽为主，使用户更专注于内容。在快手平台上发布短视频的用户及其作品，都有可能在“发现”页面获得展示的机会，即使是刚注册的新用户也不例外。用户发布的短视频获得的点赞越多，被选中推荐的概率就越大。快手平台强调的是通过产品搭建和推荐算法逻辑打造社区调性，属性偏私域流量，快手多年来培育的社区氛围，能更好地调动用户之间的关注与互动，用户黏性与信任度高。

3. 美拍

美拍是厦门美图网科技有限公司旗下一款可以直播、制作视频的备受年轻人喜爱的应用软件。美拍的用户定位主要是那些追求更精致的视频效果和更美画面感的人群。美拍凭借简单易用的操作方法和对视频的美化功能成功吸引了大量用户，从而占得了短视频市场的一席之地。除此之外，美拍还致力于打造专业化的兴趣社区，除了可以不断下拉刷新视频流外，还设有“美妆”“穿搭”“美食”“舞蹈”等多个垂直频道，可以让用户主动选择自己喜欢的垂直类内容，这样就可以让各个领域具有相同喜好的用户相互交流和互动，由此形成兴趣社区。

4. 西瓜视频

西瓜视频是北京字节跳动科技有限公司旗下的个性化推荐短视频平台，由今日头条孵化而来。在西瓜视频上，95%以上的内容属于职业生产内容，该平台采用人工智能精准匹配内容与用户兴趣，致力于成为“最懂你”的短视频平台。西瓜视频不仅具有优质、高效的短视频，还有内容更专业、丰富，传达的信息更体系化的长视频。

5. 小红书

在小红书，用户通过文字、图片、视频笔记的分享，记录美好生活。小红书通过机器学习对海量信息和用户进行精准、高效匹配。小红书生活方式社区运营方向是通过用户“线上分享”消费体验，引发“社区互动”，并推动其他用户“线下消费”，反过来又推动更多“线上分享”，最终形成一个正循环。小红书笔记能够吸引其他用户对分享的产品产生兴趣。无论是做产品、做服务，还是做个人品牌，都可以通过在小红书上分享内容，通过写笔记来达到曝光和引流的目的。小红书以独特的“种草”氛围，贴合消费者偏好的图文内容，再加上关键意见领袖（key opinion leader，KOL）强势的引导，吸引着用户的关注。

6. 哔哩哔哩

哔哩哔哩（bilibili）源于垂直细分下的二次元领域，渐渐发展成为多领域的短视频与长视频综合平台。用户通过注册哔哩哔哩后要想成为正式会员需要通过答题考试。这种过滤机制也屏蔽了很多和平台不匹配的用户，留下的都是平台的忠实用户，其中大部分用户年龄在25岁以下，成为年轻人的潮流文化娱乐社区。用户可以找到与自己志同道合的人，并且以相同的兴趣爱好交织在一起，以视频的信息载体加深彼此的关系。哔哩哔哩依靠不同的品类内容吸引不同阶层的用户，让“短视频+长视频”成为创作者传递价值的通用形式，通过优秀的创作者带动更多的创作者，使他们以视频内容的形式表达自己。

7. 腾讯微视

微视是腾讯旗下的短视频创作与分享社区，用户可以通过QQ号、腾讯微博、微信及腾讯邮箱账号进行登录，可以将拍摄的短视频同步分享给微信好友，分享到微信朋友圈、QQ空间。微视的定位非常清晰，就是快速切入短视频社交领域，挖掘更多的机会点，打造战略级产品。在渠道和营销方面腾讯微视非常有优势。

扫一扫

短视频营销的效果评价有哪些

## 四、短视频的效果评价

在短视频运营过程中，数据分析贯穿了整个运营流程。在短视频内容策划中，数据能为视频的选题提供参考，帮助选出更受用户喜欢的题材。在视频发布后，数据分析能帮助运营者了解视频的受欢迎程度、转化效果等，从而为短视频的后期运营提供决策依据。

从短视频数据可以看到，平台提供的指标有很多，在这些指标中需要重点分析播放量、互动量、转粉量、加购量和支付量，这几个指标反映了用户对短视频的喜爱程度以及短视频的转化情况。

1. 播放量

反映播放量多少的数据有播放次数、播放人数、有效播放次数和有效播放人数，其中有效播放是指播放时长大于3 s的视频。播放次数和播放人数越高，视频的曝光量也越高。

2. 互动量

反映互动量的数据有点赞次数、点赞人数、评论次数、评论人数、分享次数和分享人数。在一定程度上，互动量会影响视频的播放量，互动量能够反映粉丝对视频的喜爱程度。

3. 转粉量

反映转粉量的数据有新增粉丝数和取关粉丝数，新增粉丝数说明了一个视频带来了多少粉丝。一般情况下，发布一条视频后，有一定的粉丝取关是正常，但如果取关粉丝数远远大于新增粉丝数，那就要分析原因了，是视频质量出现了问题，还是选题无法让粉丝产生兴趣。

4. 加购量

反映加购量的数据有引导加购人数和引导加购商品数，加购量的多少与引导进店人数和引导进店次数有关，同时也会受产品本身、详情页图文内容等的影响。

5. 支付量

反映支付量的指标有引导支付子订单数、引导支付人数和引导支付金额，这一指标是很多电商卖家极为关心的，因为它可以说明短视频所带来的直接转化效果。

## 任务实施

以哈尔滨极地馆二期——哈尔滨极地公园盛大开业为例，进行一次短视频营销活动。

步骤1：短视频营销渠道决策。

1. 短视频营销活动流程

短视频营销活动实施流程如图3.3.1所示。

2. 短视频营销渠道分析

1）主流短视频平台受众概况分析

通过分析可见短视频平台阵营明确，有利于企业进行有针对性的短视频平台选择，如图3.3.2所示。

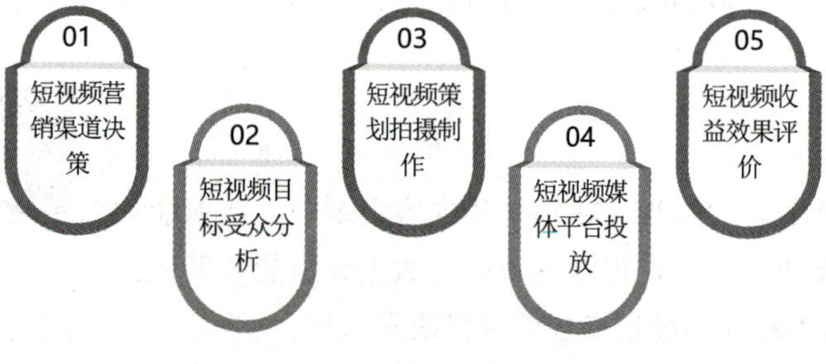

图 3.3.1 短视频营销活动实施流程

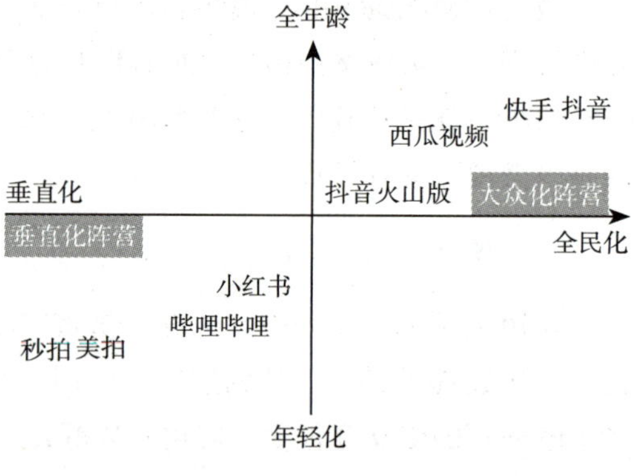

图 3.3.2 主流短视频平台受众阵营分析

2）主流短视频平台受众精细画像

通过对具体的受众画像可以分析出各个短视频平台的特征，对于企业做出短视频渠道决策提供可靠的依据。

3. 短视频营销渠道决策

根据上述分析，可以做出以下决策：

根据主流短视频平台受众概况分析，哈尔滨极地馆二期——极地公园的短视频营销活动，可以分别选择一个大众化阵营的平台和一个垂直化阵营的平台。

通过对主流短视频平台受众精细画像分析，在大众化阵营中可以选择抖音平台，具体原因是其拥有庞大的日活数量；而垂直化阵营中可以选择小红书，具体原因是其平台定位和用户属性是一、二线城市25～30岁女性消费群体的生活方式（含旅游攻略）的分享，这与极地公园项目的目标市场十分匹配，如图3.3.3所示。

用户类型：全民化
最大优势：日活超过 4 亿

用户类型：25 ～ 30 岁女性，一、二线城市
最大优势：生活方式分享（含旅游）

图 3.3.3　极地公园短视频渠道决策结果

步骤2：短视频目标受众分析。

### 1. 用户需求与产品定位

哈尔滨极地公园的产品是围绕用户需求开发的。因此，该产品的定位满足了用户的需求。如果把短视频营销中用户的需求称为“痛点”，那么能够满足这部分需求的产品特点就是需要的“卖点”。另外由于不同平台的用户群体不同，那么在不同平台中的“痛点”和“卖点”也不应相同。

哈尔滨极地公园倾力打造极光秀、白鲸秀和极地秀等诸多产品，通过包装突出展现产品的“卖点”，并直指游客体验极地风光、了解极地海洋知识和感受异域文化等需求“痛点”，将黑龙江哈尔滨的冰雪旅游文化推向游客。

### 2. 平台优势对应产品定位

#### 1）抖音平台优势对应极地公园的产品定位

抖音平台作为综合类、大众化的短视频平台，拥有用户基数大、日活数量高、人群覆盖广等优势，同时抖音平台的入门门槛低、场景化强和原创率高等特点。依据对抖音平台的分析，在应用过程中可以由极地公园官方打造抖音账号，在极地公园的场景中分享极地公园的明星动物、打卡点和优美的演出等，如图3.3.4所示。正是因为这些场景源于生活又高于生活，才会产生极大的冲击力，才能一下子抓住游客的心，促使他们做出购买决策。

图 3.3.4　极地公园在抖音平台推广样例

#### 2）小红书平台优势对应极地公园的产品定位

小红书平台是一个垂直类的短视频平台，具有用户群体年轻化、高素质化等优势，平台关注时尚类产品的测评、分享和“种草”依据对小红书平台的分析，在应用过程中可以邀请一些具有号召力的短视频主用自己的视角来分享极地公园的游览攻略，通过分享传播的方式在目标受众中“种草”，让他们对

极地公园有所向往，如图3.3.5所示。

步骤3：短视频策划拍摄制作。

### 1. 短视频的策划

#### 1）确定选题

新媒体短视频的创作关键是确定选题，选题决定内容的深度、广度、受欢迎程度。选题需要创作者有良好的知识、创意积累，是一项需要投入精力的难度大的工作。

以本任务为例，在抖音平台应注重利用时尚的音乐及语言，展现每一个真实场景，以轻松的风格传递冰雪旅游的文化价值；而在小红书平台应更加关注玩法、游览路线和感悟等具有分享价值的内容。

图 3.3.5　极地公园在小红书平台推广样例

#### 2）策划内容

确定选题之后，哈尔滨极地公园的创作者就要策划短视频的具体内容，主题风格的设定、内容环节的设计、视频时长的把控、脚本的编写，这些都需要在视频拍摄前期策划好，同时也是视频创作中的核心环节，决定着短视频的灵魂。

在抖音平台短视频内容策划上时长可以短一些，音乐可以活泼起来，语言也要做到尽量风趣和接地气。例如，可以拍摄海象等极地动物进食的画面，用极地动物憨态可掬的样子吸引消费者。而在小红书平台短视频内容策划上时长可以略微增长，语言上虽然也需要接地气但在逻辑性方面要增强，内容上要更加注重游览感受和游览方法的分享。例如，以介绍白鲸等极地动物的生活环境，用专业性强的知识吸引消费者。

### 2. 短视频的拍摄

#### 1）拍摄工具

拍摄短视频前，需要准备好拍摄器材。适合拍短视频的器材包括手机、单反相机、微单相机、迷你摄像机、专业摄像机等，还有一些辅助性工具，如三脚架、遮光板、各种相机镜头等。短视频拍摄所需的部分工具如图3.3.6所示。

图 3.3.6　短视频拍摄所需的部分工具

#### 2）拍摄安排

准备好专业器材后，还要考虑好拍摄场景、时间安排、表达手法、机位摆放、灯光布置和收音系统配置等工序。

其中拍摄场景分为室内和室外。在室内场景中灯光的布置至关重要；在室外场景中，要根据拍摄时间的选择来安排光线，同时要考虑天气、环境等情况准备收音系统配置。

短视频拍摄安排及工具如图3.3.7所示。

图 3.3.7 短视频拍摄安排及工具

### 3. 短视频的制作

#### 1）音频的制作

视频中需要的音频主要来源于三个方面。一是在视频录制过程中直接采集的，包括短视频主的现场讲解和场景环境等声音；二是在编辑过程中使用来源于网络授权的音频，包括歌曲和搞笑音频；三是短视频主利用音频编辑软件重新编辑的音频，目前主流的音频编辑软件有很多，如Cool Edit、Adobe Audition等，如图3.3.8和图3.3.9所示。

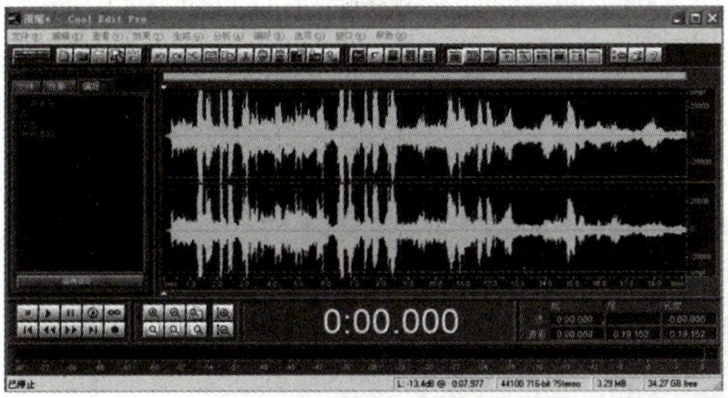


图 3.3.8 音频制作工具示例 1——Cool Edit

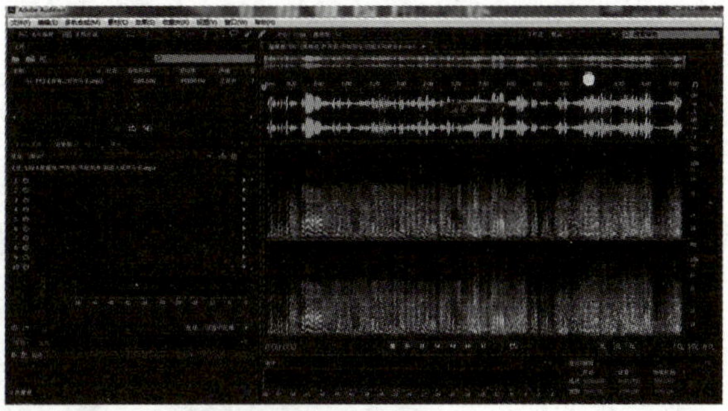

图 3.3.9 音频制作工具示例 2——Adobe Audition

#### 2）视频的制作

视频剪辑软件有很多，有专业的计算机端剪辑软件，也有容易上手的手机视频剪辑软件。面对种类繁多的视频剪辑软件，不同的剪辑软件都有其各自的特点，并没有绝对的好坏之分。可以根据自己的水平选择合适的剪辑工具，如选择剪映、小影、爱剪辑、Premiere等进行视频剪辑。

步骤4：短视频媒体平台投放。

### 1. 短视频发布与推送

短视频制作完成后，需要考虑将其投放到适合的渠道平台上，以获得更多的流量曝光。发布和推广短视频首先要熟知各个平台的推荐规则，同时还要积极寻求商业合作、互推合作等来拓宽短视频的曝光渠道，增大流量。哈尔滨极地公园的短视频一般通过抖音官方号发布；也通过合作一些粉丝量较多的“探店”主播发布；还有就是通过限时奖励活动，让消费者帮助发布。

2. 短视频发布的时间把控

在发布短视频时，还要根据产品类型以及目标用户的行为习惯来确定投放时间及频次，把握好节奏，并及时把短视频推到“点”上，这是非常关键的。哈尔滨极地公园的目标客户以青年人为主，根据图3.3.10可以看出，而青年人的上网时间在14:00和20:00达到峰值，因此应选择在此“点”推送。

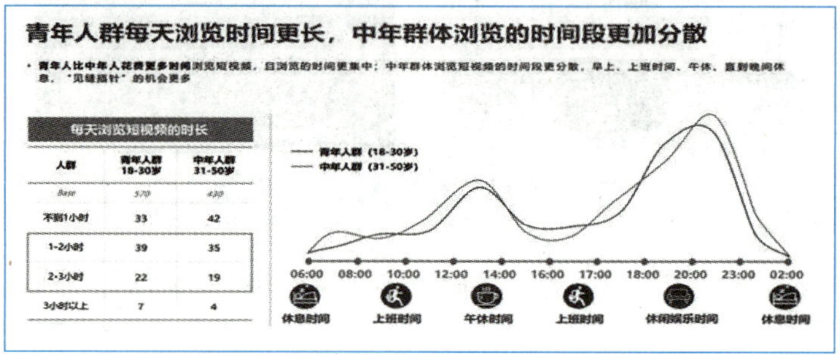


图 3.3.10　不同年龄群体上网时间段分析

步骤5：短视频收益效果评价。

视频发布之后，可以通过分析视频的各项数据来了解每条短视频的播放效果。在分析数据指标时，不能单独来看，还要看比率。视频的有效播放换算出不同数据指标的比率后，可将这一比率与其他同类视频做对比，了解两者的数据差异。

图3.3.11所示是哈尔滨极地公园的三个短视频的对比，通过对比可以看到置顶短视频的数据要远远好于其他短视频；而短视频的点赞和评论数量也决定了收藏和转发数量。

图 3.3.11　极地公园短视频平台发布数据对比

# 任务 4　直播营销的实施

## 任务解析

本任务所描述的案例哈尔滨极地公园新媒体营销推广项目在完成短视频营销推广后，决定开展直播营销，以增加与用户的互动，提升用户的黏性。因此，应从直播营销特点和工作流程的角度出发，设计出具体的直播营销的实施策略。

通过完成本任务，学生能够明确各岗位职责，能根据新媒体营销的特点及类型正确选取新媒体平台，进行直播营销的策划与准备活动，并通过开展直播营销活动提升企业商品销量。在直播营销的过程中诚信经营，不做虚假宣传。

扫一扫

认识直播营销

## 知识链接

### 一、认识直播营销

#### 1. 直播营销的概念

直播营销是移动商务时代下的衍生模式，是在互联网环境下使用直播媒介，以促进商品或服务的购买与销售的一种商务模式。

直播营销的核心价值在于它聚集注意力的能力，未来直播营销也会成为每个企业品牌提升或某种产品营销推广的标配。

#### 2. 直播营销的优势

直播营销是一种营销形式上的重要创新，它能体现出互联网的特色。相对于传统的营销模式，直播营销有着极大的优势。

1）实时互动性

直播作为一个可以和用户面对面交流的平台，开播前通过多种造势手段，将网络上分散于各个角落的目光集中吸引到某个时段中的某个平台。与传统的营销方式相比，直播营销的社交性强，实时互动的形式更能抓住当下的用户，无形中增强了用户对企业品牌的黏性。

2）用户精准性

在观看直播时，用户需要在一个特定的时间共同进入播放页面，这种播出时间上的限制，也能够让主播识别并抓住对企业及产品具有忠诚度的精准目标人群。

3）高效性

相对于其他营销方式，直播营销让用户和主播直接接触，企业可以在短时间内完成产品或品牌特性的宣传、产品使用效果的传递，并能及时解答用户的疑问，用户能够在直播过程中直接下单购买，营销的效果自然成倍增长。

4）情感共鸣性

移动互联网的发展，使人们处于一个去中心化、碎片化的时代，直播能让一批志趣相投的人聚集在一起，聚焦在相同的爱好、兴趣上，情绪相互感染，形成情感共鸣。

3. 直播营销的类型

按照直播主体的不同，直播营销分为商家自播和“达人”直播。商家自播与“达人”直播两种模式的对比分析见表3.4.1。

表 3.4.1 不同主题直播营销优劣势对比

| 对比项目 | 商家自播 | “达人”直播 |
|---|---|---|
| 直播特性 | 品牌化 | 人格化 |
| 用户购买商品驱动力 | 用户购买商品多是因为对商品有需求 | 用户购买商品是因为对商品有需求，也可能是因为受到情感驱动 |
| 商品更新速度 | 商品更新较慢 | 商品更新较快 |
| 直播商品展示 | 流水账式地展示商品，商品转化率一般 | 直播内容紧凑，内容表现形式多样化，商品转化率较高 |
| 主播直播心态 | 工作心态 | 创业心态 |
| 直播时长 | 可多人 24 小时在线直播 | 主播单人直播，直播时间有限 |
| 流量支持 | 可借助自身私域流量的支持 | 主播需要从零积累粉丝 |
| 运营能力 | 具有较强的电商运营能力 | 很多主播缺乏电商运营经验 |

4. 直播营销的价值

直播带动了零售产业的变革。直播带货的爆火，固然离不开时代洪流的推动，但从本质上来说，还要归功于直播这种带货模式本身的两点内在逻辑：一是直播从“商品与人的对话”，变成了“人与人的对话”；二是直播带货让用户为“交流感”和“参与感”买单。正是由于这种独具优势的内在逻辑，传统的零售产业进行了变革与转型，直播也受到了广大用户的喜爱。

5. 直播营销产业链价值分析

直播营销产业链分析如图3.4.1所示。

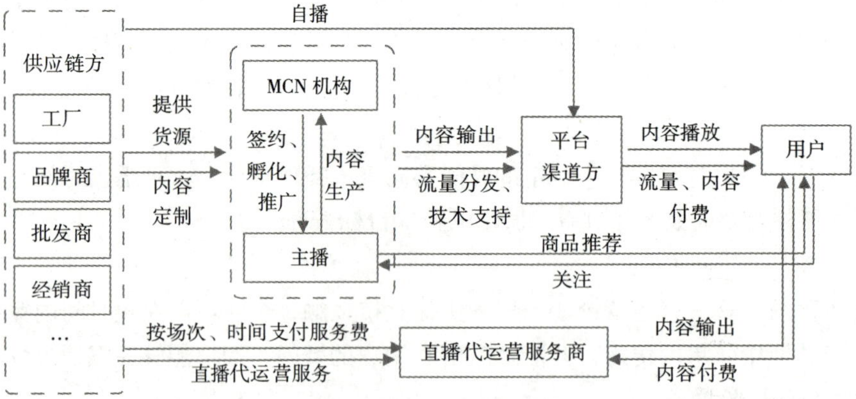


图 3.4.1 直播营销产业链分析

1）供应链方

供应链方为MCN机构、主播、直播电商平台供应商品，并提供仓储、物流、商品售后等服务。

在直播电商中，供应链方分为内部供应链服务商和外部供应链服务商。

2）MCN机构

在直播电商产业链中，MCN机构兼具主播经纪、内容生产、活动运营、供应链运营等多重角色。

3）主播

主播连接着供给端和需求端。在供给端，主播为供应链方输出直播内容，帮助其吸引流量，销售商品；在需求端，主播通过直播输出内容，向用户分享商品。

4）平台渠道方

在直播电商产业链中，平台渠道方主要负责搭建直播渠道，并制定相关规则，维护直播秩序。按照主营业务属性划分，平台渠道方分为电商平台和内容平台。

5）直播代运营服务商

直播代运营服务商是指能为商家提供完整的直播代运营服务的组织，包括电商直播代运营服务商和企业直播代运营服务商。

6. 直播营销的要素分析

1）人

目前，直播营销的主播主要分为专业产品主播、网络“达人”、商家员工、名人、企业家、专家、主持人等类型。

2）货

随着直播电商的迅猛发展，直播电商涉及的商品品类不断丰富，涵盖快消品、美妆、服饰、汽车、珠宝、3C商品、房产等多个品类，其中复购率高、客单价低、利润率高的品类在直播电商中更为受益。

3）场

直播营销的购物场景优势有良好的体验感、节约用户出行成本、价格优势；直播营销的直播场景是多元化的，包括搭景直播、实体店直播、产地直播、供应链基地直播、档口直播、海淘现场的直播。

## 二、直播营销的规划与实施

### 1. 直播营销的规划

1）直播营销流程规划

直播营销不仅仅是一两个主播站在屏幕前对产品的宣传与介绍，而是整个团队的共同配合与运营的结果，包含了产品流通的各个环节。直播营销活动组织流程如图3.4.2所示。

图 3.4.2　直播营销活动组织流程

扫一扫

如何规划直播营销

此外，还会有财务人员、行政人员（人资）、发型/化妆甚至灯光/道具等其他岗位参与到直播营销过程中。

2）直播营销的目标规划

在设定具体的直播营销目标时，应符合SMART原则，尽量让直播营销的目标科学化、明确化和规范化。SMART原则是管理学中一个非常重要的目标设定原则，分别由表示确定目标的五个基本原则的英文首字母组成，分别为具体的（specific）、可衡量的（measurable）、可达成的（attainable）、相关的（relevant）和有一定时限的（time-based）。

将这一原则用在直播营销的目标设定中可具体体现为：在某一个时间段内，在某平台销售某一种商品、获得×××个订单量。其中×××个订单量是根据具体数据测算出来的，一个可以达成的具体的数据。

3）直播营销的内容规划

（1）主题的策划。主要是需要构造出一个独具特色且贴近生活的具有产品特色的直播主题。例如，直播营销的产品是小龙虾，那么直播的主题可以选择“小龙虾怎么做才好吃？”那么在直播场景搭建的过程中就要考虑烹饪、绿色食品和小龙虾生长环境等有特点的布置。在直播过程中，主播可以通过真实的烹饪和试吃等贴近生活化的行为，激发潜在消费者的购买欲望。

（2）排期的规划。直播营销的排期策划包括“直播时间、直播主题和直播产品组合”的规划以及“直播营销整体时间节点”的规划。其中在“直播时间、直播主题和直播产品组合”的规划中应该将直播日期、直播主题、直播主要产品及数量、产品主要卖点和搭配品、活动品等相关内容规划好；在“直播营销整体时间节点”的规划中应将时间节点、工作内容以及工作内容的明细规划好。

（3）活动的规划。直播间活动可以分为直播间优惠券、限时限量抢购、抽奖、抢红包等活动，直播前应该提前规划好活动的内容、活动的频次以及精确计算好每个活动的福利额度，从而在保证成本的情况下，开展有效的互动活动，激发粉丝的参与热情，带动直播间的热度。

（4）商品结构策划。商品结构策划是对商品总量和价格进行确定的基础上，对各个类别商品按照合理数量比例进行配置的方案。在方案制定的过程中应始终关注两个问题：一是什么样的结构划分比较合理；二是每个结构在总量中的占比数字应该是多少。

根据一般的规律统计，各类商品的结构比例如下：

①引流款产品：知名度高，性价比高，需要量比较大，一般是刚需产品，数量为10%～20%。同类的产品一般不超过三个。

②利润款产品：利润产品一般是直播主推的产品，占比一般为50%～60%。

③形象款产品：代表品牌形象，但又能与主推产品形成对比优势的产品，让消费者在比较中激发对利润产品的兴趣。

④搭配产品和福利产品：都是为了主推的利润产品更好地实现销售，某种意义上也属于引流产品。

2. 直播营销的实施

扫一扫

如何实施直播营销

直播营销需要诸多岗位人员相互配合，在开播前应该做以下具体的准备工作。

1）直播前

（1）现场环境的布置。这里包括场地环境和设备环境。场地环境主要是直播现场各种道具的布置以及需要销售的各种商品的陈列。而设备环境指的是各个硬件设备和软件设备以及直播过程中网络的畅通。直播场地区域划分及其功能见表3.4.2。

表 3.4.2　直播场地区域划分及其功能

| 场地区域划分 | 功　能 | 场地大小 |
| --- | --- | --- |
| 直播区 | 主播和助播直播区域，展示直播间背景、直播商品、道具 | $5m^2$ 左右，商家可以根据直播商品体积大小灵活调整 |
| 后台区 | 直播幕后工作人员所在区域，放置直播使用的计算机、摄像头等设备，以及直播辅助工具 | $5m^2$ 左右，最好设置在主播不远的地方，便于及时为主播提供协助 |
| 商品摆放区 | 摆放直播中需要讲解的商品样品，如果商品数量较多，则需要安排货架，将商品按照类别整齐地归置好，以便让工作人员在最短的时间内找到所需的商品 | $10m^2$ 左右，商家可以根据商品体积大小和数量调整 |
| 其他区域 | 主播试衣间，或者放置其他搭配品的场地 | 商家可以根据需要灵活设置场地大小 |

（2）商品要素的准备。在直播营销前，主播必须对本场次直播营销的商品属性、价格、库存数量等重要的信息进行了解，企划需要将这些内容转化为直播内容，主播再根据自己的风格和现场的情况进行讲解。直播前主、副播的主要工作见表3.4.3。

表 3.4.3　直播前主、副播的主要工作

| 工作岗位 | 主要工作内容 |
| --- | --- |
| 主播 | ①协助团队成员选品；<br>②提前了解品牌和商品信息；<br>③确认直播场地；<br>④确认直播中互动活动的时间和方式 |
| 副播 | ①协助团队成员选品；<br>②提前了解品牌和商品信息；<br>③确认直播场地；<br>④确认直播中互动活动的时间和方式；<br>⑤调试直播设备，进行直播测试；<br>⑥确认直播商品、辅助道具等物品全部到场等 |

（3）平台内外的预热。在开播前，要对开播的时间和开播的内容进行预热活动，目的是让更多的人关注和进入直播间。一般的做法是在平台内发布一定的量的短视频，同时也在平台外流量多的其他（如新浪微博）平台投入图文链接。

2）直播中

（1）直播营销活动的执行。直播营销活动可以进一步拆解为直播开场、直播过程和直播收尾三个环节，见表3.4.4。

表 3.4.4　直播营销活动整体流程

| 执行环节 | 操作要点 |
| --- | --- |
| 直播开场 | 通过开场互动让用户了解本场直播的主题、内容等，使用户对本场直播产生兴趣，并停留在直播间 |
| 直播过程 | 借助发红包、发优惠券、才艺表演等方式，进一步加深用户对本场直播的兴趣，让用户长时间停留在直播间，并产生购买行为 |
| 直播收尾 | 向用户表示感谢，预告下场直播的内容，并引导用户关注直播间，将普通用户转化为忠实粉丝；引导用户在其他媒体平台上分享本场直播或者本场直播中推荐的商品 |

（2）直播营销的二次传播。为保证直播营销的效果，以及后续营销活动的有序开展，需要进行直播营销的二次传播。二次传播可以根据内容形式的不同分为直播视频传播和直播文案传播，其中直播视频传播需要在直播营销进行的过程中录制直播画面并凝缩精华、剪辑发布。

（3）直播营销的后台工作。在直播进行时，团队的其他成员也在后台紧张地忙碌。直播团队其他成员的后台工作见表3.4.5。

表 3.4.5　直播团队其他成员的后台工作

| 工作岗位 | 主要工作内容 |
| --- | --- |
| 直播助理 | ①准备直播商品、道具等；<br>②协助配合主播的工作，做主播的模特，在镜头外完成画外音互动等 |
| 运营 | ①负责好直播中控台的后台操作，包括直播推送、商品上架、优惠券发放，以及实时直播数据监测等；<br>②接收并传达指令，例如，若直播运营有需要传达的信息（如商品库存数量、哪些地区不能发货等），场控在接到信息后要传达给主播和副播，由他们告诉用户 |
| 技术 | 做好直播设备如摄像头、灯光等相关直播软硬件的调试 |
| 视觉 | 负责视频的拍摄与剪辑（如直播花絮、主播短视频，以及介绍商品相关信息的视频片段等），辅助二次传播工作 |
| 客服 | ①配合主播在线与用户进行互动答疑；<br>②修改商品价格，上线优惠链接，促进订单转化，解决发货、售后等问题 |

3）直播后

直播结束后，团队要在运用的带领下完成直播活动，即评判直播效果，总结直播经验，为后续的直播提供参考。直播复盘总结包括两个部分：直播数据分析和直播经验总结。

与此同时，物流和客服也要处理直播后的出库、发货、客户沟通等问题。

## 任务实施

结合所学内容完成哈尔滨极地公园直播营销活动的实施。

步骤1：直播间主题活动策划。

### 1. 直播的流程规划

初次开展直播，在人员岗位和流程方面不必特别烦琐。同时，由于哈尔滨极地公园本身就具备供应链方的功能，因此除掉主播和副播岗位外，其他岗位如助理、运营、客服、技术和视觉等可以由少数人来兼任。

### 2. 直播的目标规划

初次开展直播，可以将直播目标定位为以每天直播结束后粉丝数、总浏览量和同时在线人数的增长作为目标，以保证直播营销的目标符合SMART原则。

### 3. 直播的内容规划

1）确定直播主题

极地公园要以研学等正能量的话题作为主题。这样一方面可以使内容贴近生活，另一方面也能突出哈尔滨极地公园的产品特色。

2）根据目标用户规划排期

哈尔滨极地公园的目标用户群体为年轻学生和亲子家庭，年轻学生浏览直播平台的时间一般为每天的晚间，而亲子家庭用户能够共同浏览直播平台的时间也在每天的晚间或者周末，因此在排期规划方面，可以安排在周末（周五至周日）连续的三个晚上。

3）根据活动主题设计商品结构

主题确定后，根据这个主题选出本场直播活动的主推商品，然后根据主推商品选择搭配和福利款商品。在主推商品中又可以区分出引流款、利润款和形象款商品。哈尔滨极地公园的主推商品可以是门票的套票或者VIP会员卡，其引流款商品也可以是某一具有特色的纪念品。

4）做好直播前的预热和直播中的活动规划

在特色主题活动开播前的一两天，要通过各种渠道进行活动预热，提醒用户关注直播。在直播的过程中可以使用平台内的各类直播互动工具。另外，在使用平台内互动工具时要注意交替使用，不要一直只应用一个或两个互动工具，要给予用户新鲜感。

步骤2：直播营销的筹备。

1. 直播场地选择

哈尔滨极地公园本身拥有多个打卡点和极地海洋动物明星，因此在直播场地选择时有众多可选的空间，只需根据场地因势利导就可以打造出独具特色的直播场地，如图3.4.3所示。

图 3.4.3　极地公园直播营销场景选择示例

2. 筹备并调试直播设备

直播常用设备包括摄像设备、声音设备、灯光设备和辅助设备等四个大的类别，其中每一大类的设备中又具体包括了如下设备：

（1）摄像设备：手机、摄像头、计算机等。

（2）声音设备：电容麦、声卡、小蜜蜂、手机/摄像头自带收音等。

（3）灯光设备：环形补光灯、球形补光灯、LED灯泡补光灯、LED补光灯等。

（4）辅助设备：电视机、支架、绿幕、移动电源、电子秤、计算器、剪刀等。

在直播开始前1个小时到半个小时内，技术人员一定要将直播的内容调整和测试好。

3. 准备直播物料

直播的物料包括商品和道具。商品就是直播营销时的产品或服务，如图3.4.4所示；道具一方面是用来配合商品销售的，另一方面是用来调节直播氛围的。

图 3.4.4　极地公园直播营销商品示例

4. 主播自身准备

主播首先要熟悉商品脚本和熟悉直播活动脚本；其次要检视自己的妆容和衣着；再次要了解平台直播营销的注意事项；最后要调节自己的心理，包括面对突发问题和评论压力的心态调整。

步骤3：直播营销的气氛维护。

1. 运用平台工具进行直播互动

在引导用户互动时，主播可以充分运用抖音平台的各种工具，其中连麦是使用率较高的互动工具。

2. 领导助播增流

很多品牌商和企业的领导看准了直播的影响力和营销力，纷纷开始站到直播镜头前侃侃而谈，且大多数企业领导所参与的直播获得了巨大的成功。企业领导亲临直播间助播增流，也在一定程度上增强了主播的影响力。

3. 做好直播控评

主播要做好直播控评工作。控评就是控制评论内容，为了防止直播间内出现不好的言论或某些不怀好意的人乱带节奏，主播可以在开直播之前进行设置，运用设置屏蔽词的功能，输入想要屏蔽的关键词，以此来消除可能会出现的不良信息，避免直播间的评论被不良信息带偏，打乱直播节奏。

哈尔滨极地公园在直播中可以根据自身产品特点的情况确定气氛维护工作，尤其是直播控评，直播应保持清晰的思维逻辑，不要轻易被带乱节奏。在此期间可以通过红包、抽奖等活动，引导观众正面刷屏。

步骤4：直播营销的后期管理。

1. 直播商品物流和售后管理

主要是物流部人员负责商品的发货工作，客服部人员也要及时与客户进行沟通，并及时将客户的建议向运营反馈。其中极地公园电子门票凭证和形象产品的物流需要提前规划好。

2. 直播数据分析

在直播数据复盘的过程中，运营必须进行数据分析，在回顾直播流程时用量化的数据总结直播表现，然后再制订相应的执行方案并进行测试，以优化直播数据。

3. 直播内容二次传播

对于抖音直播来说，主播不仅可以把直播链接分享到微信、QQ等站外平台进行二次传播，还可以使用抖音平台上线的直播高光时刻功能，通过将直播的精彩时刻自动生成短视频并发布到抖音平台上，来吸引更多的用户关注以后的直播营销活动。

4. 口碑与舆情应对

直播营销活动结束后，可以利用百度指数、大众点评星级、相关问答数量等数据，检验直播对于产品品牌与口碑的效果。同时，直播后如有突发性网络舆情事件或议题发生的第一时间要能够迅速反应，在广泛收集各类信息的基础上妥善处理，并及时将结果公布于众，以此来挽回品牌的形象。

## 项目总结

本项目以任务驱动形式，引导学生认知新媒体营销。具体包括明确什么是新媒体营销，新媒体营销的工作准备和新媒体营销人员的岗位需求；根据新媒体营销的渠道类型制定新媒体营销的渠道策略；灵活运用短视频营销和直播营销完成新媒体营销的策划等内容。通过本项目的操作实施，完成了企业新媒体营销的模拟，为辅助企业在新媒体营销市场中占领一席之地做好了基础性工作，为后续项目实施拓宽了方向。

## 项目实训

设计一次短视频营销和直播营销活动

### 一、实训目的

在学习了新媒体营销的基础知识及渠道策略和短视频营销、直播营销等内容后，本实训通过对具体的新媒体营销项目进行研究和设计，进一步加深对新媒体营销相关知识的了解，掌握新媒体营销的渠道策略，灵活运用短视频营销和直播营销等方法来解决实际问题的应用，培养新媒体营销运营能力。

### 二、实训准备

学生以小组为单位，由组长负责组织协调组内成员完成项目实训任务；小组成员分工明确，模拟新媒体营销组织过程中的各个岗位，协同完成项目实训任务，并将分工与任务实施步骤记录下来；根据所学知识和实训要求完成一次短视频营销和直播营销活动的策划方案。

### 三、实训内容

A是本地一个著名的旅游景点，结合文旅行业的产品特点与市场定位，策划一系列的新媒体营销模式，根据新媒体营销的渠道特点开展新媒体营销活动，并运用相应的短视频营销和直播营销的知识和技巧，设计一次短视频推广和直播营销的活动方案。

### 四、实训要求

（1）在新媒体营销方案设计和实施的过程中需要对标1+X自媒体运营职业技能标准和全国直播营销技能大赛评价标准开展具体工作。

（2）在工作中注意保持科学严谨的工作态度、遵守行业法律规范，在实施短视频营销时注意结合实训项目的实际情况，突出倡导受众关注生态环境、保护极地海洋动物，在实施直播营销时诚信经营、不做虚假宣传。

# 考核评价

## 1. 新媒体营销渠道决策及素材准备部分考核评价标准

新媒体营销渠道决策及素材准备部分考核评价标准见表3.4.6。

表 3.4.6 新媒体营销渠道决策及素材准备部分考核评价标准

| 考核项目 | 内容与要求 | 分值 | 学生自评（20%） | 小组互评（40%） | 教师评价（40%） |
|---|---|---|---|---|---|
| 任务完成（40分） | 渠道决策与受众分析能力。<br>能够对主流短视频平台的特点进行具体分析，并根据用户定位制定合理渠道 | 10 | | | |
| | 短视频策划与拍摄能力。<br>能够撰写短视频脚本，并利用工具执行拍摄过程，同时能利用软件对拍摄好的视频素材进行编辑与制作 | 10 | | | |
| | 短视媒体投放能力。<br>能够创建短视频平台账号，并根据平台要求和用户习惯合理合法地完成短视频推送任务 | 10 | | | |
| | 短视频效果评价能力。<br>能够获取各平台的评价值指标，能够利用软件进行数据整理，能够将数据汇总成报告，用以评价和总结推广效果 | 10 | | | |
| 自我管理能力（15分） | 能培养自己的责任心 | 5 | | | |
| | 能管理自己的时间 | 5 | | | |
| | 灵活运用所学知识 | 5 | | | |
| 合作交流能力（15分） | 知道如何尊重他人的观点 | 5 | | | |
| | 能与其他人有效地沟通 | 5 | | | |
| | 能获取信息并反馈信息 | 5 | | | |
| 解决问题能力（15分） | 能有效使用信息资源 | 5 | | | |
| | 能客观分析事物的现状 | 5 | | | |
| | 能发现并解决常规问题 | 5 | | | |
| 设计创新能力（15分） | 能提出有价值的观点 | 5 | | | |
| | 能使用不同的思维方式 | 5 | | | |
| | 能制订创新方案并实施 | 5 | | | |

## 2. 直播营销准备与实施部分考核评价标准

本部分在评价时建议采用中教畅享（北京）科技有限公司的直播营销理实一体化实训系统V1.0

来模仿真实的直播营销过程，并采用该仿真系统的评价标准完成对学生直播营销能力的评价。具体标准见表3.4.7。

表 3.4.7 直播营销理实一体化实训系统评分细则（客观评分共 15 分）

| 分　类 | 评 分 项 | 评分细则 | 分值 / 分 | 评分方式 |
|---|---|---|---|---|
| 商品 1 详情页 | 所选择商品主图的数量与质量 | 主图 1 设置正确（0.25 分），主图数量达到 5 张（0.25 分） | 0.5 | 评分系统自动评分 |
| | 所选择商品详情图的数量、类别、质量 | 包含正确的商品属性图 | 0.125 | |
| | | 包含正确的商品特点图 | 0.125 | |
| | | 包含正确的商品整体图 | 0.125 | |
| | | 包含正确的商品特写图 | 0.125 | |
| | | 包含正确的配送说明图 | 0.125 | |
| | | 包含正确的售后说明图 | 0.125 | |
| 商品 2 详情页 | 所选择商品主图的数量与质量 | 主图 1 设置正确（0.25 分），主图数量达到 5 张（0.25 分） | 0.5 | |
| | | 包含正确的商品属性图 | 0.125 | |
| | | 包含正确的商品特点图 | 0.125 | |
| | 所选择商品详情图的数量、类别、质量 | 包含正确的商品整体图 | 0.125 | |
| | | 包含正确的商品特写图 | 0.125 | |
| | | 包含正确的配送说明图 | 0.125 | |
| | | 包含正确的售后说明图 | 0.125 | |
| 直播视频 | 直播间商品 1 链接 | 正确关联商品 1 链接 | 0.25 | |
| | 直播间商品 2 链接 | 正确关联商品 2 链接 | 0.25 | |
| | 直播时长 | 直播时长超过 10 min | 0.5 | |
| 商品 1 详情页 | 商品 1 标题 | 商品标题关键词符合背景资料介绍内容（每个关键词 0.1 分，最高到 0.5 分） | 0.5 | 评分裁判评分 |
| 商品 2 详情页 | 商品 2 标题 | 商品标题关键词符合背景资料介绍内容（每个关键词 0.1 分，最高到 0.5 分） | 0.5 | |
| 直播视频 | 直播开场的介绍 | 直播开场时要包含以下三项内容：<br>问好及自我介绍、本次直播计划、促销活动（每项 0.5 分）<br>备注：自我介绍要使用背景人物信息，不得泄露选手真实信息 | 1.5 | |

续表

| 分　类 | 评 分 项 | 评分细则 | 分值 / 分 | 评分方式 |
|---|---|---|---|---|
| 直播视频 | 商品 1 的介绍 | 正确介绍商品基本属性 | 0.5 | 评分裁判评分 |
| | | 有商品特色、卖点的介绍<br>（每个特色或卖点 0.125 分，最高到 0.5 分） | 0.5 | |
| | | 有商品价格、促销活动的说明 | 0.5 | |
| | | 有商品的特写展示 | 0.5 | |
| | 商品 1 的弹幕问题回答 | 弹幕出现的 20 s 内完成问题 1 的回答 | 0.25 | |
| | | 问题 1 的回答正确，符合背景资料内容 | 0.25 | |
| | | 弹幕出现的 20 s 内完成问题 2 的回答 | 0.25 | |
| | | 问题 2 的回答正确，符合背景资料内容 | 0.25 | |
| | | 弹幕出现的 20 s 内完成问题 3 的回答 | 0.25 | |
| | | 问题 3 的回答正确，符合背景资料内容 | 0.25 | |
| | 商品 2 的介绍 | 正确介绍商品基本属性 | 0.5 | |
| | | 有商品特色、卖点的介绍（每个特色或卖点 0.125 分，最高到 0.5 分） | 0.5 | |
| | | 有商品价格、促销活动的说明 | 0.5 | |
| | | 有商品的特写展示 | 0.5 | |
| | 商品 2 的弹幕问题回答 | 弹幕出现的 20 s 内完成问题 1 的回答 | 0.25 | |
| | | 问题 1 的回答正确，符合背景资料内容 | 0.25 | |
| | | 弹幕出现的 20 s 内完成问题 2 的回答 | 0.25 | |
| | | 问题 2 的回答正确，符合背景资料内容 | 0.25 | |
| | | 弹幕出现的 20 s 内完成问题 3 的回答 | 0.25 | |
| | | 问题 3 的回答正确，符合背景资料内容 | 0.25 | |
| | 直播结尾的收场 | 结尾收场时要包含以下两项内容：说明引导关注、感谢语（每项 0.5 分） | 1 | |
| | 直播画面 | 直播画面始终围绕主播或竞赛商品，画面清晰明亮 | 0.5 | |
| | 直播流畅性 | 直播过程中没有 10 s 以上的卡顿、冷场 | 0.5 | |
| | 直播效果整体评价 | 优秀：能对背景资料进行加工，内容讲解逻辑清晰，节奏把控到位，内容有吸引力，直播讲解充满激情（5 分）<br>良好：直播内容讲解有条理，直播流程完整，内容充实，直播语气抑扬顿挫（3 分）<br>一般：直播内容讲解基本清晰，直播流程及内容相对完整，但语调平淡无激情（1 分）<br>较差：直播讲解频繁看稿，节奏混乱，内容无吸引力（0 分） | 5 分 | |

# 项目 4
# 社群营销

## 项目导入

社群营销作为网络营销方式中的一种，近年来越来越受到企业的关注。很多企业知道社群营销是一种非常高效的营销方式，却苦于找不到有效的社群营销的方法。易淘网络科技有限公司是一家互联网科技企业，以经营东北农特产品为主。目前公司主营产品包括东北大米、红肠、东北野生蘑菇、黑木耳、榛子、东北酸菜、蜂蜜，以及各类休闲食品等。易淘公司拥有东北特产供应链平台、大数据统计平台、自建电商平台等，形成了“技术输出+平台运营+产品策划+物流支撑+数据分析+线下服务”的一站式服务。随着互联网公域流量红利减弱，公域流量越来越难转化，私域流量是公司实现企业利益增长的突破口，也是公司保持品牌效应和提升知名度的关键。易淘公司想要降低获客成本，实现客户价值持续最大化和更多复购，就需要更多精细化地客户运营和长期服务，需要企业加强社群营销、私域运营。公司责成你负责社群组建及运营，为社群营销做好策划。

## 学习目标

### 1. 知识目标

（1）掌握社群的运营方式和社群构建的要素。

（2）掌握保持社群活跃度的技巧。

（3）了解社群的类型及社群盈利的方式。

（4）掌握群文化构建的方法。

### 2. 能力目标

（1）能根据所服务企业的企业性质及实际运营需求组建社群，做好用户人群分析，合理设计社群定位。能构建社群文化，并制定社群文化的传播路径。

（2）建立管理思维，给社群制定好管理制度，能运用互联网营销思维，提升社群运营能力。

（3）提升统筹规划能力、沟通协作能力、领导能力、实际操作能力等营销岗位专业能力。

3. 素质目标

（1）在社群组建及营销的过程中树立大局意识，锻炼求真务实、勇于开拓、善于合作等职业素养。

（2）在社群运营的过程中提升创新意识，锤炼爱岗敬业、精益求精等专业品质，培养学生的创业精神。

## 项目实施

## 任务 1 社群构建

### 任务解析

根据企业的客户群体、企业的产品特性及实际运营情况做好社群定位，选择社群平台，招募社群成员，组建社群。并组建社群运营团队，做好人员分工，共同维护好社群秩序，为后续的社群营销做好铺垫。

### 知识链接

扫一扫

社群的本质与发展

#### 一、社群的构建

1. 社群的本质

“微信群聊”，“QQ群聊”，微信群里的各种团购，如水果团购、鲜花团购、服饰团购、海外代购等，这些都是社群的表现形式，可以让商家有稳定的客户群体，有忠诚的客户，也可以让消费者以较低的价格买到心仪的商品。然而，“社群”一词并非仅代表群聊和团购。

一般社会学家与地理学家所指的社群（community），广义而言是指在某些边界线、地区或领域内发生作用的一切社会关系。它可以指实际的地理区域或是在某区域内发生的社会关系，或指存在于较抽象的、思想上的关系，除此之外。Worsley曾提出社群的广泛含义：可被解释为地区性的社区；用来表示一个有相互关系的网络；社群可以是一种特殊的社会关系，包含社群精神（community spirit）或社群情感（community feeling）。

社群的本质不仅仅是人员的聚集、陌生人的链接，重点是人们为什么而聚。社群成员一定是围绕一个价值点而来，或者是基于同样的爱好，或者是基于某个产品等。社群成员可以不在一个地区，但会带有相同的标签，具有精神联合体或利益共同体。

如今随着科技的发展，社群有了新的载体，不仅体现在各种社会活动里，也出现在互联网的各种软件里。一些基于互联网的，由虚拟人格所组成的线上社群，基于共同的目标、兴趣、爱好，聚在一起互动、交流、相互协作、相互感染，其共识程度和凝聚力甚至要远超线下社团。

2. 社群的发展

人在社会中生活，永远都有社交的需求。社群最重要的作用就是人与人的链接，通过社群能让人们产生更多的交集，从而获得彼此需要的价值。所以社群自古有之，几乎有人群的地方就会存在社群，类型也是多种多样。比如，我国古代有各种“诗社”，诗社的目的就是邀请众人共同吟诗作对。到了现代，各种社群更是种类繁多，如各地的读书会、摄影社群、书画社群、各种球类社群等，这些社群的组成或是有共同的兴趣爱好，或是有共同的“标签”。

随着科技的发展，进入了互联时代，人们沟通交流的方式产生了新的渠道，社群的形式也越来越繁多。20世纪90年代是论坛和贴吧发展的黄金期，吸引了众多有共同话题的人一起在线上讨论学术或热门话题，组成了一个一个的线上社群，也催生了众多知名网站，如“百度贴吧”“人人网”“西祠胡同”“榕树下”“豆瓣网”等。

百度贴吧注册用户数量超过10亿，超千万个主题吧，日均话题总量过亿，军事话题、校园话题、情感话题、宠物话题、游戏话题、运动话题等，甚至一些非常小众的话题，都能在贴吧找到，这给各地志趣相投的伙伴提供了一个可以尽情交流的社交平台。豆瓣是文艺青年的聚集地，打造的是基于兴趣的社交网络。现在我们评价一部影片或者一部小说好看与否，经常会说豆瓣评分，可见豆瓣在人们心中的影响力。人人网是Web 2.0时代是最具影响力的社群网站，主要用户群体是在校生和离校不久的人，大家在这里寻找校友，新的朋友，发表自己的观点，分享自己的生活和喜好。这里是中国社交领域形成的最早的社群。

伴随移动互联网技术的进步，产生了更多的社交App，社交网络得到更快的普及，人们逐渐把更多线下的社交场景转移到了线上，这让越来越多的陌生人在线上有了交集。线上社群开始飞速发展，即便是小众的艺术爱好，也能通过社群找到伙伴。也有越来越多的个人和企业通过社群营销获得了经济价值、品牌价值。

线上社群经历了文字到图片到语音再到视频的发展历程，未来随着人工智能、虚拟现实、元宇宙等数字技术的发展，社群会衍生出更多模式。

### 3. 社群的类型

人们生活中的社群种类众多，很多人仅微信里的社群就十多个甚至几十个。众多的群里，有的是参加了某次活动加入的群，有的是班级同学群，有的是因共同的爱好组建的群，如跑步群、滑雪群，还有的是小区的社区群等。众多的社群，其功能都不尽相同，所以在社群运营的过程中要分门别类考虑。

扫一扫

社群的类型有哪些

根据社群人员的需求和建群的目标，可以把社群分为以下六种类型。

#### 1）学习型社群

学习型社群以大家在一起学习某类知识、锻炼某种技能为目的而组建。社群成员的关注点主要是个人的自我成长。比较有代表性的有“樊登读书”“逻辑思维”“秋叶PPT”等。

好的学习型社群一般有几个共同点：一是有行业专家带头分享知识，可以是线上的直播，可以是线下的沙龙、训练营、读书会等形式；二是组织方每天发布互动话题，带动大家思考和讨论；三是进群有一定的门槛，可以筛选出更精准的社群用户。

#### 2）产品类社群

产品类社群一般是某一品牌的产品忠诚用户组建的社群，这类社群的用户既是该品牌产品的追随者，又是产品的共同创造者。

比较典型的案例是小米手机。小米手机的快速崛起，和它的社群营销模式是分不开的。小米把“与米粉交朋友”作为企业文化宣导，每次在新产品研发设计时，小米都会发布设计信息，征集设计建议，让用户参与到设计中来。企业主管和工程师们每天都会回复论坛帖子里的评论，让所有用户有被重视的感觉。小米还会定期举办线下活动，邀请用户到现场与小米工程师进行面对面交流，这种持续的、与用户深入的沟通，大大增加了用户的参与感，也能让小米从用户需求的角度完善产品。

3）兴趣类社群

兴趣类社群以某个兴趣爱好为主线，聚集相同爱好的人，如摄影社群、晨跑社群、羽毛球社群、理财社群等。兴趣类社群很容易组建，有的是周围朋友有共同的爱好，组建一个群相互交流，相互督促，有的是完全不认识的陌生人通过某次活动，或查找、推荐，聚在一起。兴趣群最容易找到共同话题，但需要找到组织者带动大家，如果组织松散，则该社群商业价值不大。

4）行业型社群

行业类社群以工作内容为主，有行业资源的对接，有行业间的专业交流，这类社群用户定位精准，需求明确。因为对工作及自身成长有帮助，所以用户不太排斥付费项目。

5）消费型社群

消费型社群是以销售为目的组建的社群，如社区团购、海外代购、某品牌的福利秒杀群等。受众加群的目的主要是获得福利优惠。用户在群里更关注的是优惠的幅度、优惠的频次和商品信息，如果群里聊天的频次太多，反而会影响群里其他用户的体验。

当然，同一个社群也可能有不同的属性，如有的社群既是兴趣类社群，也有学习型社群的功能；有的社群既是产品型社群，也有学习型社群的属性，会定期开展专业知识分享等活动，同时也会有品牌福利发放。

4. 社群的构成

扫一扫

社群的构成与特征

什么样的群体能称为社群呢？如何构建一个稳定的社群？我们生活中的社区能称为社群吗？

严格说，社区不等同于社群，社区营销也不等同于社群营销。社区是基于地理位置组成的人群，共同点是居住在同一小区或周边小区的人，范围是有限的。社区营销的优点是团购配送方便，下楼就能取货。缺点是虽然生活在同一区域，但未必有共同的喜好，每天各自上班，很少有交流的机会。社群是不受地理位置限制的，只要有共同话题，就可以每天在同一社群中沟通交流。当然，同一社区的人是很有可能形成社群的，基于共同的生活区域，会有很多共同点，围绕着这些共同点就会产生有价值的社群，即便以后不在这个区域生活了，但社群仍在。

社群的构成有以下几个必要的因素。

1）相同的“标签”

相同的“标签”是社群组建的前提。“标签”可以是同样的爱好，可以是同样的目标，可以是同一所学校，可以是同一个职业，也可以是同一个小区，等等。有共同的“标签”才有共同的话题，也才可能有更多的互动。

2）获得持续的价值感

人们之所以加入一个社群，一定是这个社群能提供价值，可能是商品价值，可能是情感价值，可能是情绪价值，可能是社会关系价值。所以作为社群的组织者和运营者，一定要让社群能提供持续的价值。

3）组织结构与纪律

如果一个社群没有结构，没有规则，没有管理，用不了多久就会沦为“垃圾群”“死群”。所以，一个社群要想良好发展下去，就一定要有核心成员，有管理者，有活跃者，有意见领袖。有了这些关键人物，还要设立社群规则。无规矩不成方圆，社群也是一样，很多社群都是陌生人组成，尤其需要规则。

4）良好的运营

组建一个社群容易，但持续发展好社群就不容易了。很多社群都有一个从组建时的萌芽期到衰落期的过程，如图4.1.1所示。

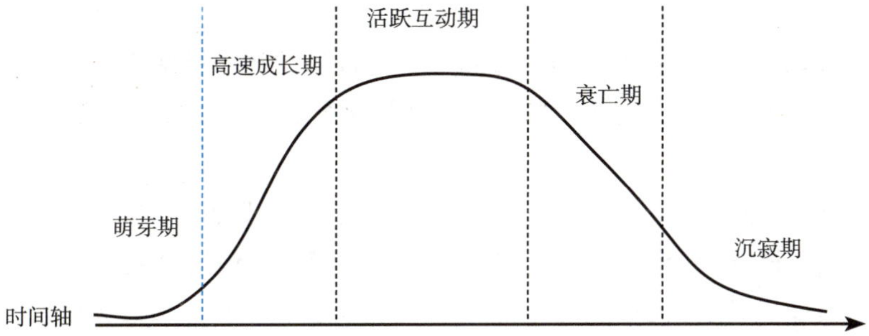


图 4.1.1　社群生命周期

要想延长社群的生命周期，就要做好运营。从建群开始就要制定好运营机制，如设定加入社群的条件，让用户珍惜社群；适当组织活动，增加入社群后的仪式感、归属感；有互动话题，让用户有参与感；引导社群成员发表观点或请KOL分享，让用户有价值感。良好的运营、持续的互动，能让群成员的关系随着时间的推移而更加稳固，也能最大限度延长社群的生命力。

5. 优质社群的主要特征

什么样的社群才是一个好的社群呢？群里人多就是好社群吗？一个能给群主带来经济效益的社群就是好社群吗？还是活跃度高就一个好社群呢？

我们探讨的社群是具有营销属性的商业社群。从这个角度来看，活跃度高的社群不一定是好社群。好的社群要有目标、有主题，要达成社群既定发展目标任务。如果是知识付费类的社群，就要持续稳定地提供有价值的信息；如果是消费型为主的社群，就要持续提供福利政策或商品，且商品品质能让用户满意。有些社群参与聊天的人数确实多，但因为一些人所聊的内容多是家常，甚至一些垃圾信息刷屏，这也脱离了社群原有的目标，时间长了，会让一部分人感到此群与加群时的初衷不符，甚至感到厌烦而屏蔽群消息，一旦屏蔽时间久了，人们就不会再关注这个社群了。

好的社群一般具有以下几个特点：

（1）稳定的群体结构，社群成员构成一般都基于同一“标签”，如“秋叶PPT”社群，都是围绕学习PPT制作的人。

（2）有一致的共识，成员可以来自不同的地区、不同的行业，但在群里有共同的目标，能形成稳定的社群文化。

（3）有参与意识和执行力。能积极参与社群内互动，群管理在发起社群活动时能大家能积极响应参与。

### 6. 社群的组建与成员的拉新

扫一扫

社群的组建与成员的拉新

#### 1）社群组建

第一批用户一般称为“种子用户”，一般人数不会很多，有的是来自亲朋好友，有的是来自小区邻居，也有的来自其他社群。这些人都是最初和群主有同样兴趣和目标的伙伴。第一批社群成员一定要有“自己人”，保证在接下来的社群活动中，有人积极响应，带动氛围。人们购物是会受氛围影响的，如果举办一个活动时呼应的人很少，就会有更多的人观望。所以，在一个新社群中，要保证里面有几个核心用户，能积极活跃社群氛围。

#### 2）社群推广

在组建完初始成员后，社群要不断地吸收新人，为社群源源不断地提供活力。常见的社群推广方式有线下活动、微博论坛推广、短视频引流、微信朋友圈推广、公众号软文推广、信息流广告等。

#### 3）裂变

当社群有了第一批“种子用户”之后就是有了一定的社群基础。如果想最短时间内扩大用户规模，最好的办法就是“社群裂变”。什么是“裂变”呢？营销里说的“裂变”指的是“裂变营销模式”，像细胞分裂一样，一个分裂成两个，两个分裂成四个，让用户成指数级增长。

社群裂变是一个调动用户主动分享的获客机制，核心是用户的主动分享。作为社群的运营人员，我们要做的就是研究用户群，研究用户主动分享的动因，以此来设计裂变模式。

社群裂变的关键：

（1）挖掘、设计用户主动分享的动因。如果没有一个合理的动因，用户是不会主动分享产品或社群的。朋友给你发“砍一刀”的链接，是因为他有可能获得免费的商品；有人在微信朋友圈分享活动链接，是因为可以获得免费的课程或其他服务；有人分享自己的社群，是因为他觉得这个社群比较有品位，以加入这个社群为自豪，等等。

一般来说，有利益价值，有知识价值，有情绪价值，有社交价值是用户主动分享的关键动因。

有利益价值：给用户实际的利益，如帮忙转发宣传社群后赠送小礼物，分享三人后可以低价购买某商品，或分享后可以免费领取价值多少钱的课程。砍价、拼团等活动，都是以利益来驱动分享的模式。

有知识价值：社群内如果有行业专家分享专业的技能，如乐器、健身、美食、PPT技巧、视频剪辑技术等，会让一部分有认同感的人主动分享。

有情绪价值：喜怒哀乐是每个人都有的情绪，很多时候人们喜欢分享自己现在的心情。如当下的美食、眼前看到的风景让自己的心情格外愉悦，就会有分享情绪的冲动。悲伤难过时，人们期待获得安慰，也会有分享情绪的冲动。

有社交价值：社交价值一般体现在增加谈资、表达想法、帮助别人、展示形象、社会比较等方面。围绕以上几点设计裂变活动，人们会愿意主动分享。人都有社交的需求，在与人交流的过程中都希望自己拥有有价值的谈资；此外，人们也都希望塑造自身形象，获得他人的认同，如参与一些活动以展示自身的专业能力。

（2）分析裂变的目标群体。社群裂变的目的是发展更多的潜在用户，在此基础上转化成实际用户。然而，有些社群做了大量工作，裂变出了很多社群，但最终的转化率却非常少。这其中的一点原因就是目标用户不精准，一些用户根本不会真正关注产品。所以，在做裂变活动之前，要分析好要裂变的人群，那些和产品有相关性的人群才是有价值的人群。

设计裂变方案时，还要充分考虑用户群体的心理，如有些人宁愿花钱买课，也不愿意去分享链接获得免费课。在设计方案时要充分减少用户的阻力，增加用户去分享的动力。

（3）收集数据、适时调整。很多裂变方案不是一开始实施就会成功的，而是根据运营情况适时调整，不断打磨出来的。这就需要在运营社群过程中注意收集数据，如设计什么活动主动分享的人多、发布什么内容吸引进来的人多等。

## 二、社群运营

扫一扫

做好社群运营的核心与要素有哪些

### 1. 社群运营的核心

我们思考几个问题：社群运营就是组建并运营微信群吗？社群运营就是线上客服吗？社群运营就是发广告、发红包吗？一个好的社群运营要具备什么样的能力呢？

我们来看两则企业对“社群运营”岗位的招聘要求，如图4.1.2和图4.1.3所示。

岗位描述

1. 负责社群运营和维护，引导用户进入社群，维持社群稳定性。
2. 发展新的社群，构建社群业务矩阵。
3. 不断优化、调整社群运营方法，并对用户覆盖率、重点人群渗透率和转化率负责。

岗位职责

1. 制定并完善整个社群运营体系，推动社群良性发展，提升社群整体人气。
2. 通过有效的数据分析，提出改善产品和用户体验的新方法，并不断尝试和改进。
3. 收集用户在产品功能，使用习惯等方面的意见及建议，提出建设性意见并监督执行。
4. 完成社群内容编辑，保证相关栏目的及时更新和维护。
5. 维护活跃用户，激活沉默用户，提高用户活跃度和黏着度。

图 4.1.2　企业对“社群运营”工作岗位的岗位描述、岗位职责要求

社群运营岗位职责：

1. 熟练使用社交工具进行线上、线下引流及裂变，扩大社群。
2. 对客户进行分层，差异化运营“粉丝/潜在客户/客户/会员”等层级用户；对客户进行画像，精细化运营不同标签客户。
3. 针对不同活动，从客户需求和产品价值角度，设计制作内容（图文、海报、视频、文章），与客户进行有效沟通和连接，促成交易转化。
4. 对客户进行有效的忠诚度管理（售前、售中、售后服务），增加黏性，提升会员卡复购率，促进客户转介绍。
5. 负责产品在企业微信的推广工作，提升产品数量对产品用户的数据增长。
6. 负责定期分析社群用户数据，收集并反馈用户需求，提升用户体验。
7. 负责社群的日常管理运营和维护，提升转化率。
8. 建立良好的客情关系，实施客户生命周期跟踪及提高客户满意度和忠诚度。
9. 配合活动运营开展各种线上线下会员活动策划。

岗位要求：

1. 大专及以上学历、市场营销从业者优先。
2. 性格开朗、热情，有良好的沟通能力。
3. 有营销思维的文案编辑和组织策划能力。
4. 自驱力强，有较好的用户思维、学习能力、执行力、创新和独立思考能力。

图 4.1.3　企业对“社群运营”工作内容描述、岗位职责要求

从图4.1.2和图4.1.3中可以看到一些关键词，“引流、裂变、差异化运营、有效沟通、提升交易转化、提升社群人气、提高用户活跃度和黏着度”等。也就是说，社群运营的核心目的是吸引新用户、留住老用户、增加用户的参与度以及转化用户购买或推荐产品。社群运营大部分的工作都是围绕以上几点展开的。

### 2. 做好社群运营的要素

#### 1）社群定位精准

在组建社群的开始就要对社群有一个精准的定位，要知道为什么成立这个社群，要成立一个什么类型的社群，成立这个社群的目的是什么，这个社群能为哪些人提供服务。如果没有一个清晰准

确的定位，只是盲目地凭感觉去组建社群，很难让社群走得长远，也很难达到预期效果。

可以从以下几个维度对社群进行定位。

（1）社群类型。首先要明确“我是谁”，有什么核心技能与特征。之后要确定搭建的社群是一个什么类型的社群，是学习型社群，还是产品型社群，抑或是兴趣类社群或其他类型的社群。不同类型的社群承载不同的功能，运营的方式和侧重点也不同。

（2）社群目标。企业要根据自身业务所处的阶段和目标来确定要做什么样的社群，想要达到什么样的效果。社群目标可以是围绕企业经营情况来提升营业额，也可以是为粉丝提供好售后服务，或宣传企业产品，提升品牌认知度。

（3）社群平台的选择。不是只有微信群聊才是社群，QQ、抖音、论坛、贴吧、微博等都可以成为社群平台。平台不同，运营的要点也不同，QQ、微信是即时通信，满足的是沟通的需求，所以群内信息要及时反馈。豆瓣、天涯满足的是内容的获取，所以要求内容的质量要更专业，经得起推敲。具体选择什么平台要看用户群在哪，用户的习惯是什么来确定。如用户群主要集中在某论坛，那社群载体也应尽量选择在那个论坛，这样更能贴合用户的使用习惯。

#### 2）用户画像清晰

社群中最关键的因素就是人，只有精准定位粉丝是什么类型的人，才能做到精准营销。要根据用户群体的信息，建立并逐渐完善用户画像，包含用户的职业、年龄、收入、生活场景、社交需求、消费习惯等信息。要根据用户画像明确用户的需求是什么，用户在社群中想要收获什么，我们能解决用户的什么问题。

另外，不能把企业的所有用户群体统一当作同一类用户来看。即便是都有购买需求的用户也有新用户和忠诚用户之分。社群要有针对性地搭建。根据用户需求的变化，以及用户对企业的信任程度的变化，可以把用户分为核心用户、活跃用户、新用户、潜在用户等，不同类型的用户要搭建不同的社群，有针对性的服务。

#### 3）社群管理规范

“不以规矩，不成方圆。”社群管理也是一样。社群成员可能来自世界各地、各行各业，可能年龄、文化背景都不同，如果没有规范的管理，可能用不了多久社群就会解散。所以规范的且能得到大家认可的“群规”是必不可少的。

#### 4）运营节奏稳定

当今时代信息量巨大，人们的注意力很容易被转移，所以社群的活跃程度也是动态变化的。一个社群如果没有稳定的运营策略，是很难持久的。从用户的角度看，如果因为某个活动加入社群，但活动结束后的一段时间内社群再没有其他活动或提供有价值的内容，这个社群对人们就没有了价值，人们也会逐步将其遗忘。所以，好的社群要持续且稳定地为社群输入有价值的内容。

### 3. 社群运营步骤

社群运营一般分为以下几个阶段：建立社群—社群拉新—促进活跃度、提高留存率—社群转化—打造文化。

#### 1）建立社群

在社群成立时，要思考以下问题：用户为什么要加这个群？用户加这个群能获得什么样的价值?

2）社群拉新

思考用户在哪些场景下能加入社群，分析为什么用户要加入社群，社群的特点以及优势是什么，并以此来设计社群引流拉新活动。

3）促进活跃度、提高留存率

任何社群都有自己的生命周期，因此需要通过在社群中组织一些活动来延长社群的生命周期。可以通过经验知识分享、话题讨论、游戏等方式，让社群成员参与进来。活跃的社群氛围会带动更多人的积极性，增加用户的黏性，起到激活老用户的作用，也会给用户带来更好的社群体验。

4）社群转化

社群的转化率和社群的活跃度、用户的参与度是相辅相成的。用户参与度高才会产生更多的信任感，才会有更多人付费。所以，在促进社群活跃度的同时，要深挖用户需求，以用户的痛点和需求为出发点进一步设计社群转化策略，以此来提升成交量。影响社群转化的因素包含价格、口碑、对社群的认可度等。在社群运营中要善于总结运营数据，并及时更新运营策略，以此来不断优化转化率。

5）打造文化

对于一个优质社群来说，打造一个积极向上的社群文化必不可少。好的社群文化会让社群更有凝聚力，让群员有共同的行为规范。

## 任务实施

为了达到助力企业品牌推广和产品销售的目的，组建社区的团购社群。重点要完成两项任务：一是做社群组建前的调研分析及社群定位；二是根据前期分析来选择社群平台，并招募社群成员，组建社群。

### 一、用户调研分析及社群定位

步骤1：社群组建前期调研分析。

以小组为单位，在目标小区及附近做用户调研分析，包括社群目标用户的爱好、消费习惯等，通过调研分析整理出附近用户群体的购物需求、网络行为特点，见表4.1.1。

表4.1.1　社群组建前期调研分析

| 序　号 | 分析内容 | 讨论结果 |
| --- | --- | --- |
| 1 | 本小区居民年龄分布 | 小区居民年龄在50岁以上的人居多，年轻人较少 |
| 2 | 本小区居民生活及消费习惯 | 小区附近有一个大型的综合超市，有一个夜市、一个早市，居民日常的生活用品及食品多去以上地点购买 |
| 3 | 本小区的消费水平 | 整体居民消费水平在全市的中下游 |
| 4 | 本小区居民常用的购物平台 | 网购量不大，以主流平台为主 |
| 5 | 其他事项 | |

步骤2：分析社群组建的基本要素。

小组内探讨，分析出适合的社群类型、提供产品的价值点、社群内人群特点、找出社群可能存在的缺点，见表4.1.2。

表 4.1.2　分析社群组建的基本要素

| 序　　号 | 讨论内容 | 讨论结果 |
|---|---|---|
| 1 | 社群名称 | 易淘农副产品团购群 |
| 2 | 社群类型 | 产品类社群 |
| 3 | 社群内的人群特点分析 | 社群成立后，主要成员为社区居民。在生活里有好多共同点，容易产生共同话题。产品品质的好坏能马上反映在社群里，口碑效应见效快 |
| 4 | 能提供的产品及价值点 | 产品：以易淘公司经营的东北特色农副产品为主，包括米、面、杂粮、山珍、蜂蜜、红肠等。<br>价值点：<br>（1）产品新鲜，质量保证；<br>（2）地理位置便利，送货快；<br>（3）品牌公信力好；<br>（4）价格优势 |
| 5 | 社群缺点 | 目前社群管理人员较少，可能在社群内不能做到迅速回应群员的问题 |

步骤3：社群价值定位。

在前面的调研及用户分析的基础上确定社群的核心价值。明确用户的核心需求，从社群用户的痛点入手，分析成立的这个社群到底能为社群成员解决什么问题、提供什么价值，见表4.1.3。

表 4.1.3　社群价值定位

| 社群输出的价值 | 分析说明 |
|---|---|
| 降低购物成本 | 为社群成员提供质优价廉的农副产品 |
| 提高物流时效 | 配送距离短，保证时效，取货方便快捷 |
| 优质内容输出 | 定期邀请 KOL 做美食方面的分享，内容范围包括营养均衡、瘦身食谱、美食制作、食品安全等 |
| 社交价值 | 邻里社交的一个平台，可实现邻里互助，增加邻里间的沟通交流 |

步骤4：分析组建社群的目标及目标达成策略。

组建社群的目标及达成策略见表4.1.4。

表 4.1.4　组建社群的目标及目标达成策略

| 社群目标 | 达成目标的策略 |
|---|---|
| 品牌传播 | 结合易淘旗下农产品的特点，深挖龙江历史人文环境、文化传统，讲好黑土故事。打造“易淘”农产品的品牌文化，加大品牌宣传力度 |
| 产品种草 | 用户可能不会很快买我们的产品，但他有农副产品需要的时候第一时间会想到我们，这就是“种草”。“种草”需要平时一点点的积累口碑。<br>在平时的社群活动中，不仅要把产品的特点、优点传达给用户，更要对用户的反馈做积极的引导。如引导用户对产品进行反馈，从包装到产品品质，食品的口感，以及自己的烹饪心得。正向的反馈能让更多的社群成员对我们的产品感兴趣，留下深刻的印象 |
| 带货转化 | 在社群内通过产品推荐、产品促销等方式实现产品销售 |

## 二、选择社群平台，并招募社群成员，组建社群

步骤1：社群平台的选择。

根据社群的特点，挑选社群所用的软件平台。分析可用软件的优缺点，以及社群成员的使用习惯，见表4.1.5。

表 4.1.5　社群平台的选择

| 软　件 | 优　势 | 劣　势 | 成员使用频率 |
|---|---|---|---|
| 微信 | （1）用户量大，超 12.9 亿用户。<br>（2）使用群体年龄阶段广泛，涵盖从小学生到老年人。<br>（3）功能全面，支付方便 | 微信群较多，容易被用户设置成“消息免打扰” | 频繁 |
| QQ | （1）QQ 主要使用人群：大部分会是 15 ~ 25 岁之间的用户，25 ~ 40 岁其次，40 岁以上的也用少数人用。QQ 用户跨年龄段非常大，但比较集中的还是普通大众的年轻人。<br>（2）QQ 的设计功能更推崇娱乐化、个性化、互动性，能展示出年轻人群的个性，更符合年轻人的口味 | （1）多数年长的人使用频率不高。<br>（2）中老年人主要用于办公 | （1）15 ~ 25 岁人群使用频率较多。<br>（2）40 岁以上人群使用频率较少，或主要用于办公 |
| 论坛 | 论坛的优势：<br>（1）有很好的互动性，交流氛围很好。<br>（2）论坛都是由用户生产内容，如果话题能引起大家的讨论，那能产生非常好的口碑效应。<br>（3）优质的内容可以持久存在 | 随着社交软件的迅速发展，网民的注意力也被不断分散。人们很少会在论坛直接购物 | 不多 |
| 小红书 | 小红书目标用户以 90 后、00 后的年轻人为主。用户一般易于接受新事物，消费欲望强烈。平台互动性很强，用户可以发布视频、图片等内容来增加互动 | 目前盈利能力不强 | 不多 |
| 其他 | | | |
| 最终选用平台：微信。<br>选择原因：社群内绝大多数用户为中老年人，从软件使用习惯来看，这些用户更依赖微信 | | | |

步骤2：社群成员分工。

根据小组成员的特点做人员分工，为接下来的社群组建做准备。首先列出社群需要的岗位，然后梳理出各岗位的工作内容，最后由队长根据组员申请和能力特点来确定每个人的职务，见表4.1.6。

表 4.1.6　社群成员分工

| 组员姓名 | 社群职务 | 工作内容 |
|---|---|---|
| | 社群主 | 社群整体的统筹，包括社群的组建、社群发展规划、社群内容的把控 |
| | 管理员 | 社群规则的制定、社群规则的执行、社群成员的管理、社群内引导互动，解答问题，增加社群黏性 |
| | KOL | 社群内分享专业的知识，提升品牌形象 |
| | 开拓者 | 为社群对接资源、引进资源 |
| | 运营参与者 | 带动社群成员参与活动，活跃社群气氛 |
| | 其他 | |

步骤3：组建社群，招募第一批成员。

以小组为单位，策划一个招募第一批社群成员的活动，见表4.1.7。第一批社群成员中要招一些亲朋好友，方便在接下来的互动活动中有人呼应，避免冷场。

表 4.1.7 社群招募活动方案

| | |
|---|---|
| 活动主题 | 优质农产品体验活动 |
| 活动目标 | 一周内往社群导流 500 个精准粉丝 |
| 人员分工 | 群主、管理员、KOL、运营 |
| 活动流程 | （1）设计活动内容：<br>①每天早 10 点、晚 7 点开启限量秒杀活动，包括 0.1 元秒杀橙子、0.5 元秒杀笨鸡蛋、1 元秒杀西瓜等。成为活动会员即可参与该活动。<br>②将几种商品集中组合，提高订单单价。“多人拼团”活动，一件商品 78 元，5 人拼团打 9 折，10 人拼团打 8 折等。<br>（2）准备活动物资，包括制作海报、易拉宝、宣传单、礼品。<br>（3）线下引流，依托配送点布展台，发布海报。<br>（4）社区内维护 |
| 活动成本预算 | 6 000 元 |
| 其　他 | |

步骤4：社群运营方案制定。

（1）确定运营活动的目标。

（2）根据社群类型、社群用户特征制定合适的运营方案。运营方案应包含目标人群定位、引流路径、进群诱因、传播推广、社群维系、社群转化等内容。

（3）小组方案制定完成后由小组代表在班级分享，并由教师点评该方案是否具有可行性，如可行，进入运营实践阶段。

步骤5：运营小结。

对每次运营活动进行总结，分析成效、不足，反思提升方法，见表4.1.8。

表 4.1.8 运营小结

| 序　号 | 项　目 | 评　价 |
|---|---|---|
| 1 | 活动目标达成情况 | 提前完成目标任务量 |
| 2 | 活动资金及物料使用情况 | 依据实际活动情况填写 |
| 3 | 社群活动参与度 | 全员参与 |
| 4 | 社群活动成效 | 达到引流目标，群内氛围活跃 |
| 5 | 用户满意度、用户推荐度 | 产品新鲜，物流快，初期用户满意率高 |
| 6 | 活动中发现的问题 | |
| 7 | 调整策略 | |

# 任务 2 社群营销的实施

## 任务解析

在前一阶段社群组建及社群运营的基础上设定社群营销目标，规划社群营销计划。通过社群运营及社群营销，达到增加社群的凝聚力、增强品牌的信任度、实现社群盈利的目标。

## 知识链接

扫一扫

社群营销的价值与特点有哪些

### 一、社群营销的价值

天猫商城里有几亿个单品，人们要挑选一件想要的商品可能会花很长时间。但如果亲朋好友都说这款商品好，或者信任的人在用某款商品，就会更倾向选择这款商品。这就是社群效应，它能快速拉近品牌与消费者的距离。

#### 1. 感受品牌的温度

社群能让消费者直接与品牌方接触，便于品牌方与消费者直接沟通，展示自身产品的特点，表达品牌的内涵。长期的互动也会让社群成员更深地了解品牌，甚至愿意参与到品牌的建设与成长的过程中来，从而产生参与感。

#### 2. 刺激产品销售

无论是产品型社群，还是运动健身类社群，或是学习型社群，社群成员间都会有同样的兴趣、共同的话题。彼此间频繁的交流互动会产生感染力，让更多的成员对社群和产品产生信任，带动销售。

#### 3. 维护顾客黏性

用户在社群里讨论与产品相关的话题时，往往会产生共鸣，使社群氛围更和谐融洽，也会让更多的社群成员对产品有进一步的了解，品牌获得更多的关注。用户遇到产品的售后问题时能通过社群第一时间解决问题，使用户满意，也能获得其他社群成员的认可。

### 二、社群营销的特点

#### 1. 互动性强

社群营销的载体是社群，方便用户与商家、用户与用户间的沟通交流。如果有计划地让KOL或老粉丝分享产品的使用情况，会带动更多的用户参与讨论、分享。这会让产品进行二次传播，获得口碑效应，也会让新粉丝对产品有更深的信任感。

#### 2. 有更多的情感联结

一般一个社群的组成都是由一些有共同“标签”的人聚在一起，如共同的专业、共同的爱好、相同的职业等。因为有共同点，所以更容易产生共鸣，即便是新加入的人也能很快融入。

#### 3. 适合精准营销

同一个社群用户一般都有共同的需求，人群定位精准，可以更准确地把握用户的喜好，并根据用户群的特点来进行营销活动，个性化定制服务。

#### 4. 传播主体多元化

社群营销并不是像传统营销一样只由商家单向发布信息。社群里的每一个成员都可能是参与者、创造者和信息的发布者。

### 三、社群盈利常见的路径

#### 1. 广告

通过在社群里直接推荐、售卖商品来获得收益。这是人们生活中常见的一种社群盈利形式。这也是社区团购、微商常用的销售渠道。

生活中人们偶尔会被朋友拉进一个微信群，组织者会告知这个群里有某某类商品的打折信息，还会有红包、优惠券等福利发放。进入群后，群员每天都会收到群里推送的商品推荐信息。这是常见的微商营销方式。然而，这样的社群往往只有一小部分获得了收益，多数社群都是收益甚微。常见的原因有以下几个：

（1）用户群不精准。所售卖的商品和进群人的需求不符，就会产生退群现象。

（2）商品吸引力不足。比如建立一个折扣群，进入社群的人员都是被低价吸引而来。但进入社群观察一段时间后发现，商品价格和其他平台价格差异非常小，折扣力度并不大，或商品没有吸引力，用户就会大量退群。

（3）大密度发质量不高的广告刷屏。有些社群运营人员为了多吸引人注意，每天大量发重复的广告信息，且广告质量不高。这种宣传并不会让群友多买商品，反而会让人感到不堪其扰，产生反感。

#### 2. 服务

通过为社群成员提供有价值的服务而收取费用。体现形式可以是门槛费，可以是会员费，可以是活动费。根据社群服务内容的不同，可以设置不同的费用，如初级会员费、高级会员费。社群通过收取服务费用，既保证了社群运营者的收入，也大大提高了社群成员的质量。

#### 3. 产品

经典的案例是小米手机。小米最初正是通过社群营销积累了大量粉丝。那句朗朗上口的“为发烧而生”就定义了小米的粉丝群体。早期的小米通过微博、论坛等渠道聚集粉丝，形成米小米社群。在社群中企业高管不仅频繁与粉丝互动，还鼓励粉丝参与到产品的研发设计。工程师及创始人每天都要和粉丝交流，听取建议并不断改进产品，这不仅让小米手机变得越来越好，更是增强了粉丝的参与感、归属感及认同度。小米手机凭借出色的产品体检及社群营销能力，仅用五年时间，就以惊人的增速跃升为世界第三大智能手机生产商。

#### 4. 知识付费

一般社群内知识付费的形式以付费课程、专业付费咨询为主。付费课程可以是社群内的直播，也可以是录播课程。现代社会知识更新速度非常快，人们对知识的渴求也越来越旺盛。随着互联网的快速发展，社群为人们获取知识提供了一个快速且全面的渠道。如今付费课程的领域也越来越多，涵盖了各种兴趣爱好、学术知识、职场及社交能力、专业技能、情感需求等方面。还有一种社群内知识盈利的途径是付费咨询，社群成员有专业上的问题，可以付费向行业专家提问。

## 四、社群营销的技巧

扫一扫

社群营销的技巧有哪些

### 1. 规范社群成员的言行

初组建的社群，成员间彼此并不熟识，甚至社群成员的年龄、职业差别很大，在沟通中如不能相互理解、相互礼让，就很容易出现误会和摩擦。在线下社团中，成员间相互沟通交流时可以看到彼此的形象、表情、肢体语言，能直观地理解彼此表达的观点及对方的情绪。但在线上，多数是通过语音和文字来交流，所以交流效果不同。有的人在线下比较内向，在线上却活泼开朗；有的人在生活中非常健谈，但在网络上更愿意做一个静默的观察者；也有的人在线下文明有礼、遵守法纪，但在线上却没有什么顾忌，乱发广告或“出口成脏”。正因如此，在社群成立的初期就规范好群规尤为必要。

### 2. 制订营销计划

根据社群的性质，制订符合社群实际情况的营销计划。每个社群的内容和成员组成都不同，在制订一个社群的运营、营销计划时要充分考虑到该社群的实际情况，不能千篇一律地照搬。如学习型社群，大家的目的主要是学习相关知识，就要围绕相关知识设定讨论的内容，否则闲聊的多了，会影响社群的学习氛围。折扣型社群，就要制定发布优惠券的金额和发放频率，既要保证对用户的吸引力，又要保证商家的利润。

### 3. 提高社群成员的积极性

社群成员互动的积极性指的是能积极参与社群组织的各种活动。如果没有积极的互动，时间长了就会失掉价值。提高社群成员积极性的方法可以是定期的优惠福利活动，可以是内容分享活动，邀请群友来做经验分享等，也可以有奖征集行业相关的作品，提高参与度，或每日分享行业相关的资讯、热门话题等。

### 4. 增加社群凝聚力

凝聚力是社群长期发展的必要条件，一个有凝聚力的社群才能走得长久，也更有价值。那如何才能让社群有凝聚力呢?

#### 1）建立社群好的口碑

好口碑是核心，一个社群只有获得成员的认可才能持续下去，社群成员才能长时间留在社群内。也只有积累好口碑才能获得更多人的信任感，从而放心购买社群内的产品。好口碑的树立，不仅需要群管理耐心细致的服务，更要不断提供对群成员有用的价值，从而形成良好的社群氛围。

#### 2）核心成员积极带动大家互动

凝聚力的前提是大家彼此熟悉，如果社群成员间不能经常沟通交流，就达不到彼此熟悉的程度。在社群成立初期，需要几个社群的核心成员来积极带动大家参与互动。只有大家熟悉了，社群能热闹起来，才会有社群凝聚力。不断制作话题，提升用户活跃度不仅能让现有社群成员增加对其品牌的忠诚度，也能够不断吸引新用户加入其中。

#### 3）形成特有的社群文化

社群是有相同爱好的人的集合地，本身就有共同的话题，如果再有共同的愿景，能形成社群特有的文化，则能让群员有身份认同感，增加社群的凝聚力。

扫一扫

社群营销的关键点有哪些

## 五、社群营销的关键点

### 1. 产生信任

信任是社群营销的前提，这里既包括用户对品牌及产品的信任，也包括对人的认同与信任。有了信任感，大家就会在社群里轻松自在，愉悦地交流沟通。在线下，人们对产品的信任一般来自对其品牌的信任，对人的信任来自亲情、友情等情感关系。但在线上社群，陌生人较多，所以首先就要从彼此了解熟悉开始。

增强社群的信任感要注意两点：

（1）对新成员介绍清楚社群的性质、社群目的、群内制度等情况，让新人对社群有一个整体的了解。如果在新人还未了解社群的情况下就迫不及待地推销产品，其多半会对这个社群抱有怀疑态度。

（2）让群成员持续感受到社群的价值。只有让社群成员一直感受到社群的价值，才会让他保持对社群的信任。很多社群开始做的时候非常不错，通过好的定位，把志同道合的人聚集起来，为他们生产了大量优质内容。但随着时间的推移，社群重心偏向了卖货，很少产出优质的内容，这样时间长了，大家会感受到这里更像是电商平台，而不是社群。

价值感可能来源于有价值的内容，也可以是满足需求、提供优惠信息等。

### 2. 沉淀关系

社群刚开始成立的时候属于弱关系社群，这个阶段成员都处于彼此观望、相互了解的过程。还有很多人是通过某个活动加入进来的，对社群没有了解，更没有形成相同的标签。对这个阶段的社群要加强沟通，不断输送有价值的信息，这样才能让成员了解社群的定位及功能。在度过了这个阶段之后，会逐步沉淀下一些认同社群文化，且有意愿继续留在社群里的成员，这部分成员间可以称为强关系社群。成员间有共同的爱好、共同的话题、共同的目标，认同社群文化，当然也能接受社群推出的产品，有时候不仅自己使用，还会推荐给其他人。沉淀关系是一个过程，这个过程中是需要运营人员持续服务的，很不容易，但坚持过了这个阶段，收获也是巨大的。

### 3. 私域流量

随着互联网红利逐渐消退，电商企业获客成本逐渐升高。这让企业越来越意识到私域流量的重要性。你能直接影响的人就是你的私域流量，比如你在微信朋友圈介绍一款产品，能愿意相信你并购买的人就是你的私域流量。私域流量的运营工具不只是微信朋友圈，可以是微信公众号，也可以是抖音、快手、小红书等。

可以说，每个人都有自己的私域流量，你的亲朋好友，你的同事同学，你的微信、QQ上的好友，微博、抖音、快手的粉丝等，都可以成为私域流量。对于企业来说，企业的顾客、会员、员工，原材料供应商等，都可以成为私域流量。当然，能成为私域流量的前提一定是基于对你的信任，以及你能持续提供有价值的内容。

### 4. 人设

“人设”一词是网络用语，全称人物设定，指一个人在其他人眼中的整体形象，包含一个人的性格特征、处事风格、外在形象、特长、职业等方面的综合特征。

在社群营销中，一个好的人设可以增加社群成员间的信任感，也可以提高用户对产品的信任感和好感。在社群中，好的人设一般要具备几个要点：

（1）专业度。要具备这个领域扎实的专业知识，在与社群成员讨论专业问题时能够解答群友的疑问。只有让大家信服你的专业程度，才能信任你推荐的产品。

（2）亲和力。在社群营销中，企业及社群管理一定要融入社群中，贴近用户，让用户和企业没有距离感。

（3）暖心的服务。在社群中购买商品，很多人担心没有平台做担保会买到假货或没有售后。所以好的售后在社群营销中更为关键。暖心的社群售后能大大增加用户对社群的信任度，延长社群用户的生命周期。

#### 5. 内容

优质且稳定的内容输出能大大提高社群营销的效果。谁都不愿意看内容枯燥且一成不变广告。如果每天在社群看到的都是硬性广告，用不了多久用户就会对社群失去兴趣。好的内容有足够的信息量，能让用户感受到价值，能引起共鸣。好的内容有很强的交互性，可以吸引社群成员参与讨论，主动分享。

### 六、“选品”技巧

如果组建的社群是以售卖商品为主，那选择所售卖的商品就尤为关键。“三分靠运营，七分靠选品”，可见选品对营销的重要性。符合社群定位的商品不仅能获得可观的收益，也能为企业树立好的口碑。所以在选品之前，要充分了解社群成员的组成，了解他们的生活习惯及消费习惯。根据这些来确定商品的范围。

对备选商品需要从以下几个方面考虑。

#### 1. 受众面广、复购率高

如果不是小众社群，那尽量选择受众广泛的商品。产品受众越广，成交率越大。社群营销很多都是以价格取胜的，属于冲动消费，如果不是生活中常用的商品，即便价格有优势，也很难让顾客下单。另外，社群商品为了价格有吸引力，利润点往往不会很高，这就要保证购买率和复购率，才能实现盈利。

当然，如果是小众的兴趣社群，那一定要从兴趣本身出发，这样的社群人群定位比较精准，兴趣爱好及所需产品都比较聚焦。也因为小众做的人少，利润率比较高。

#### 2. 市场竞争及利润

做什么样的商品都会有同行，都会有竞争。在选品时要注意这款商品在市场中的表现，尽量选择蓝海商品。如果已经是爆款商品，要考虑有没有货源优势及价格优势，否则竞争激励没有利润空间，即便有一定的销量，也难保证盈利。另外，要谨慎选择客单价过高或过低的商品，客单价过高，难以保证销量；客单价过低，难以保证利润。

#### 3. 能保证售后

要选能保证售后的厂家，一是产品质量有保障；二是有物流及产品破损等情况出现时能第一时间解决。

#### 4. 发掘客户需求

社群营销一个优势就是能及时跟顾客沟通，从平时与顾客交流的过程中要善于挖掘顾客的需求，并及时更新营销产品。

#### 5. 关注热点

平时多微博、抖音、小红书、快手等热点产品，有时候一个热点产品就会衍生一波购物热潮。但热点有时效性，需要迅速反应。另外，也不是所有的热点商品都适合自己的社群，需要结合自身社群特点来判断。

#### 6. 关注同类产品的差评

找到意向产品后，要到淘宝等平台看下商品差评的内容都有什么，这些问题也是做这类商品特别要注意避免的。

扫一扫

如何延长社群的生命周期

### 七、延长社群的生命周期

组建一个社群不容易，所以都希望自己的社群能持续存活下去。然而，任何社群都是有它的存活周期，根据调研显示，很多社群会在三个月内走向沉寂，甚至沦为广告群。那，如何才能让社群按预设目标尽量长时间地运营下去呢？下面一起来探究延长社群生命周期的方法。

#### 1. 明确社群目标

只有首先明确运营目标才能确定社群生命周期的目标。有些社群就是为了某次活动组建，活动结束后找到了一部分精准人群，那这个社群就已经完成了它的使命，就应该尽早解散，否则社群一旦沦为广告群，会对我们的品牌和口碑带来负面效果。然而，有些社群是计划长期运营的，那就需要来精心规划和维护。

#### 2. 价值感与信任感

用户从进入社群开始就会对其有所期待，所以社群一定要提供对用户有用的价值，如社群专属优惠券、KOL分享等。用户感受到价值后，会开始愿意在社区内去参与更多的活动，有更多的互动行为。当用户有了超出预期的价值感，就会逐步产生信任感。

#### 3. 有互动、有仪式感

多数人在新加入一个社团时都会呈观望态度，不太清楚社群的机制，不清楚这个社群到底能给他带来什么，也不清楚社群里其他成员的情况。这就需要社群管理对他一对一地关注和介绍，如果号召群友对新人举行一个欢迎仪式，就更容易让新人融入社群。社群内，要有计划地组织活动来和群员互动。也可以设置一些任务，让用户参与进来，并及时予以奖励。总之，让用户在群里有事做，并且是有价值、能让用户主动参与的事做。

#### 4. 激励机制

不是所有的成员进社群都有一样的目标，也不是所有的社群成员都会和社群共同成长。成员自身情况不同、心态不同，当社群运行一段时间后，就会产生差异。要及时把社群成员归类，把成员进行细分，对于社群的各项活动都不参与也不太认同社群的人，要及时果断地把他清退。对于社群活动参与度高的成员，可以按特征分成若干细分社群，来有针对性地运营。

## 任务实施

在前期组建社群的基础上，巩固社群运营成果，做好社群营销。具体任务包括：开展社群分享活动来丰富社群活动内容；设计社群福利活动来增加社群互动；制定并实施社群转化、社群盈利策略来实现社群营销目标。

### 一、开展社群分享活动

以小组为单位，策划一次有质量的社群分享。让社群成员了解本社群所能提供的产品或服务，带动话题引发互动，从而提高社群活跃度。

步骤1：确定分享的主题及主要内容，明确这次分享活动的意义及内容。

主题：野生蘑菇的鉴别

活动意义：东北的蘑菇非常有名，不仅好吃，有些蘑菇还有药用价值。然而，很多人虽然在东北长大，却分不出蘑菇的品种，更分不出哪些蘑菇能食用，哪些蘑菇有毒。我们通过分享活动来告诉大家一些野生蘑菇的常识，即帮大家丰富了知识，又增加了社群内有趣的互动。

内容：东北八大野生蘑菇的种类，常见野生毒蘑菇的种类；鉴别蘑菇的方法。

步骤2：确定分享形式及分享嘉宾的人选。讨论是采用直播分享、语音分享还是图文分享更适合这次分享主题及内容。

拟邀请农业大学教师来讲解。

分享方式：本次分享为微信群内，图片加语音的方式。

步骤3：设计分享内容。

根据前期社群组建及用户调研成果，和分享嘉宾一起设计分享内容。主要分享内容包括：①榛蘑、大腿蘑、白香菇、鸡油蘑、鸡蛋黄蘑、草花脸、白粘蘑、松树蘑的样子（图片）、生长地、营养价值及常见的烹饪方法。②常见毒蘑菇的样子及危害，提示社群成员，避免误食毒蘑菇的最好方法就是不去采摘野生蘑菇、不购买来历不明的蘑菇。

步骤4：活动注意事项等。

提前预热，活动前三天在社群内发布专家授课的预告，提前一天再通知一遍。在社群内发布相关话题。

### 二、设计社群福利活动

福利活动包括积分体系、名誉头衔、社群红包、实物奖励等。

#### 1. 设计积分体系

【积分规则】

A．群内晒买家秀图加5分　　B．群内晒收货图加3分

C．群内周发言次数前3名加2分　　D．抢到抽奖红包加0.5分

【积分福利】

A．1分等于1元无门槛抵扣券　　B．抵扣券可叠加使用

C．自然月度最后一天24:00积分清零

设计理念：设计积分规则的目的是要激发社群成员分享行为。社群成员可以通过晒图、互动等行为获得积分，积分可以在社群内抵扣现金使用。这不仅可以提高用户的互动频率，也会促进再次消费。为了更高效地促进用户的互动，我们根据互动类型的不同来设计积分的层级，如希望用户积极晒图、积极发言，就要把相应的分值适当提高一些。另外，要设置计算周期，积分要定期归零。这样更能激发社群的销量，否则一些用户宁愿积攒着积分，也不会去消费。

2. 名誉头衔

每个季度推选出一名“社群之星”，定期邀请这些推选出来的人参加高端会议，进行访谈、视频拍摄等。

3. 社群红包

社群内不定期发放红包，包括各种节日时的“节日红包”、新品推荐时发“新品红包”、新人来时的“迎新红包”、社群活动之前的“预热红包”。通过红包的形式吸引用户的注意力。

4. 实物奖励

社群内活动时随机抽取活跃度较高的人员发放实物奖励。

## 三、社群转化与盈利策略

经过前面的社群组建、引流裂变、内容输出、社群维护等环节，社群已经有了一定的人气和信任度，有了一定的转化基础，接下来设计一些活动来实现转化。

1. 选品

根据社群定位及用户生活、消费习惯在企业所经营的商品中挑选几款适合社群营销的商品，见表4.2.1。

表 4.2.1 选品表

| 产品类型 | 原有销售渠道 | 价格区间 /（元 /500 g） | 利润空间 | 产品售后 | 季节性波动 | 产品损坏概率 | 其他 |
|---|---|---|---|---|---|---|---|
| 榛蘑 | 商超、批发市场 | 69 ～ 89 | 毛利率30% | 较为及时 | 干榛蘑为塑封产品，季节影响小 | 小 | |
| 黑木耳 | 商超、批发市场 | 20 ～ 40 | 毛利率25% | 较为及时 | 塑封产品，季节影响小 | 小 | |
| 松子 | 商超、批发市场 | 50 ～ 70 | 毛利率30% | 较为及时 | 塑封产品，季节影响小 | 小 | |

2. 限时限量秒杀活动

步骤1：活动预热。因为社群内人数不是很多，所以在活动前三天开展预热活动。由运营人员发布活动海报。同时开展裂变邀请活动，邀请三人入群，即可找群主领取50元代金券。

步骤2：周六晚6点在社群正式开始秒杀活动，运营人员至少三人以上，在社群中烘托氛围，让用户拥有紧迫感。

步骤3：活动结束后，在社群公布下次活动预告。对本次活动马上做统计，迅速组织发货。

任务要点：秒杀活动给到社群成员较低的价格，并通过强调限时限量来增加用户的紧迫感，激励用户尽快下单。这个策略的重点是要介绍清楚产品优点和平时的售卖价格，让大家感受到产品的质量。用户只有感受到产品的品质，才会觉得物有所值，否则即便价格再便宜，社群成员也会有所疑虑，甚至没有价格对比也难以相信你给的价是低价。

### 3. 新品推荐

每周做一次新品推荐活动。

要点：在每周固定时间对新推出的商品做重点推荐，说清楚推荐的理由，激发购买兴趣，同时可以设置“尝鲜价优惠券”。推荐形式可通过线下产品品鉴、短视频、图文结合的方式推送产品，增加用户的直观感受。

### 4. 直播间促销

在有了一定社群成员且运营稳定的情况下，开展直播活动来带动转化。初期直播人员不够，只开展定点直播，直播活动和促销活动相结合。

任务要点：直播前要提前发布开播预告，让粉丝有所期待。在直播过程中要持续与粉丝互动，并发放福利。

### 5. 拼团

挑选生活中购买频次较高、复购频次高的商品进行拼团活动。本期选择的是小包装的“七日粥五谷杂粮粥”，10人成团，团购价是19.9元一盒，每盒7袋，每袋120 g，限时2天。用微信小程序中的“快团团”小程序发起拼团。

任务要点：

（1）有较低的价格，让成员有动力拼团。

（2）成团门槛设置不要太高，如设置几十人以上才能成团，这样设置容易让人望而却步或半途而废，最终难以成团。

（3）不需要与其他优惠叠加。

（4）食品类商品，尤其是生鲜类商品，要提前做好物流、品控等预案。能保证商品质量，活动才有意义，否则之前做的工作都要付之东流。

### 6. 满减优惠券

不定期在社群内推送满减优惠券，提高日常销售量，如每满200元减20元或每满500元减50元等。

你还能想到什么样的社群转化的策略呢？让我们一起写出来吧。各小组讨论前期运营成果，根据社群运营情况设计盈利策划案，见表4.2.2。完成后各小组派代表在班级分享，教师点评后实施。

表 4.2.2　转化策略策划表

| 序　号 | 转化策略 | 执行步骤 |
|---|---|---|
| 1 | | |
| 2 | | |
| 3 | | |
| 4 | | |
| 5 | | |

# 任务3　社群文化与社群传播

## 任务解析

在前期社群运营及社群营销的基础上，通过设置社群规则，带动社群氛围，设计社群内容输出，构建优良且稳定的社群文化。

## 知识链接

随着互联网公域流量红利减弱，公域流量越来越难以转化。众多企业都意识到了社群营销的重要性，都希望通过社群营销来提升企业的品牌力，提高复购率，增加销量，于是组建社群的渠道和平台越来越多。我们都可能是一个或多个社群的参与者，也有可能是组织者。然而，成立社群虽然容易，但运营好一个社群却并不容易，很多社群难以活跃起来，没有多久就变成了广告群，甚至“死群”。这些社群的组织者，虽然在成立社群的初期投入了大量的精力，却因为没有好的社群文化，没能长期运营下去。对于新成立的社群，社群文化更是关键，新成员来到社群，一定是抱着有所收获的心来的，这个时期有好的社群文化熏陶，能大大提高新人的留存率。相反，如果他刚进来就感受到了你急于盈利的心态和行为，就会对社群抱有怀疑的态度。

社群文化是一种以社会关系为基础的文化。它是人们通过互相交流和分享信息、情感、观点和认识来形成的一套共同的行为准则。在这个过程中，人们可以通过不同的媒体来传播文化，如电子邮件、博客、论坛、微博、微信、QQ空间。社群长期良好运营的前提是有好的社群文化。如果只有组织者在发布信息，那就丧失了社群里客户相互影响的作用。社群需要用户间的相互影响，彼此能找到认同感。氛围是需要带动的，如果一个社群里少有人说话，那就会一直很安静。如果互动较多，那些安静的成员也会加入进来。

扫一扫

如何构建和传播社群文化

### 一、社群文化构建的方法

#### 1. 社群标签

运营社群最怕的就是没有活跃度的“死群”，群员不是把群静音就是压根不看这个群的消息，这种情况就别谈之后的营销了。造成社群没有活跃度的原因一般有两个：一是建群后马上获利，之后觉得没有再利用的价值，因此不再有人管理。还有一种就是在建群初期没有社群标签、没有明确的定位，没有经过筛选。这样导致社群成员多数并不是精准用户，后期维护和营销都要耗费很大精力，收效甚微。所以，社群运营在初期就要做好定位，包括社群功能定位、人群定位，这些属性就是社群标签。比如，生鲜团购、水果团购、鲜花团购，标签是价格低、方便、送货上门，有了这样的标签，群成员很快就能够记住，生活中有相关的需求，马上就会想到这个社群。打造社群标签也就是告诉用户，这个社群是一个什么样的社群，功能有哪些，有什么样的价值。打造标签时要注意标签既要简明扼要，又要有辨识度。

#### 2. 凝聚共同的社群文化

社群内如果没有统一的文化，是没有黏性的。对于部分消费者来说，今天你这里价格便宜，就在你这里买了，明天其他社群搞了个活动，用户就都跑到那边去了。所以，留住社群用户不能仅靠商品价格和优惠活动。促销可以作为社群引流的手段，但不能作为社群长期运营的依靠。群员彼此认同，有共同的相处规则才能形成统一的社群文化。

### 3. 增强社群成员身份认同感

社群管理者都希望社群成员能主动推荐、宣传自己的社群，形成社群“裂变”。然而只有社群成员在发自内心的认同社群，为自己加入这个社群感到骄傲时，他才会自发地分享社群及社群产品。有一些社群在搞活动时，鼓励大家转发内容至微信朋友圈，提出转发就送优惠券。然而，即便是优惠券的金额不小，也仍然会有很多人不愿意转发。这种情况就是社群成员对社群没有认同感，并不想让亲朋好友知道自己在这个社群里。所以，只有增强社群成员对社群的身份认同感，才会持续地热爱社群，才会愿意对外推荐社群。增强成员身份认同感有一个好的方法就是提高社群的知名度，把社群做成顶尖的专业社群，这样大家在谈到这个社群的时候，成员才会有自信的感觉。比如，早期的小米就是靠粉丝与企业的相互认同感，凝聚了自己的“粉丝文化”。对于小米而言，用户是朋友。正是这样的理念，小米做了一系列的社群活动，如“MIUI 论坛”“线下同城会”“米粉节”等，通过线上线下的互动来增加彼此的了解，让大家有了归属感，从而自发地参与到小米的各种活动中。

### 4. 激发社群成员原创内容

社群中主要内容的输出一般由群主或群内的行业专家来完成，但社群文化不是请行业专家来做几次分享就能形成的，它需要的是社群成员集体的智慧，需要长期的积累。人们总是有表达的欲望，社群运营人员要做的就是引导成员积极表达，把他们在社群的收获、感受分享出来。人是环境的产物，只要积极营造氛围，就会有更多的人参与进来，建立共识，从而逐步让一个社群从松散的组织走向紧密联结。

### 5. 社群成员的构成及具体分工

社群成员主要包括群主、群管理、关键意见领袖、核心用户、普通用户。

群主和群管理一般为企业运营人员，群管理也可以从核心用户中选拔。他们主要负责社群内的秩序、成员关系维护、社群成员分组，以及在平时要制造话题、引导话题、发布任务、及时回应群内问题，避免冷场。

KOL是营销学上的概念，通常被定义为：拥有更多、更准确的产品信息，且为相关群体所接受或信任，并对该群体的购买行为有较大影响力的人。对于社群来说，KOL有非常大的影响力，甚至很多社群就是因为某个KOL成立的，群成员也是奔着KOL来的。出于对KOL的信任，一般KOL所推荐的产品也更容易被社群成员接受，更容易形成口碑效应。作为社群运营，要把KOL运营作为整体运营的重点环节来看待。KOL的来源有两种：一种是社群内自产生的KOL；还有一种就是外部引进的KOL。一般来说，各个行业中的专家，都是社群KOL的人选，在社群运营过程中要多留意行业动态，关注行业专家，吸引更多的业内专家加入社群。当然，邀请KOL加入社群的第一步要分析KOL的需求点是什么。要考虑他自身的社会影响力，他的需求和社群能带给他的价值都有哪些。第二种内部产生的KOL，这类KOL对社群的忠诚度比较高，随着自己经验的积累，逐渐能为社群成员解决一些实际的问题，或提供一些有价值的信息，从社群的活跃用户，逐步建立威信，成为社群内的KOL。

核心用户是指活跃社群的中坚力量，他们虽没有KOL的影响力，却是社群的“铁粉”。不但愿意购买社群的产品，还自发地帮社群推广产品，更愿意不断提供建议，跟企业共同完善产品。核心成员间的话题是社群文化的重要组成部分，核心成员的数量也决定了一个社群能否长期发展，所以社群运营要把大部分精力放在服务核心用户上。在日常的社群活动中，要善于观察发现这些成员，并积极与其互动。

普通用户通常是指通过各种活动引流而来的先期成员。这些成员中有一部分成员会随着社群的发展而渐渐淡出，也会有一部分人发展成“种子用户”。需要设置各种活动来让双方彼此了解，相互认同。

作为社群的管理者，要充分理解社群成员在社群中的情况，并针对不同阶段的成员采用不同的方式给予维护。

### 二、社群文化的传播

我们不但要构建社群文化，还要做好社群文化的传播工作，这样才能发挥出社群文化的最大价值，扩大社群的影响力，增强社群的凝聚力。

社群文化的传播以通过系列活动来实现。比如，定期采访优秀的社群成员，每个社群里都有一些优秀的群成员，他们未必是社群的意见领袖，但对社群活动非常积极，不但积极参与活动，还会积极互动、积极反馈，这样的成员是会起到正向影响力的，要关注这些成员身上的闪光点，以文字或视频等方式进行采访，充分挖掘他们身上的故事，包括在社群中的成长历程、在社群里得收获、感受等。也可以总结社群成员的收获和成果，挖掘典型案例，让群员公开讲述自己在社群里成长的故事，这些故事要能体现社群文化。还可以提炼总结出一些代表社群文化的金句，让它们反复在线上线下社群里出现。选出一些符合社群文化的书籍，让大家共读并输出感受。

在社群形成了良好的社群文化后，作为社群运营要及时总结社群内的闪光点，以视频或文字的形式分享到各个媒体平台。也要鼓励成员把社群分享出去，让更多的人了解社群，实现社群裂变。

## 任务实施

以工作小组为单位，围绕易淘网络科技有限公司已经组建好的社群，做好社群文化与社群传播。完成以下任务：制定社群内容规划、做好社群定位、分析目标人群的特点、制定社群群规、规划社群产品、设置社群内的互动内容、制定社群激励方案。

### 一、制定内容规划

步骤1：明确共同目标。

根据产品及用户的特点来确定社群内容，明确企业为什么要建立这个社群，社群目标是什么，用户为什么要加入社群，我们的社群能够给社群成员带来什么样的价值。从两个角度来分析：一是从企业的角度，剖析建立社群的最终目标是什么，最想获得哪一类的用户，能为用户提供什么价值；二是从用户的角度，分析顾客群体是哪些人，他们最想从这个社群中获得哪些收益。

步骤2：分析目标人群特点并分类。

在前期组建社群的过程中，我们知道了用户性别组成、年龄分布、地域分布等基础信息。这里要明确用户的需求及痛点。不同的社群，用户需求也要分别来分析。

初级社群：一般是新组建的社群，成员是通过某个活动加入社群的，可能群员的年龄、地域、爱好都不同，但都对产品有兴趣，想了解产品的品类、产地、配送、价格等信息。我们的目标是从这些人群中筛选出能成下一阶段会员的成员。

中级社群：社群成员均认同社群价值，对社群功能有进一步了解的兴趣，不排斥在社群内消费的人群。他们一般为对商品有购买需求，但可能需要多渠道对比，重视性价比。

高级社群：品牌的忠诚用户，不仅认同社群的文化，还会和社群共同成长。我们的大部分精力都要放在这部分社群里，要不断沟通，倾听他们的诉求，并做出判断和反馈。

步骤3：制定社群群规。

根据社群定位及社群成员具体情况，设定社群群规。社群规则的设立包括四个方面：入群规则、拉新规则、言行规则、奖惩机制。

### 1. 入群规则

首先要明确地注明我们是什么性质的社群，在这里能做什么，目标是什么，让群员都有清晰的认识，对社群也有一个初步的了解。

### 2. 拉新规则

群员要拉新人进社群的，要向群管理或群主说明新人情况，征得同意后才能进入社群，否则很容易扰乱社群制度。对于线下社群，引荐人也要介绍新人情况及入群目的，这样能让其他群员了解新人情况，便于新人更快融入群体。

### 3. 言行规则

既要鼓励互动谈论，又要避免出现闲聊甚至相互诋毁辱骂的情况。

### 4. 奖惩机制

设立合理的奖惩机制。不同违规事项要分别处理，对于几次发广告警告不改的要及时清理出社群。

奖励机制要和社群任务在一起，能鼓励那些真正为社群做出贡献的人。奖励机制和惩罚机制同等重要，如果没有激励，很多社群成员只是旁观者，不会主动贡献价值。奖励机制的设定要能充分激活成员的能力和活力。

社群群规见表4.3.1。

表 4.3.1 社群群规

| | |
|---|---|
| **一、聊天规则** | 1. 本群为企业群，会定期分享美食及营养学知识、产品折扣信息。新人入群后建议首先阅读本群规。<br>2. 不可恶意刷屏。<br>3. 本群提倡成员头像上传本人相片，有助于成员尽早熟悉，感情交流。<br>4. 本群不允许在分享交流时间发布任何硬广告。<br>5. 本群允许各类聊天，主题提倡以食品交流为主。<br>6. 聊天内容不得包含任何恶意人身攻击行为，不得在群里漫骂他人，出粗言，开玩笑要得当，不得中伤他人。<br>7. 考虑到本群的活跃度，请大家平时没有问题交流的时候，多出来聊天。讨论一下美食问题，以便增加大家的感情。但不要谈论过多灌水话题。有问题出现时，先以解决问题为主，以发挥社群的真正意义。<br>8. 不允许在本群拉人去其他群。不准发带病毒网址或者在群内共享里发布病毒。<br>9. 不许在群里拉帮结派。<br>10. 群友之间相互监督，若有损“群容群貌”的，请及时告知管理人员，以便及时清理。<br>11. 未经群主或管理人员允许，不得随意拉人进群 |

续表

| | |
|---|---|
| 二、发图规则 | 本群允许发图，图片内容健康，不得有内发淫秽、色情或者非法的内容及图片，不可恶意刷屏。<br>未经他人同意，不得随意发他人照片。对于未经允许发他人照片的，警告一次，如有再犯，直接除名，不再另行通知 |
| 三、广告规则 | 本群为"易淘农副产品团购群"，发广告要经过群管理同意，经同意后方可推广。发现在本群私自打广告者，经劝阻无效的情况下，管理员有权将其请出本群 |
| 四、清退规则 | 1. 对任何违反上述群规的行为，由管理员进行处理<br>2. 本群的违规处理步骤：（1）管理提出口头警告（一次机会）。（2）管理提出警告，并要求当场道歉。（拒绝道歉者将被请出本群）<br>3. 引起公愤的，将被清退出本群<br>4. 对有违反群规行为严重者的成员，将被清退 |
| 五、申诉 | 如有特殊情况，移除后可再次加入本群并给管理员留言的方式申诉 |
| 六、补充说明 | 本群目前还有很多不完善的地方，希望各位多多包涵，有好的意见可以对管理员提出来，让我们更完善！我们不求做到最好，只求做得更好，希望大家多配合，把群做得更好。在群里希望大家都过得开心，不希望有不开心的事发生，人要多一份宽容，多一份包容，多一份爱心，谢谢合作。本群是积极健康的企业群，欢迎大家共同遵守，愿大家在群里度过愉快的时光 |
| 七、举报方式 | 把聊天直接信息发给群主或群管理，尽量将内容以截图形式发送，以便核实信息真实性。本群承诺将对举报者保密，一旦核实举报内容，将立即处理 |
| 八、附则：群主或管理员职责 | 附1：首先，管理员应该起带头作用，以身作则，积极引导群友参与发言，营造和谐的聊天氛围。你的胜任是大家的信任和厚爱，不要玩忽职守。<br>附2：管理员要及时回群成员的问题，哪怕当时不在，过后看到信息，都要回一下，给群成员一个温暖的感觉。<br>附3：作为本群一员，各位群友也要积极参与社群互动。<br>群规如上，恭请大家指教，如有不当之处，还望提出宝贵意见，以不断完善。<br>备注：凡违规者，危害集体利益者，进群别有目的者，请注意言行，或自行退群。 |

群规也要根据社群运营现状及社群成员的变化及时调整群规，以适应社群的发展。

步骤4：构建社群氛围，设计社群内容输出。

### 1. 邀请大学教授讲授"食品与营养"的知识分享

主题1：介绍现代食品的发展情况，包括功能食品、保健食品、转基因食品、减肥食品。

主题2：饮食营养与健康的关系，包括糖尿病、心脏病等。

主题3：东北特产的特点。

### 2. 邀请美食领域的专家分享美食的制作

社群内容的输出分为两部分。一是由社群组办方和社群内的意见领袖来发表。这部分内容要起到标杆的作用。社群运营人员和社群内的意见领袖共同围绕社群成员的特点、喜好，结合时下热点话题做内容分享。达到建立社群共识、营造社群氛围的效果。固定在每天的早、午、晚社群比较活跃的时间发布话题，方便大家参与互动。二是鼓励社群成员生产原创内容（UGC），让品牌内容更具话题性、娱乐性。可以是短视频，成员自做的动图、表情包等都能起到营造社群氛围的效果。

有对外进行文化输出的能力的社群，价值是要远远大于一个单纯的人员聚合型的社群。社群文化是群成员共同努力的结果，而非单一由主办方运营的产物。但在社群成员生产内容时，运营要把控好社群的内容走向。

步骤5：规划社群产品。

每个社群的定位不同，产品也不同。我们定位为农产品社群，就要把物美价廉，有地方特色的产品梳理出来。

另外，食品类的产品，最重要的是要注重品控和服务，一旦产品变质或出现质量问题，就会造成用户失去信任，口碑受到影响。食品受温度和运输时长影响较大，更要考虑稳定的物流及售后服务。

本社群初期规划产品包括坚果、蜂蜜、特产白酒、蘑菇、木耳、休闲零食。

步骤6：设计互动内容。

（1）签到打卡：激励社群成员每天来社群报道，在社群内签到打卡一定天数，给予奖励。连续签到7天、15天、30天，分别予以不同金额的代金券、折扣券。

（2）鼓励分享：鼓励成员积极分享产品相关内容。如鼓励群成员分享美食烹饪心得、营养搭配知识等。分享形式可以是社群内直播，可以图文语音结合，也可以拍摄成短视频。定期选出最佳分享予以奖励。

（3）主题活动：在特定的节日举办相应的社群活动，共庆佳节来活跃社群气氛。活动时举办才艺表演、抽奖等活动来激发大家参与活动的积极性。

（4）生日祝福：在核心社群中，群管理备注每个成员的生日信息，当成员有人过生日的时候，要代表社群送去祝福。

（5）跨界互动：群成员因相同的爱好聚在一起，但都有各自的工作领域，可以定期通过社群成员的资源做其他领域的福利活动，实现传播资源的互换。但值得注意的是，跨界互动不能以广告的形式出现，这样容易造成其他社群成员的反感。尽量以福利的形式互动，且频率不应太高。

## 二、社群激励

制定社群激励机制，激励社群成员主动分享。社群激励分两种：一种是物质激励；一种是精神激励。

### 1. 物质激励

凭社群积分兑换优惠券及实物奖励。兑换比例为 10积分=5元优惠券（续费前联系管理员查询积分并兑换；不满10分无法兑换，兑换后扣除相应数量的积分）。满500积分得限量版实物纪念品。

获取社群积分的方法：

A．群内晒买家秀图加5分

B．群内晒收货图加3分

C．群内周发言次数前3名加2分

D．抢到抽奖红包加0.5分

E．邀请好友加5分

F．发表原创文章、原创视频加5分

### 2. 精神激励

精神奖励是要让用户感受到自己被认可，被肯定，从而获得荣誉感、参与感、归属感。我们把成员分级，根据贡献度分为忠诚成员、活跃成员和超级成员。围绕不同的层级设置专属的活动，让用户感受到自身的价值。

## 项目总结

本项目以任务带知识点，引导学生从社群的认知开始，到具体的组建社群、社群运营、社群营销，再到社群文化，让学生对社群营销有全面的认识。具体包括社群的发展历程，社群的类型，社群的人员组成及岗位分工，实施精准的社群定位，分析社群用户的特征，建立社群，社群成员拉新，社群的维护，社群的盈利等。通过本项目任务的操作开展了对社群成员及社群所售卖商品的调研与分析，完成了企业社群的组建与运营，辅助公司在战略层进行产品定位与客户群定位，提升了公司的品牌影响力，增加了企业的营业额。

## 项目实训

为易淘网络科技有限公司设计社群营销

### 一、实训目的

在学习了社群组建、社群运营、社群营销、社群文化等知识后，根据易淘网络科技有限公司的产品特点进行社群组建及进行社群营销策划，能根据社群实际运营情况，不断优化营销策略。

### 二、实训准备

人员准备：班级同学分为若干小组，各组分别选出组长一名，负责组织协调组内成员的分工和协作，各组分别完成社群组建及社群营销任务。

物料准备：熟悉公司基本情况，熟悉公司的产品，包括每种食品的产地、营养价值、储存情况、保质期、包装情况及物流运输情况等。了解产品现有销售渠道、用户情况。根据运营目标准备相应的运营费用，社群线下推广时所需的物料准备等。

### 三、实训内容

易淘网络科技有限公司主营产品包括东北大米、红肠、东北野生蘑菇、黑木耳、榛子、东北酸菜、蜂蜜、以及各类休闲食品等。该公司拥有东北特产供应链平台、大数据统计平台、自建电商平台等，有完善的物流及技术支撑，产品销往全国各地。根据企业实际情况和产品特点，进行社群组建及社群营销策划。

### 四、实训要求

（1）分析企业的基本情况，梳理企业的产品及客户人群，做好调研。

（2）规划社群定位，围绕目标客户组建企业社群。

（3）做好社群运营方案、社群营销方案，并实际运营。

（4）制定社群文化建设方案并实际操作。

## 考核评价

社群营销考核评价表

| 考核项目 | 内容与要求 | 分值 | 学生自评（20%） | 小组互评（40%） | 教师评价（40%） |
|---|---|---|---|---|---|
| 任务完成（40 分） | 利用社群营销的基本理念和要求，根据实训目标，提升社群运营成果 | 30 | | | |
| | 定期开展社群活动，营造社群文化，提升社群口碑，增加企业品牌影响力 | 10 | | | |
| 自我管理能力（15 分） | 能培养自己的责任心 | 5 | | | |
| | 能管理自己的时间 | 5 | | | |
| | 灵活运用所学知识 | 5 | | | |
| 合作交流能力（15 分） | 知道如何尊重他人的观点 | 5 | | | |
| | 能与其他人有效地沟通 | 5 | | | |
| | 能获取信息并反馈信息 | 5 | | | |
| 解决问题能力（15 分） | 能有效使用信息资源 | 5 | | | |
| | 能客观分析事物的现状 | 5 | | | |
| | 能发现并解决常规问题 | 5 | | | |
| 设计创新能力（15 分） | 能提出有价值的观点 | 5 | | | |
| | 能使用不同的思维方式 | 5 | | | |
| | 能制订创新方案并实施 | 5 | | | |

# 项目 5
# 移动 App 营销

## 项目导入

随着智能手机、平板电脑等移动终端的普及，使得作用于其上的各类App应用程序广泛流行，移动App营销受到各行业及消费者的广泛关注。因此，运营者要想取得更好的营销效果，就必须要快速抢占移动终端，而手机App也因其具备着巨大的发展潜力成为最主要的营销工具之一。温馨时光茶点有限公司是以制作并销售茶水和点心为主要饮食产品的中型企业，随着网络技术和无线上网技术的蓬勃发展，其所带来的移动营销方式也开始突破式地影响企业营销过程。温馨时光茶点有限公司在战略层面上决定为占领手机移动端这个营销主阵地，实现公司的多种营销模式，开始涉足手机移动端App。公司安排你制作一款符合公司实际需要的App，使该App达到运营使用状态；根据App营销的特点选定营销模式，在App制作平台利用主题制作模板完成功能控件的制作，生成App后进行预览调试；并根据App的营销推广策略制定一个适合于App营销模式的营销方案。

## 学习目标

### 1. 知识目标

（1）掌握App营销的主要特点和营销模式。

（2）了解App种类、明确其功能特征及作用，掌握制作App的技巧和具体操作流程。

（3）掌握App营销优势、App营销策略和打造爆款App的技巧。

### 2. 能力目标

（1）能根据App营销的特点和企业的性质和规模，选择营销模式，预设App中应具备的功能。

（2）能在App制作平台中主题模式下，完成模板中App名称录入、图标上传、启动页图片上传等操作。

（3）能完成制作页面中各种功能控件的搭配操作，以及界面装修等操作；制作完成App后，能在预览助手中查看真实效果，进行修改调整。

（4）能根据App的特征和产品特色，运用App营销推广策略设计一个适合App营销模式的营销方案。

（5）提升解决问题能力、实际操作能力、实践创新能力、团队协作能力及自身可持续发展能力等营销岗位专业能力。

### 3. 素质目标

（1）具备适应移动端（App）营销工作的良好业务素质和身心素质。

（2）践行社会主义核心价值观，维护健康网络环境。

（3）严谨认真，精益求精，具备全局观念、合作精神和创新精神。

# 项目实施

## 任务1 App营销认知

### 任务解析

针对茶点企业的产品特色，根据App营销的主要特点和营销模式，选用适合茶点企业的App营销模式开展营销，设计具体操作流程、营销手段、营销广告内容等，为公司后续营销活动做良好的铺垫。

视 频

什么是App营销

### 知识链接

### 一、什么是App营销

#### 1. App是什么

App是Application Program的简称，即客户端应用程序，主要指智能手机等移动终端第三方应用程序。比如，在手机上经常用到的软件：社交软件（微信、QQ）、新闻资讯软件（腾讯新闻、搜狐新闻）、视频软件（爱奇艺、优酷）、短视频软件（抖音、快手）、地图软件（高德、百度）、购物软件（美团、京东）、打车软件（神州）、支付软件（支付宝、云闪付）、工具软件（剪映、WPS）、游戏软件等，这些都是App，因为它们安装方便、操作简单，让用户摆脱了PC端上的烦琐操作，加之它往往包含图片、文字、视频、音频等元素，娱乐性强，所以受到了广大智能手机用户的欢迎。

随着我国移动互联网的快速发展，App已经深入到娱乐、购物、社交及工作等各个方面，和生活息息相关的App不胜枚举，它们对生活的影响也无处不在：购物可以通过淘宝、京东等商家的App随时随地买到想要的商品；穿衣搭配则有蘑菇街、美丽说等App为你建议；想做饭又不知道怎么做，网上厨房、豆果美食等App会告诉你怎样做一桌色香味俱全的大餐；如果实在不想做饭，可以直接上饿了么、美团外卖等App，享受美食上门的服务；想自驾旅行，百度地图可以为你导航；想预订机票、酒店，携程旅行、去哪儿等App是你出行的好帮手，不论你想做什么，几乎总能找到一款合适的App为你服务。

### 2. App营销

App营销指的就是应用程序营销，从接触顾客、吸引顾客、黏住顾客，到管理顾客、发起促销，再到最终达成销售，整个过程都可以在一个小小的端口内完成，这就是App营销。

App营销通过在智能手机、社区、SNS等平台上运行的应用程序来开展营销活动。App营销是整个移动营销的核心内容，是品牌与用户之间形成消费关系的重要渠道，也是连接线上线下的天然枢纽。通过对App的营销推广，让用户了解、下载、使用、分享，并且形成依赖和成交的目的。

最初App只是作为一种第三方应用的合作形式参与到互联网商业活动中的，随着互联网越来越开放化，App作为一种萌生与智能手机的盈利模式开始被更多的互联网商家看重。如淘宝开放平台、腾讯的微博开发平台、百度的百度应用平台都是 App思想的具体表现，一方面可以积聚各种不同类型的网络受众，另一方面借助App平台获取流量，其中包括大众流量和定向流量。不仅如此，随着移动互联网的兴起，越来越多的互联网企业、电商平台将App作为销售的主战场之一。众多的数据表明，App既给手机电商带来的流量远远超过了传统互联网（PC端）的流量，通过App进行盈利也是各大电商平台的发展方向。事实表明，各大电商平台向移动App的倾斜也是十分明显的，原因不仅仅是每天增加的流量，更重要的是由于手机移动终端的便捷，为企业积累了更多的用户，更有一些用户体验不错的App使得用户的忠诚度、活跃度都得到了很大程度的提升，从而为企业的创收和未来的发展起到了关键性的作用。

对于企业或其他组织而言，一款App可承载大量信息，加上移动互联网的传播速度快、受众精准，使它成为一个不可多得的营销利器，可以说，拥有一款超高人气的App，就等于坐拥千万用户。以App营销为主的移动营销也逐渐演变成企业营销中非常主要的一种方式，相应地，也是营销人员一项必备的营销技能。

## 二、App 营销的价值体现

视 频

App营销的价值体现

在移动互联网迅猛发展的大形势下，不少企业开始把手机App作为品牌形象、产品宣传的重要工具，App成为企业、品牌的专属标配，也将成为企业推广，发布活动信息，产品销售预订、支付，以及为消费者提供各类服务的主要渠道。

App是移动互联网发展新形势下最活跃的因素，更是整合营销服务中的核心要素，App营销的价值可体现在以下四个方面。

### 1. 品牌价值

App对营销的影响，首先是在品牌方面的影响力，由于与用户的联系更直接、更紧密，可在最短的时间，用最直接的方式将企业理念、产品信息传递给用户。这无形中加深了企业、产品在用户心目中的印象，对最终的购买起到潜移默化的作用。

品牌价值要求App在设计上尽量与企业文化、品牌文化相契合。

### 2. 渠道价值

App营销作为一种新型的营销模式，整合了各种移动互联网先进技术和新型推广手段，有效拓宽了企业的营销渠道，是完善渠道建设的有效补充，成为企业整个营销体系建设的主要组成部分。

例如，京东、当当纷纷开发了符合自身定位和具有独特风格的App，一来可以作为主要的线上销售渠道，有效地满足了线上消费者的需求；二来也是电商品牌进行“自营销”推广的得力补充，是电商们网罗移动互联网上活跃用户、从线上延伸到线下、进行跨媒体整合营销的纽带，如只有用手机才能参与的网络秒杀活动等。

### 3. 宣传价值

App营销在宣传方式上比传统营销更丰富，更具有多样性和个性，可让用户在使用的同时自然而然地了解产品信息，从而拉近与消费者的距离，使他们更多地去体验，去选择，从而可带动消费、引导消费。例如，某美发品牌开发了一款App产品，用户开启这款App并进行拍照，然后选择喜欢的发型，便能看到自己戴上这款发型的样子，有助于用户直观地判断所想要的发型是否适合自己；同时，也可以将自己的形象分享到社交网络，听取好友的反馈。

### 4. 服务价值

产品销售和相配套的服务总是相得益彰的，对于企业而言，App作用不仅仅是宣传、推广，在服务上的价值也不容忽视。如为用户设置互动服务、体验服务、售后服务等，这些服务都为最终的推销奠定了良好的基础。例如，某酒店开发的荣誉客会App，除了为用户提供最基础的功能，如搜索、筛选、预订酒店等外，还能根据客户所在的位置提供相关服务，如周边有哪些餐饮、购物场所、服务、导航信息等，大大增强了用户黏性。

以上四点价值是App营销在企业品牌宣传和营销中价值的集中体现，应用中需最大化地提升App的价值，使之更适合未来的商业模式和发展形势。

## 三、App营销特点

扫一扫

App营销的特点有哪些

目前企业App应用以燎原之势宣示着移动营销时代的到来，其中又以移动电商和餐饮业对App的高度重视而备受瞩目。前者曾是传统互联网的表率，在线购物也第一次以网络的方式改变了人们的习惯；后者则是传统企业的代表。

对比传统营销，首先是传播内容不同。传统营销传播的产品信息只是一些字面上的反映，用户不能全面理解一个产品，App应用程序中包含了一些图片和视频，还可以全方位地感受产品，如一个汽车的App应用，你不仅能够看到汽车的图片和视频，你还能通过游戏感受该款汽车的性能。其次是信息传播方式不同。传统移动媒体主要是以短信的形式为主要的传播方式，这种传播方式是让消费者被动的接收产品信息，而App营销是企业将产品信息植于应用制作，供用户下载，通过App应用达到信息传播。最后是用户行为差异。传统手机媒体是被动地接收信息，容易让受众产生逆反心理，往往得到的是反方面的效果，而App营销是用户自己下载App，由被动变主动就更容易接受产品信息，达到传播效果。

在这个“无移动，不营销”的时代，只有先弄清App营销的特点与优势，才能让App营销的效果最大化，App营销特点主要表现为以下几个方面：

### 1. 品牌建设，成本较低

和传统的PC端相比，App的传播更加快速、更为有效。企业只需要设计一款适合自己的App营销模式，如在App中植入广告这种最基本的营销模式，用户只需要点击广告栏就会进入指定的链接界面，就能达到营销推广的效果，从而提高企业的知名度，打造企业的品牌建设。App可以提高企业的品牌形象，让用户了解品牌，进而提升品牌实力，良好的品牌实力是企业的无形资产，为企业形成竞争优势。用户对于品牌App的使用主要基于自身的兴趣与需求，品牌忠诚、实用的工具以及创意游戏是用户下载品牌App的主要原因，产品信息、优惠信息、活动信息、品牌新闻等品牌App传递的内容更能得到用户的青睐。

相对于传统的营销模式，App营销不仅可以满足企业商品的推广和品牌的建设，而且大大降低了营销的成本费用。企业不需要太多的前期投入，只需开发一个符合本品牌定位的App就可以了，后续可能会有一些推广费用，但是相比在电视、广播、报纸、杂志上投放广告，App推广费用并不多。企业只需要投入少量的资金就可进行前期的App研发制作和后期的运营维护。

### 2. 信息全面，灵活度高

传统的营销模式总是无法全面展示营销信息，而App就完美解决了这个一直困扰营销人员的问题。App的开发方式决定了它具有承载大量信息的特点，可以全方位展示企业的产品和文化，让用户在购买产品之前就感受到产品的魅力，刺激用户的购买欲望，降低用户对产品的抵抗情绪。例如，在某一购物App中，不仅可以购买商品，还能在商品详情栏内查看该商品的详细信息，如商品的图片、视频、客户评价等，让客户更直观、全方位了解产品，企业产品的魅力得以释放，用户的购买欲望也被这些生动立体的形象所点燃。

一款好的App往往集产品展示和娱乐休闲、粉丝互动等功能于一身，在营销方式上具有灵活多样性。商家可以采取多种方式吸引用户，随时随地用手机或者计算机发布、管理营销信息，查看实时营销数据，利用App也更易于开展商家与个别用户之间的交流。企业可以随时根据App大数据提供的下载量、点击率、购买率进行市场分析和了解客户所需，并根据用户反馈及时调整营销策略，完善产品的样式设计和修订产品的具体定价等，这种灵活便利性远超其他营销模式。

### 3. 用户黏度，持续性强

一般用户都是因为被App中的内容吸引而主动下载，且一旦下载就不会轻易卸载。2022年京东在“双十一”前发布视频短片《写诗》，整支短片由歌曲贯穿短片中的八个故事，用诗歌自带的气质传达对生活的赞美，引导人们通过关注生活里每一个字，重视生活的细节，发现生活中真实的美好。迅速引发用户共鸣，用户们纷纷转发视频。京东的这波操作就是洞察用户喜好，建立起商品和情感的传递，让每个消费者用得舒心、乐得分享，形成了用户黏性。

企业利用App后台提供的数据加强与用户的联系，根据用户所需不断提高App各项控件功能，投其所好地增加个性化设计，提升用户对品牌的美誉度和忠诚度，这种持续性的用户黏度让App成为了用户的不二选择。一旦用户将App下载到手机，企业就可以通过消息推送、线上活动等持续与用户保持联系，逐渐将用户转化为自己的客户。通过手机平台，用户又可以把App中的内容分享给好友，最终带来用户量的成倍增长。这种无成本的二次传播行为，让App营销周期不断延长，能使营销效果最大化。

### 4. 促进销售，精准度高

App营销是一种通过手机应用推送、传播的移动应用营销方式，所传播的信息影响受众者的意识、态度以及行为从而形成营销结果。由于App营销具有网络媒体的一切特征，能够随时随地接收信息、分享信息，所以它比互联网信息传播更具优势。有了App的竞争优势，无疑增加了企业的产品和业务的营销能力。

通过App进行营销，即使消费者只消费一次，商家也可以终身精准锁定，直接收集消费者的个人信息。App通过可量化的精确的市场定位技术，突破传统营销定位只能定性的局限，借助先进的数据库技术、网络通信技术及现代高度分散物流等手段保障和消费者的长期个性化沟通，使营销达到可度量、可调控等精准要求。App广告实现了基于终端、时空、行为、兴趣四维定向后的精准投放，可以出现在用户需要的任何时刻，精准地满足其“潜藏于心”的各种需求，让用户上下班等“碎片化”时间感觉到充实快乐，这一切源于它更加“精准”。

### 5. 个性便捷，互动性强

移动App使用起来方便、快捷，无论对企业、商家还是对用户，都可最大限度地实现短、平、快的操作。企业、商家可随时随地上架商品，发布商品信息、促销活动信息，查看销售动态；用户只需下载各大商家的App，就可以在上面浏览商品，随时下单购买。App集个性化设计、多样化产品展示方式、丰富的娱乐互动功能于一体，是开展个性化营销的最佳选择。

App营销具有很强的互动性：用户在App上与卖家、其他用户可以进行全天候、不间断的沟通交流，并且App向用户提供全过程的服务，跟踪用户反馈，即时优化应用，进行完整的互动活动；用户还可以在任何时候任何地点通过App中的位置服务，立刻查询所需信息，并能立即运用到现实生活中去，如用户需要就餐时，可以在大众点评、美团等App中查询附近的餐厅，获得信息后马上能将这种信息转化为消费行为。

综上所述，移动App由于兼具移动性、智能性、社交性，使得其在信息传播方面优势很大，不但传播速度快、范围广，且可让用户随时随地接收和分享。这对企业来讲，无疑十分有利于扩大品牌的曝光度，提升商品的销量以及整个服务水平。在寻求App突破时，要善于从外和内两个层面入手，从外包括表现形式要新颖、推销方式要多样化、功能设置要合理，符合用户需求；从内包括要注重内容，为用户提供最有价值的信息，充分体现品牌的独特性和价值。

## 四、App 营销模式

随着时代的发展，企业的营销方式也慢慢开始发生了新的变化，特别是随着移动互联网的兴起，传统的营销方式因其性价比太低而越发不受企业的待见。在这样一个移动互联网的时代，以App来作为企业的主要营销方式已经成为各大企业营销的常态。App营销以其独特的运作模式，颠覆传统营销，瞬间提升转化率，创造的利润在整个市场中的份额越来越大，其未来的发展空间不可估量。企业根据自身的性质特点和产品的特征研制相适应的App，不同App的应用类别需要不同的营销模式，主要的营销模式有广告模式、用户模式、内容模式以及购物移植模式等。

扫一扫

App营销的模式有哪些

1. 广告营销模式

在众多的功能性App应用和游戏App应用中，植入广告是最基本的模式，广告主通过植入动态广告栏链接进行广告植入，当用户点击广告栏的时候就会进入指定的界面或链接，可以了解广告主详情或者参与活动，这种模式操作简单，适用范围广，只要将广告投放到那些热门的、与自己产品受众相关的App应用上就能达到良好的传播效果。企业可精准匹配用户群，用户也可更方便快捷地获取信息。有效的广告能将企业信息、品牌信息和产品信息很好地传播出去。

在App市场竞争日益激烈的情况下，广告设计与植入应更为巧妙，把内置广告做得更有趣，与消费者联系更紧密，即广告不是单纯地宣传产品，而是充分与自身的特性结合，巧妙地进行宣传，合理地将应用与广告相匹配，实现开发商与广告主的双赢。例如，某企业利用App设计与用户玩互动游戏，让顾客由被动转为主动，当出现广告时，让顾客用特定的App进行拍照，然后在该App中进行分享，把动态的视频广告变成用户人生某一时刻的静态画面，还在其中加入时间、地点、画面、心情，加深用户的印象。另外，对于分享的用户，提供赞助奖品。在这种广告营销模式中，用户看到广告，主动关注广告，广告商的广告已经影响了用户，然后通过用户的签到、分享，这则广告在社交化网络中借用户的人际关系完成传播和影响。最后，用户得到了广告商的激励，广告商的广告得到用户的传播，从而达到一种双赢的结果。这种广告营销模式能让用户主动关注广告、传播广告信息，通过用户自己的人际关系一层层地传播，形成影响。

2. 用户营销模式

一个App要想获得大量用户的关注，就必须具备吸引用户的“点”，这个“点”包括对用户需求的定位、配套服务的全方位提供，还包括心理上的满足。这就是用户体验模式，App必须先满足用户的体验，只要当用户体验到了其中的好处才会持续不断地关注。例如，由厦门美图科技有限公司推出的美图秀秀App，免去了用户拍照时对妆容不美、形象不佳的担忧。用户可以随时随地直接利用手机拍摄照片，然后在App中进行图片美化，每选中一项功能屏幕上就会显示这项功能在照片中呈现的效果，随着功能选择的变化，照片中人物景色也会跟着变化。让用户在超多的美化功能中随心所欲驾驭各种风格，创造了自己的独特个性世界。甚至推出了美图秀秀人工智能绘画机器人，让机器人根据你的照片帮你画二次元头像，突破次元壁。2008年美图秀秀App一经推出用户就爱不释手，至今全球使用美图秀秀App的用户超过了10亿人。

App用户模式的主要应用类型是网站移植类和品牌应用类，企业把符合自己定位的应用发布到应用商店内，供智能手机用户下载，用户利用这种应用可以很直观地了解企业的信息，用户是应用的使用者，手机App应用成为用户的一种工具，能够为用户的生活提供便利性。这种营销模式具有很强的实验价值，让用户了解产品，增强产品信心，提升品牌美誉度。用户营销模式的重点是培养忠诚客户，忠诚客户经常重复性购买系列产品，对其他品牌具有免疫力。例如，通过定制《宝宝画册》App应用吸引妈妈们下载，提供照顾婴幼儿必要的保健知识，客户在获取知识的同时，不断强化对品牌的印象，商家也可以通过该App发布信息给精准的潜在客户。相比植入广告模式，具有软性广告效应，客户在满足自己需要的同时，获取品牌信息和商品资讯。从费用的角度来说，植入广告模式采用按次收费的模式，而用户参与模式则主要由客户自己投资制作App实现，相比之下，首次投资较大，但无后续费用。而营销效果取决App内容的策划，而非投资额的大小。

### 3. 内容营销模式

内容营销就是以优质内容吸引用户。App最直接、最重要的一个功能就是发布信息，信息的发布过程就是内容营销的过程。App内容营销模式主要是通过优质的内容，吸引精准客户和潜在客户，从而实现营销的目的。

在App中进行内容营销时，企业需要对目标用户进行准确定位，才能策划出有效的营销内容，同时还需要进行市场调查，分析市场数据，对内容主题、营销平台等进行确定。例如，一些介绍搭配知识的App通过为用户提供实在、有效的搭配技巧，吸引有服饰搭配需求的用户，然后向其推荐合适的产品。内容营销更需要创意来整合内容，使常规内容尽可能有趣、有关、有价值。有创意的内容广告才是最吸引人的，因为它更容易拉近人与人之间的距离。在进行内容营销之前，必须懂得一些内容策略，包括如何精选题材，如何编排内容，如何通过优化内容来实现预定目标等。

在进行内容营销之前，必须懂得一些内容策略。第一，要精选题材。内容营销的核心就是信息本身是否有价值，评价标准是对企业和产品是否有宣传、推广作用，对用户是否有指导、诱导作用。因此，对内容的选择需要特别慎重，去粗取精，根据企业、用户的实际需求而定。第二，发布合适的内容实现预定营销目标。为吸引大量用户，通过发布合适的内容来实现预定营销目标，所发布的信息必须符合一定的原则，从用户需求和企业需求出发，考虑各方面的问题。

### 4. 购物移植模式

购物移植模式是基于购物网站的一种营销方式。企业开发自己的产品的App，然后将其投放到各大应用商店以及网站上，供用户免费下载实用。比如，手机淘宝App上有天猫、聚划算、口碑外卖、阿里旅行、淘生活等App，用户若使用这些App无须再次下载，只需下载手机淘宝即可。打开手机淘宝后可随时随地使用，轻松完成网站信息浏览、商品选购、下单支付等一系列操作，这种模式对比单纯的购物网站，优势在于更快速便捷，充分利用了用户的碎片时间。

该模式基本上是基于互联网上购物网站，将购物网站移植到手机上面去，用户可以随时随地地浏览App获取所需商品信息、促销信息，进行下单。比如，很多用户都有过在淘宝上买东西的经历，用手机淘宝App则更为便利，无论身处何地，只要有信号就能翻看淘宝网页，发现中意的商品可立即购买，使网上购物更加轻松自如。现在手机淘宝上嵌入了很多其他App，打开手机淘宝内嵌的饿了么App就会出现，通过手机淘宝即可进入链接的饿了么App。以支付宝为例，手指滑动即可进入饿了么、口碑主界面，点击美食外卖的按钮进入外卖应用界面，此时便可以根据自己的需求选择外卖。选购成功后点击下单，进入支付宝界面进行结算，如果没有开通支付宝，或者支付宝余额不足，还可以在页面底部选择其他支付方式，如手机网银等，暂时不结算的放入购物车。这种模式相对于传统购物网站的优势是快速便捷、内容丰富，通过优质的内容，吸引到精准的客户和潜在客户，从而实现营销的目的。

互联网的发展带动了网购的飞速发展，网上挑选、网络付款和在线快递已成为很多网友生活中不可缺少的一部分。同时，这也为App开展营销活动提供了一种新渠道和新模式。目前，很多企业、商家都开始利用这种模式。

## 任务实施

根据App营销的特点，针对温馨茶点公司主营的茶点产品，选用广告营销模式实施有效的App营销。

步骤1：确定广告营销模式。

### 1. 推广目标

提高温馨茶点企业品牌知名度和吸引更多用户注册。

### 2. 操作流程

（1）获取受众，采用“铺面”+“打点”的形式，通过内容定向“铺面”和机型定向“打点”来进行受众定位。

（2）吸引受众，手机上的“震撼”，高冲击动态广告栏，吸引受众，引起受众好奇心理。

（3）转化受众，“即点击，即注册”，用户点击广告栏，进入WAP网站了解详情，注册参与活动，广告主实时手机用户数据。

步骤2：进行App广告植入。

### 1. App植入之内容植入

将温馨茶点企业、产品或品牌之类的关键词作为广告内容，既达到了广告宣传效果，又不影响用户玩游戏的乐趣，而且由于融入互动环节，传播效果更好。“疯狂猜图”就是很好的内容植入的成功案例。该游戏融入广告品牌营销，把品牌名称的作为关键词，既达到了广告宣传效果，又不影响用户玩游戏的乐趣，而且因为融入了用户的互动，广告效果更好。所以企业最好是接与自己应用用户群贴近的广告主，这样的广告既能给用户创造价值，不会引起用户反感，而且点击率会比较高，因此能获得较高的收益。

### 2. App植入之道具植入

道具植入在App广告植入中比较普遍，一般是通过App与产品道具的互动来实现。选择与App内关联性的道具，这样既能够引起用户的共鸣，又可以让用户在潜移默化中接受这个品牌，因此，能获得良好的广告效益。比如我们可以在人人网开发的人人餐厅这款App游戏中，将温馨茶点明星产品作为游戏的一个道具植入其中，让消费者在游戏的同时对温馨茶点产品产生独特诉求认知与记忆，提升品牌或产品知名度，在消费者心中树立企业的品牌形象。同时App的受众群体较多，这样的直接的道具植入有利于提升企业品牌的偏好度。

### 3. App植入之背景植入

与道具植入类似，在App中倘若看到突然出现的醒目的广告牌、横幅、商场或者有品牌特写的电梯，就是植入性广告。比如在奖励广告在一款抢车位游戏中，一眼看去，最突出的就是车位后方的背景广告，将温馨茶点广告作为停车位的一个背景图标，给消费者无形中植入了温馨茶点企业的品牌形象。游戏中可以提到“用温馨茶水车位背景，每天可得100金币”，这样的奖励广告，驱使游戏玩家使用该背景，这些奖励当然必须是真的，但这确实是企业的广告。

综上，温馨茶点企业在高人气、娱乐性强的App中合理植入广告品牌信息，借助App的人气及流量，根据自身的品牌定位和产品的属性，定制新的App应用，这样使得广告主、应用开发者和用户达到共赢，同时也有助于品牌与消费者建立良好的互动关系，使企业获得更有效的客户群。

步骤3：发布广告。

1. 设计生动有趣的广告

趣味性且创意十足的广告能瞬间吸引客户，针对茶点企业的特点和产品的特色，可以拍摄一个短视频，视频中都是现代都市繁忙工作的人们，当镜头显示人们疲惫烦躁的状态时，打出广告“休息休息，喝杯茶；放松放松，吃点心”，然后推出温馨茶点企业的产品，镜头再切换到人们享用之后重新恢复体能和斗志，精神饱满地继续为美好生活而努力的样子。

2. 广告中提供促销信息

在广告的发布时可以向用户展示产品的促销信息、免费奖品等，如在广告最后打出“五六七折，等你尝新”，或者“下载温馨时光App，免费茶点一份”。要让用户能够从广告中察觉到有利可取，感受到我们的App能够为其带来很多优惠，这样用户才有可能愿意主动下载和使用App。

总之，要根据广告的发布原则，让广告耳目一新，选取适合茶点企业的报道方式，保持独有的个性，让用户有持久关注的意愿，来增强用户的黏性。

## 任务2　App的开发制作

### 任务解析

本任务要求了解App种类、明确其功能特征及作用，掌握制作App的技巧和具体操作流程，在完成上述工作后，在应用公园平台上完成主题模式下的App开发制作，进行基础设置、具体页面设置、功能控件等设置，进行预览展示。

### 知识链接

#### 一、App分类

App营销按功能策略分为“全功能包含品牌”“单一功能展现品牌”两类。所谓“全功能包含品牌”指的是一款App里包含除推广品牌以外还带有多种功能。如“全家FamilyMart”推出的App，实现了“产品信息”“门店信息”“卡路里测算”“选餐机”等多个功能；而“单一功能展现品牌”，顾名思义，一款App实现一个功能，或是推广品牌文化，或是发布品牌产品信息，或是一款小游戏，清晰明确，如图5.2.1所示。

图 5.2.1　各种 App 软件

扫一扫

App的开发与制作（上）

App营销按体系策略则分为“产品型”“品牌型”“综合型”。其次，需要考虑如何让受众接受这款App。由于消费者和用户对品牌App的理解已经从好奇上升到熟悉，并且成为用户了解和接触品牌的必须途径，因此，分析消费者和用户的行为，挖掘他们内在的需求和兴趣点，是App创意与品牌结合的重点之一。

## 二、App 功能

App的主要功能是满足人们搜索、咨询、购物、社交、娱乐等需求的一个应用程序。根据不同的行业，App的侧重点和功能也有所不同，如果是购物型的App，开发出来的功能是针对网络购物的功能；如果是社交聊天类的App，开发的功能都是针对交友聊天的功能。其实每款App都是代表着一个行业或者一种模式，所以App的功能是按照开发目的而设置的。

App作为一款主要针对智能手机的移动应用程序，主要有以下几个特征：

（1）可以覆盖iPhone、iPad和Android系统。

（2）安装方便，操作简单，留存度高。

（3）可以结合文字、图片、视频、音频、动画等方式展现企业品牌和产品信息。

（4）功能制作灵活，企业可以根据自己和客户需求开发、选择设置相应的功能。

App的作用从用户的角度是完善智能手机原始功能的不足，增强个性化，更为便捷地满足用户的需求，提高用户更好的体验感。从企业的角度，App是一种营销工具，限制较少，用户广泛，一旦被用户下载留存度极高；App软件丰富和多元化的内容，更好地展现企业的特色；作为一种线上营销重要途径，交互性强，且用户支付便利快捷，有效增加企业的盈利。

## 三、App 开发制作

### 1. 规划研究

在构想出App的想法之后，应立即进行计划阶段。这里的“规划”不是指确定App的外观或编程方式。相反，计划阶段应该旨在回答有关想法在当前市场空间中可行性的几个问题。计划通常包括市场研究和进行可行性研究。诸如“还有其他App可以做我的事情吗？”“是否需要我的App？”“我的App的价值主张是什么？”之类的问题，且必须要明确自己的答案。

在企业花费大量资源来构建App并将其营销之前，了解自己的App在整个应用市场中是否存在独特创意非常重要。还要确定App应用将支持哪些平台（iOS、Android、Web等）。如果要针对多个平台进行开发，则将要决定是采用混合方法还是针对每个平台进行本地开发。在确定哪个平台对自己的App应用有意义时，请务必考虑那里已经存在什么竞争以及大多数受众所在的地方。这不仅可以帮助确定整个App的可行性，而且可以帮助确定最初的开发工作集中在哪里以进行概念验证。

在规划中，重要的是要花大量的时间在前期，以确保制作的App有成功的机会。提出以下问题：（1）是否有人愿意使用您的App；（2）是否有人愿意为您的App付款。在进入设计阶段之前，应该可以对这些问题充满信心地回答“是”。对App的适销性充满信心要比发布它并意识到应该将App面向不同的受众群体要好。

大部分App在开发前期只是一个抽象模糊的想法，如果有一份相对完善的需求文档，对App分析就非常有帮助。可以从以下角度出发：项目名称、项目理念、项目优势、项目定位、项目特点、需要运行的环境、App开发核心功能模块等进行研究分析，最终形成详细的App思维导图。

### 2. 需求分析

在开发软件之前，每个企业或者开发者都需要对自身进行一个精准的定位，然后结合自己的产品和市场需求确定是否需要制作一款App，并要思考如何打造一款符合自己发展特点的App。首先，要深入认识市场，收集用户的直接需求和潜在需求，把控产品的发展趋势；其次，通过市场环境的分析获得竞争对手的信息，做到充分了解产品及市场占有率；再次，将收集到的信息通过科学的数据分析，制造具有创新性的新卖点、新产品；最后，针对市场和用户需求的分析进行优化处理，合理规划布局，预估和确定所要开发的App在用户心目中的形象，以及通过这款App可以达到自己期望实现的目标。

### 3. 软件开发

App软件开发主要包括服务端开发、App端开发和PC端开发，产品模块主要包括安卓客户端、iOS客户端、服务器、数据库、运营管理后台、手机运营助手等。需要不同领域的开发人员进行分别开发。当然也可以借助免编程的App制作平台，不需要懂专业的开发技术，自己就能完成App开发制作。

### 4. 设计规则

扫一扫

App的开发与制作（下）

对于App的设计不仅仅在于内容或是功能的完善，最为重要的一点就是实际呈现各用户的直接效果。对于用户而言，良好体验的直接来源就是对软件的直观感受。若想制作一款爆款App，还需要从设计方向、界面、性能等进行重点把握。

在设计方向上，必须要迎合用户的需求。明确从用户出发是软件设计的中心点。若想知道用户需要什么，就要进行用户使用习惯分析、用户使用场景分析、功能显示设置分析、信息保留服务分析等。在App软件选择较大的当下，市场始终是由用户主导的，设计就要尽可能迎合用户需求。

在界面设计中，必须要让用户印象深刻。界面设计是用户通过视觉对软件形成第一感觉，重要性不言而喻。如果运营者打造的App让用户印象记忆深刻，那么用户自然就会再次使用。在整个软件的设计中界面设计最需要被掌控，要注重页面背景的设置，给用户直接的视觉冲击感；还要明确页面的引导设置，给用户提供简单便捷的操作；最后以用户体验为核心，进行创新设计。

在性能设计上，必须要获取用户的欢心。App软件的目标就是让用户称心满意，这样才能让用户下载并持续使用。让用户喜欢上一个软件，主要还是在于软件的性能设计。性能就是App的核心功能，永远都是用户选择一款软件的首要参考因素。用户在使用一款软件时，是为了达到某一目的，如果运营者不能通过软件设计为用户提供达成其目的的服务，那再好的软件在用户眼里也是没有太大用处的。所以在性能设计上，要提升用户体验设计，增强实用性能设计，优化响应时间和响应性能设计，要从用户的角度区逐步完善App的性能，让用户满意，从而建立品牌优势。

### 5. 设计制作

做好App的研究规划，市场及需求分析，明确了设计规则等研发制作前期工作之后，就正式进入到App的设计制作过程。

首先，进行原型设计。App开发制作设计阶段有很多组件，根据市场分析，对App的功能进行详细的规划设计，主要包括功能的规划、页面排版布局、业务逻辑的交互等。在这个过程中主要结合业务流程、用户体验流程等，在制作过程中需要经过大量的修改反馈。App的原型图相当于App开发的图纸非常重要，需要反复沟通确认。

其次，进行UX（用户体验）设计和UI（用户界面）设计。意味着定义用户流、放置和制作UI元素、了解元素层次结构等，根据确定下来的App原型图进行App界面配色设计等。App整体的风格需要根据App的类型、用户定位、企业标准色等进行设计。开发制作时可以将其转换为可正常工作的App，并详细说明当元素被点击、滑动、拖动时会发生的具体情况。在这一阶段还应该设计一种营销策略，建立或确定企业的品牌指南，以便所制作的App与品牌保持一致。

最后，进行App运营测试。理想情况下，测试与开发制作阶段并行进行。持续测试以保持较低的发布后成本很重要。必须进行单元测试、UI测试和集成测试，以确保尽早解决主要的错误或疏忽。测试阶段有可能会增加开发制作的时间，但是从长远来看，它们可以大大减少维护和支持成本。测试也将在App的维护阶段得到回报。进行较小的更改时，可以运行所有测试用例，并确定更改可能破坏了App的其他部分，而无须人工手动完成每个测试用例。

### 6. 申请运营

App测试完成后，可以将App的应用提交到Play商店的App Store进行审批。了解此过程非常重要，因为每次发布新版本的App时都会进行此操作。在开发过程中通过不断的测试和完善，已经解决了测试人员发现的App中大多数主要问题，在申请正式审批运营之前已经拥有一个高质量的App。开发制作的App一经审核通过，就可供用户使用。但是，此时我们的工作还没有结束，发布App后，基本上将返回原型阶段。我们将要审阅用户的反馈，可能会添加新功能，进一步完善产品以吸引受众，然后重新发布。我们也将正式开始进入到App营销产品的阶段，App营销策略也将得以实施和体现。

### 7. 运营维护

App正式发布同时，App的运营维护也同步进行。维护是要随时监视App状态，修复可能存在的所有问题，并确保App按预期继续运行。要保证App使用能支持新版本的操作系统或支持新设备更新。伴随着App的持续使用，对App进行的维护也会一直持续。

## 任务实施

扫一扫

App实例制作

根据App应用的功能特征，针对温馨茶点有限公司的特点，在制作平台中制作一款适合于本企业的App，并在应用助手中展示所制作的温馨时光App，使其能够达到简单的运营状态。

步骤1：搜索应用公园，注册账号并登录。

在网页中搜“应用公园”打开网页后单击“免费注册”，如图5.2.2所示；然后按提示录入信息进行注册账号，如图5.2.3所示。

图 5.2.2　搜索、注册

图 5.2.3　注册账号

步骤2：用户登录页面，开始制作App。

注册成功后进入用户登录页面，单击“开始制作”，如图5.2.4所示；选择“一键主题模式”单击“立即制作”，如图5.2.5所示。

图 5.2.4　开始制作

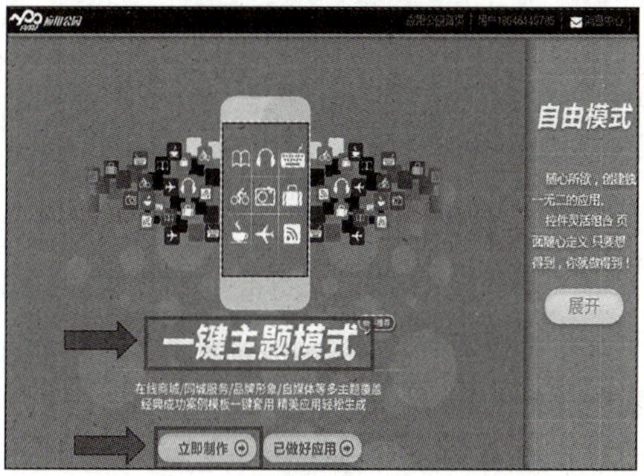


图 5.2.5　主题模式下立即制作

步骤3：根据温馨茶点企业的特点选择适当的主题。

选择“企业品牌”主题下的“企业名片”模板，如图5.2.6所示；进入企业名片模板，浏览一下主题界面功能图片，单击“下一步”按钮，如图5.2.7所示；进入设置页面，如图5.2.8所示。

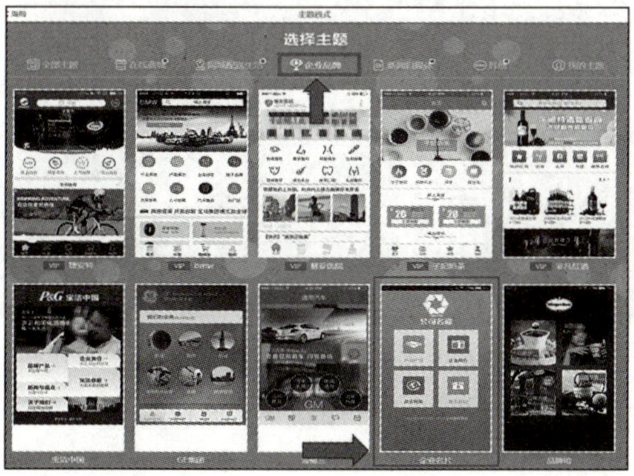


图 5.2.6　选择合适主题

图 5.2.7　企业名片

步骤4：基本设置。

（1）应用名称的录入，在应用名称中输入“温馨时光”。应用名称可以是企业的名称或者自拟名称，名称的拟定要遵循简明易记原则。

（2）上传图标，作为App软件的图标可以使用代表温馨企业、产品的系统内置图片，或者自创和自拍的图片，图标要遵循简洁醒目原则，且尺寸大小符合设置要求；在上传图标栏中单击“选择图片”，单击“系统图片”中“图标”，在图标列表中选择一款图标，单击“确定”按钮，图标生成，如图5.2.9所示。

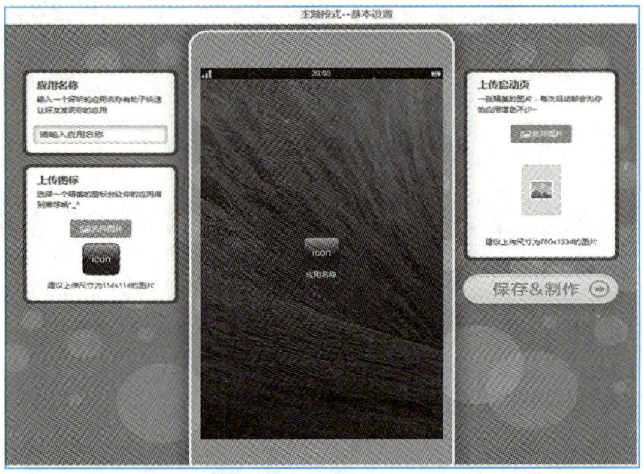


图 5.2.8　设置页面

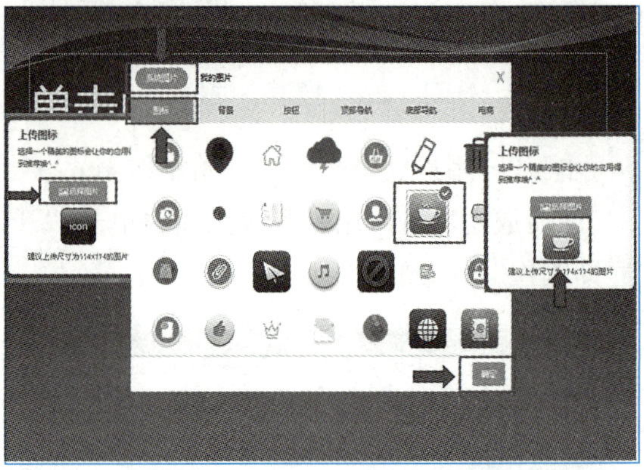


图 5.2.9　上传图标

（3）上传启动页，启动页是用户打开App的第一印象，图片的选择要遵循精美适配原则，且尺寸大小符合设置要求；在上传启动页栏中单击“选择图片”，单击“系统图片”中“背景”，在图片列表中选择一款背景图片，单击“确定”按钮，启动页图片生成，如图5.2.10所示。

（4）应用名称、上传图标、上传启动页设置完毕后，单击“保存&制作”按钮，基本设置完成，如图5.2.11所示。

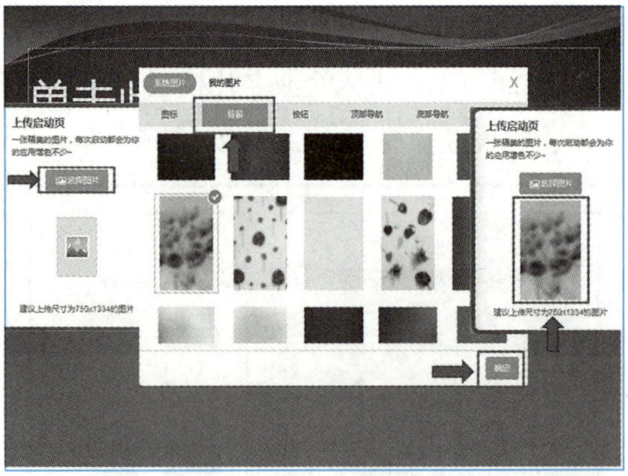


图 5.2.10　上传启动页

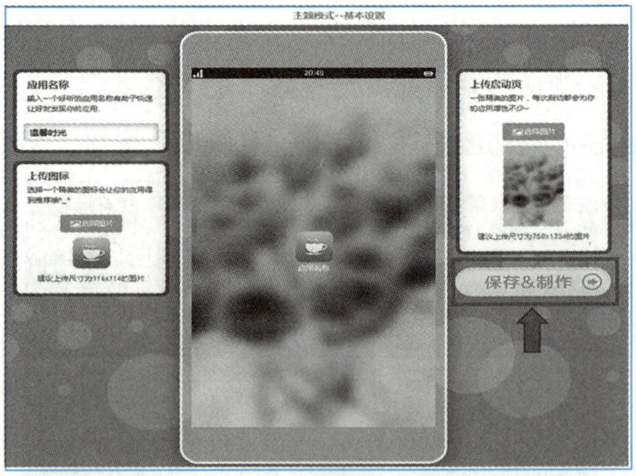


图 5.2.11　基本设置完成

步骤5：具体页面及功能设置。

（1）首页制作，App首页要让用户明确温馨时光App的功能类型，制作时要保证图文清晰，让用户一目了然；打开具体制作页面，选定左侧应用页面下首页，中间栏自动呈现模板样式，然后通过右侧功能控件栏进行制作，如图5.2.12所示；单击“页面属性”进行页面背景设置，如图5.2.13所示。

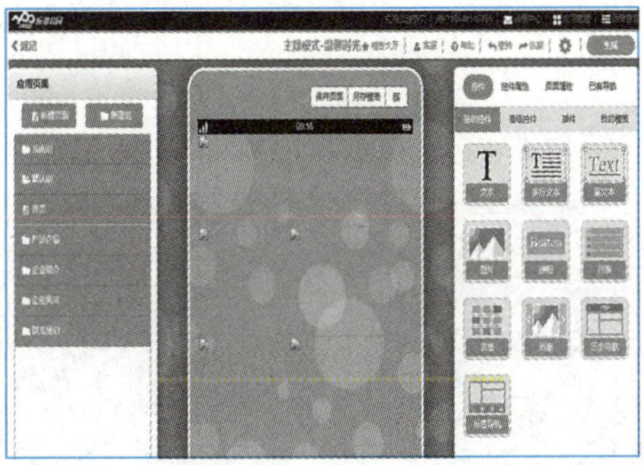

图 5.2.12　具体制作页面

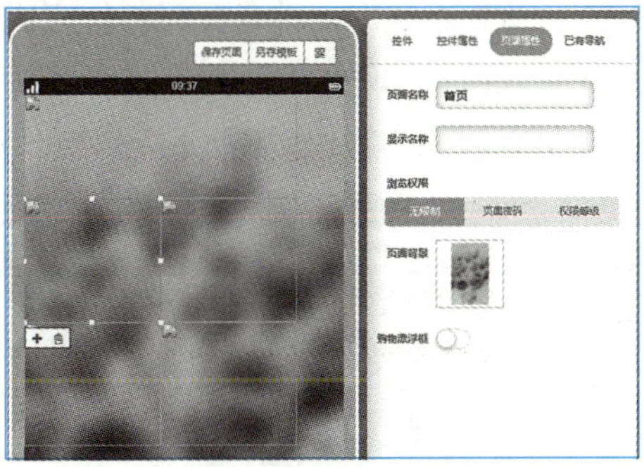

图 5.2.13　页面属性页面背景

单击“控件”，选择“基础控件”下的控件图标，将其拖动到制作栏中，如图5.2.14所示；文本内容在“控件属性”下“控件内容”中录入，文字样式在“控件属性”下“控件样式”中设置，如图5.2.15所示。

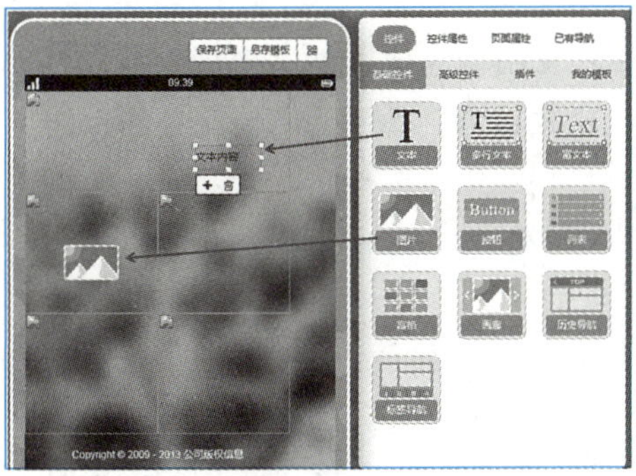


图 5.2.14　控件—基础控件

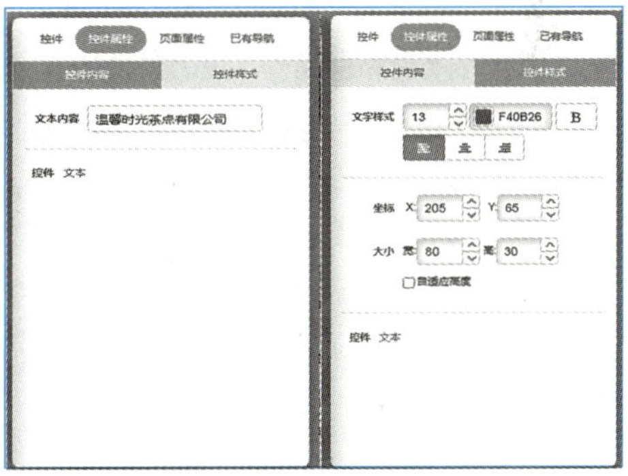


图 5.2.15　控件属性

单击制作栏内图文进行链接设置，如图5.2.16所示。

单击“保存页面”，首页设置完成；在手机上下载应用公园的“应用预览助手”，扫描二维码查看制作效果，如图5.2.17所示。

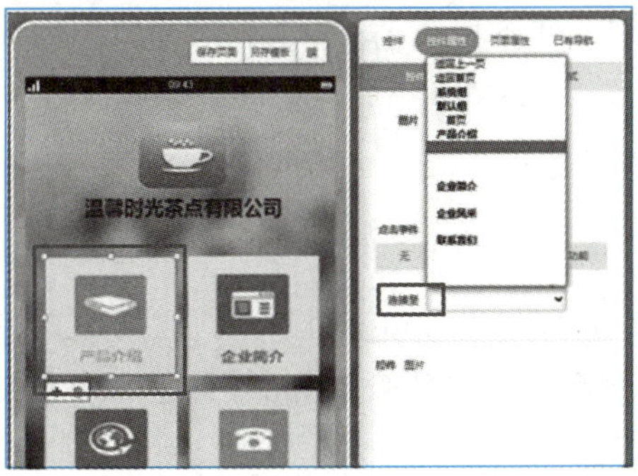


图 5.2.16　链接设置

图 5.2.17　页面保存和效果查看

（2）具体页面制作，根据首页中的项目内容进行各具体页面的制作，制作方法与首页基本相同，注意系统对自行上传的图片格式和图片大小要求。

（3）完成App制作，所有页面制作完成后单击“生成”，系统自动把制作好的温馨时光App保存在“应用管理中”，如图5.2.18所示。

在手机中打开“应用预览助手”就会预览制作好的温馨时光App，如图5.2.19所示。

图 5.2.18　生成 App

图 5.2.19　预览助手中查看 App

通过以上各步骤的操作，一款简单的温馨时光App就开发制作完成，然后根据企业的性质特点和营销方向去修改完善App，最后让温馨时光App在移动端正式运营，达到为营销服务的目的。

## 任务 3　App 营销推广策略

### 任务解析

本任务要求掌握App营销优势、App营销策略和打造爆款App的技巧，在完成上述工作后，根据所制作的App，设计一项符合茶点企业App的营销方案，进行App营销推广。

### 知识链接

App的本质就是移动设备上的一个客户端，尽可能地满足客户的相应需求，让自己的App受到用户的青睐，从而推广产品或服务，树立形象打造企业品牌。而客户对App的下载率和使用频率，有时候会直接影响着企业盈利，所以App也成为企业营销的一个主阵地。在移动互联网的时代，以App来作为企业的主要营销方式已经成为各大企业营销的常态。

扫一扫

App营销的优势是什么

#### 一、App 营销优势

越来越多的企业意识到App应用的营销价值，希望借助App应用与用户之间建立快速的沟通渠道，提升企业服务质量并树立良好的企业形象。如此看来，App对企业未来发展的重要意义自然不言而喻。那么App营销的优势有哪些呢？

（1）有效提升企业形象。通过App开展营销活动，中小企业能够迅速提高在客户心中的知名度，强化企业品牌影响力，塑造良好的企业形象。

（2）与用户零距离接触。通过App，企业能够与用户紧密地联系起来，方便与用户进行交流沟通。用户对企业产品的喜好程度，能够通过企业App使用数据反映出来，企业可以通过用户反馈的数据，优化调整产品或服务，对市场做出快速反应。

（3）能够强化用户黏性。App作为企业对外宣传推广的重要窗口，具有强大的功能，能够将文字、图像、音视频等多样化信息融为一体推送给用户，实现了单一媒体向多媒体形式的转换。同时，企业App以用户为主导的双向互动，有助于深入挖掘用户的需求，不断改善用户体验，强化用户黏性。

（4）增加企业经济效益。通过App给用户推送最新的促销活动信息，吸引用户消费或者链接到企业的商城，将产品展现到用户面前。这样不但可以降低企业营销成本，又能增加企业的营业收入，从而大大提高了企业的经济效益。

（5）实现企业精准营销。大数据、云计算等信息技术已被应用到日常生活的方方面面。用户的每一次查询浏览、每一次点击关注、每一次购买行为都会被大数据记录。企业通过大数据分析，能对消费者的购买偏好、喜欢的颜色款式、能接受的价格、习惯使用的支付方式等信息进行精准定位，在消费者下一次打开 App时就可以向消费者推荐符合其审美喜好的相关商品，实现精准营销。企业还可以在 App的用户界面中提供丰富的个性化信息，针对每一位用户提供符合其偏好的促销信息、优惠券、个性服务等，让营销效果最大化。

## 二、App 营销策略

扫一扫

App营销策略有哪些（上）

随着移动互联网时代的快速发展，用户可以接触到的信息越来越多，进行App营销的商家日益增多，这也让App的相关信息越来越难以传达给用户。在这种形势下，如何吸引用户的目光，让自己的App脱颖而出，在抢占移动互联网市场，争夺App营销战场时，应掌握以下营销策略。

### 1. 量体裁衣

开发制作App不能盲目跟风，企业必须要根据市场环境和消费者的习惯，打造一款适合自己运营的App。不同类型的企业对App开发的目标也不尽相同，目前大部分企业的App是以“娱乐”和“实用”为导向的，在明确自身需求之后，可以通过问卷调查法、行为分析法、头脑风暴法等方式去收集用户的需求，然后将收集到的用户需求进行优化，进而体现在App软件的内容中。企业可以从用户定位、规划布局、逻辑处理、结构设计、交互设计和界面设计这六个方面入手确定App的内容，再通过用户的反馈不断更新完善，让App所呈现的内容满足大部分用户的直接需求。

### 2. 精准定位

在完成自我剖析后，就要进行精准定位：谁是消费者?也就是从营销的角度寻找目标客户。用户群体一般可分为稳健理智型、感情冲动型、小心谨慎型、神经敏感型、优柔寡断型和沉默寡言型等多种类型。虽然这些用户不一定是企业所需要的消费群体，但是企业可以通过用户分析，去找到他们某些方面的需求恰好能被企业所提供的产品或服务解决。用户的需要层次又可以分为生理需求、精神需求、技术需求、安全需求、功能需求以及生活需求等多种不同的需求类别。

一个移动App要想获得大量用户的关注，就必须具备吸引用户的“点”，这个“点”不仅包括对用户需求的定位、配套服务的全方位提供，还包括心理上的满足，从人性出发，找到合适的影响出发点。运营者在做营销定位时，得先调研品牌、产品与消费者之间的关系，根据大数据分析挖掘消费者内在的需求和兴趣点，并与能抓住目标人群人性的某些元素结合，如好奇、分享、健康、善良、感性等。定位的成败关键在于与产品的贴合度，要既能适合品牌或产品，又能很好地满足用户的需求。

所以，App一定要定位好目标受众，然后根据用户的类型和需求层次，寻找并抓住目标用户的需求痛点，深层次挖掘用户自己都没有发觉到的需求，从而进行有针对性的营销，让App为用户提供优质的产品和精准细致的服务，这样才能打造一款让用户满意的App。

### 3. 抓住创意

好的定位就意味着好的创意，企业想要做出一个成功的App营销，就绝对少不了创意，好的创意决定了好的品质，好的品质可以使消费者和用户接受这款App。好的App实用性很强，是生活的小助手，使用方便快捷，在开发产品时要将80%的精力聚焦到产品本身，想出一个贴合产品的好创意赢得用户。

对于一款好的App来说，它能超越软广告，实现自发传播，在众多的App产品中脱颖而出。相反，一款平庸的App产品只有平庸的品质，无法靠强制营销赢得用户。品质上做得很好的App有很多，如“车来了”App，用户可以查看附近的实时公交情况，而且关键的一点是，上面显示的公交到达时间通常都比较准确。所以，凭借准确预测的品质，该App在许多等待公交中的人群中实现了自发传播。

扫一扫

App营销策略有哪些（下）

### 4. 别具匠心

对于移动App开发人员来说，只有定位和创意是远远不够的，这就像开车，只知道一个大致的方向和去哪儿，而对路况不熟悉是很难到达终点的。因此，制作移动App需要有更具体的设计思路，然后运用科学的方法，按预设的思路一步步地做。

（1）合理设置内容结构。制作结构图是移动App设计的重要一步，毕竟手机屏幕是有限的，在同一界面不可能把所有内容都展现出来，因此需要按照内容的重要性进行有序设置，使其以不同组合、不同层次循序渐进地展现出来。如很多移动广告会在首页展示，优惠、特卖等促销信息次之，其他内容则通过导航安排在其他部分。一个优秀的结构设计可以帮助用户从移动App首页快速获得最重要的内容，并且在需要其他功能时，能够通过翻阅或者轻松切换实现。优秀的结构设计还可以优化每个功能的操作流程。通过优化功能操作流程可将整个移动App连接成一个有机的整体，打通移动App各部分之间的数据交流和功能，为用户带来高质量的体验。

（2）制造故事情景。移动App营销并不像传统的广告那样只是单纯地、机械地将产品信息传递给用户，它需要营造一个场景、讲述一个故事，将产品放置在特定的场景之中，通过场景让用户自动自觉对产品产生购买需求。

### 5. 团队协作

若想做好App营销，就要集结团队力量，特别对于App而言，能否成功推广与前期的开发制作息息相关。无论是自行设计还是外包制作都要组建一个团队去协作完成。首先要确定好团队成员，从

App研制角度，团队的成员要包括项目设计负责人、用户研究人员、营销专业人员、软件开发人员、美工设计人员和专业测试人员。项目负责人作为团队的核心管理者要负责App的大局掌控，确保App的整体方向和质量效果，根据不同专业人员安排具体工作内容，协调工作中所遇到的问题，按计划推进App的研发运作。团队中的其他成员要运用自己的专业特长，共同研讨相互配合完成既定的工作。例如，用户研究人员通过前期对目标用户的需求分析，构建App设计的主要方向；软件开发人员根据App的设计方向进行编写和制作，构架App软件的主要性能；美工设计人员对App控件的文字、图片等进行平面、色彩基调的调整和加工，让App的优点和特性更为突出、更为精美；专业测试人员对App进行反复的运营测试，及时发现和反馈问题，提出修改意见。App研制完成之后，团队工作并没有结束，团队的所有成员仍然要相互协作对App后期运营进行不断维护和完善，保证App能为用户提供满意的服务。

#### 6. 增值服务

企业在进行营销时，需要注意，除了给用户提供主要的产品服务外，还需要提供产品以外的其他服务，来为用户的生活提供便利，以维持长久的客户关系。如果用户能够使用产品以外的其他功能，满足自己生活或学习中的某种需要，那将增加用户对企业App产品的黏性。

虽然延伸产品服务可以增加用户的黏性，但是，如果用户不使用这种App，那么App也不会使企业的产品得到更好的宣传。因此，这种App面临的首要问题是如何配合一定的宣传，让用户意识到自己有这些增值服务的需求，从而吸引用户下载。关于推广，最关键的是要记住两点。第一，要有专业的人根据大量的投放数据分析以及应用市场的合作资源配置，在一定费用预算支持下进行推广才是靠谱的。第二，要本着好玩、实用、互动和分享的原则去做，好玩带来娱乐性和趣味性，实用带来价值，互动让参与的欲望更强，而分享会让更多人看到，便于口碑和品牌形象的传播。

### 三、打造爆款App技巧

随着应用软件的不断发展，各家企业看到了移动端智能手机这个广阔的市场，都在大力推广自己的App，使得App市场日渐趋于饱和，这也让用户的选择空间越来越大。若想在众多App中突出重围成为爆款，还要注意以下几个方面。

#### 1. 主题突出，让用户印象深刻

App的目的就是宣传企业的产品，打造企业的品牌，提升企业的形象。企业在研制App时已经确定了自己的营销方向和目标群体，所以要摒弃泛泛的展示全面信息，要突出主题，给用户留有深刻印象。可以从以下几个方面入手。

（1）打造品牌，突出核心价值。现代营销学对品牌一词的定义是：用以识别一个或一群产品和服务的名称、术语、象征、记号或设计及其组合，以和竞争者的产品和服务相区别。对消费者而言，品牌不仅仅是一种符号，更是一种产品的象征，意味着品质、服务、使用效果、安全系数。一句话，品牌就是用户购买的理由。App如果脱离开品牌独自营销，就好比无源之水、无本之木，时间一长难免失败。

塑造一个成功品牌，关键在于能否突出产品价值。创业者如果能通过核心价值抓住用户的心，获得用户的认可，那么品牌自然就会在用户心中扎根。如何成功塑造品牌价值呢？品牌的核心价值

一般通过四个方面去塑造：产品的使用价值、情感诉求、核心优势和文化价值。

首先，以产品的使用价值塑造品牌价值。将产品的使用价值作为品牌核心价值，往往具有很强的感召力与包容性，容易吸引消费者。美颜相机App就以美颜为核心功能，让自拍美出了新高度，让App美出了新市场。

其次，以产品的情感诉求塑造品牌价值。利用情感诉求，企业可以拉近与消费者之间的距离，让消费者对品牌产生一种信赖与情感寄托。2020年春节之际支付宝发布五福贺岁短片《到哪儿了》，这部短片向人们展示了归家之路，纵使艰难险阻，团圆就是最好的福，特别是影片最后场景瞬间引爆人们的泪点，产生了共情，为支付宝集五福成功造势。

再次，以产品的核心优势塑造品牌价值。每个产品都有自己的核心优势，企业可以从产品功能、包装设计、传播运营等多方面寻找突破点，并将其塑造成品牌价值。小米手机的成功得益于“高性能低价格”的策略。在鱼龙混杂的智能手机市场，小米的品牌优势并不突出，所以小米将自身的技术性能放大渲染，让消费者感觉买别的品牌手机不如买小米，性能差不多，价格却只有其他手机的1/3。

最后，以产品的文化价值塑造品牌价值。相比于情感诉求，品牌的文化价值将带来更高的品牌附加值，如那些久经流传的诗词歌赋、具有时代特征的收藏品等。

（2）元素融入，吸引用户目光。将品牌元素融入App，通过品牌效应来吸引用户，省时省力。那具体怎么做呢？首先是精致的Logo，精致的Logo是企业品牌的象征，在App营销中必不可少。其次是统一的页面，App页面是传达品牌的一扇窗户，最好做到线上线下统一，如线下以亮色为主，那线上最好也以亮色为主色调。最后是活动不可少，线下做活动时，线上也应该及时相应，步调一致，形成联动，积极向用户传达品牌内涵。

（3）工匠精神，引起用户共鸣。每一件产品的背后定有一位默默钻研的手艺人，这就是工匠精神，产品是这样，App同样如此。小米发布新产品的时候喜欢同时发布相关的微电影。其首部微电影《我们的150克青春》是随着小米手机青春版共同发布的，第二部微电影《100个梦想赞助商》则是和小米手机2A/2S共同发布的。《100个梦想赞助商》是一个关于梦想和勇气的故事。在奋斗的道路上，面对外人的不解、对手的嘲讽，要走下去不仅需要努力和勇气，更需要朋友的支持。舒赫是一个小镇上追逐赛车梦想的普通年轻人，正是在自己的努力与朋友的支持下，他一步一步走向了赛场……小米用微电影的形式告诉用户，他们卖的不仅是产品，还有产品背后的精神：“遇到困难，我们迎难而上；面对嘲讽，我们更努力；永不放弃，只为了追逐梦想。”

产品背后的精神，往往最容易引起用户共鸣，对用户的影响也最为深远。App营销除了融入品牌，不妨引导用户多关注产品背后的精神，可以采用故事、微电影、视频、漫画等多种形式与用户分享产品背后的精神。

### 2. 人无我有，让用户满足需求

市场上现有App的种类和功能大多都能满足用户的基本需求，各家App的模式大同小异，若想在众多App中做到标新立异，就要做到人无我有。我们不能止步于用户的基本需求，就要挖掘用户更为深层次的需求，把产品或者服务做到极致专业，用户想到的需求在我们App能得到完满的解决，用户自己都没有想到的需求问题在我们App上也能为其贴心考虑周到，这样才能受到用户的青睐，也建立起自己企业的品牌特色。

1）用户至上

在App营销中，不但要追求产品质量，让用户用得放心；还要关注用户感受，让他们用得开心。商家要以用户为中心，所作所为都围绕用户进行，想他们之所想，急他们之所急，让他们以愉悦的心情享受产品和服务。只有以这样的态度服务用户，用户才会心甘情愿地消费。例如，近年来一提到火锅我们就会马上想到海底捞，原因就是我们对它的服务印象深刻。

2）挖掘痛点

我们必须以用户为中心，讲究正确的方式方法去抓住用户痛点，切不可盲目乱搞。比如，炎热的夏天，你口渴无比，急需一杯饮料，服务员却端上来一大盘面包。也许当时正值中午，服务员认为提供面包是最合适的了，顾客应该会很喜欢。事实上，这种服务却不是顾客需要的。如果只是从自身的角度出发去揣测用户需求，那就永远无法知道用户真正的需求。只有站在用户角度，抓住用户痛点，找到用户真正的需求，才能满足用户。如果没有痛点怎么办？要主动去挖掘痛点。那具体怎么挖掘呢？

首先，可以进行搜索框搜索。如果想知道用户对某款产品最大的痛点是什么，可以在百度、360等搜索引擎中输入产品名称，如输入“华为手机”，搜索框会自动匹配常用的搜索问题，结果显示华为手机哪方面问题最多，就知道用户最大的痛点是什么了。

其次，从用户的角度给产品“挑刺”。商家要把自己当作产品的用户，对产品十分挑剔，进而发现不满意的点，这个点就是用户的痛点。小米路由器就是一个很成功的例子。小米首先关注了同类型产品，找到传统路由器的“死穴”：传统路由器设置复杂，而且密码复杂，让人无法轻松地使用。其实用户对路由器的需求就是上网快、安全。小米抓住用户需求，不断改进，最终做出了用户满意的产品。

再次，还可从市场中寻找用户痛点。很多企业不是缺乏市场，而是缺乏发现市场的眼光。商家在拓展市场的过程中，一定要有敏锐的洞察力，善于发现空白市场及薄弱环节。在2016年以前，全球智能手机几乎都存在性能差、耗电快、卡顿、拍照效果不佳等诸多不足，而华为就准确地抓住了这些痛点，从手机的软件和硬件两方面进行深度研发，并搭载自主研发的麒麟960处理器，全面提升了手机的速度性能。同时，华为还使用了更高密度的大容量电池和智电5.0技术支持，增加了电池续航时间和使用寿命。而且，华为还与汽车领域的保时捷合作，采用产品双曲线设计，搭载徕卡双镜头，最终设计出品了Mate9手机。这款手机发布后，由于满足了消费者对手机性能、续航、拍照等多种需求，受到了消费者的喜爱，不到一年，销量就突破了1 000万台。Mate9的成功也表明，产品只有善于抓住客户痛点，并能够解决客户痛点，才会获得客户的青睐，从而使产品在激烈的竞争中脱颖而出。

最后，可以让粉丝参与设计。粉丝是指对某些产品、人物、公司、信念或流行趋势抱有极度喜爱与支持态度的人，将这部分人聚齐起来所产生的影响可称为粉丝效应。小米手机从一开始就打出“小米卖的不是手机，而是贩卖梦想、贩卖参与感”的口号。他们通过开放式的论坛，邀请所有人参与手机的设计、制造、技术研发、性能测试等环节。用户在参与过程中，会将自己的痛点随时渗入进来，同时也会提出更多的创意与想法。整个活动过程，其实就是挖掘用户痛点、解决用户痛点的过程。通过细分市场发现客户痛点、挖掘客户痛点是App营销必须做的事情。只有找到用户痛点，才能打造差异化产品，最终赢得市场。

### 3. 细节精致，让用户爱不释手

目前市场上同类型App软件较多，为用户提供的功能和服务基本趋同，在挖掘用户需求深度和广度的能力时，也因企业的规模大小和性质特点会受到不同因素的限制，这时的App就要做到人有我优。App与大众的生活越来越紧密，运营者根据App软件的属性，必须迎合用户的需求，把控好每一处App营销的细节。通过用户的反馈和实际的调研，运用后台大数据分析用户的心理、习惯、爱好等，然后对App界面中颜色的选择、功能控件的大小、图片文字的位置、链接的方式等细节进行修改和调整，做到精致。这样呈现给用户时的直接效果会更为惊艳，让用户对其爱不释手，从而增强用户对App关注的持久度。

在消费者需求越来越个性化的趋势下，很多商家都意识到了产品特色的重要性。商家为了能够突出自己的特色，在产品差异化、服务差异化等各方面都做了努力。很多商家为了提高产品知名度，不惜投放广告，但产品的销量却不尽如人意。其实，商家不应局限在产品、服务上塑造特色，还应该注重用户的情感投入，可以用特殊的情怀、情感将产品变得与众不同，也就是“带着情怀卖产品”。事实表明，App营销成功与否的关键并不在于资金多少，情感才是不可或缺的因素。商家如果能够在情感上打动用户，获得用户的认可，那么产品自然就在用户心中占据一方天地。情感营销不需要花费太多资金，只需要动点脑筋、费些心思，找到用户内在的情感需求，就能轻松地将品牌价值传递出去，这也是App营销的一剂良药。

## 四、App 推广方式

App运营都离不开推广，在市场日渐饱和的形势下，如果不能通过推广让目标用户看到App，那么想要App获得快速发展就是空谈。所以，运营者就需要通过线上线下的推广，给App更多露脸的机会。

扫一扫

App线上推广

### 1. 线上推广

线上推广能够为App运营者提供更多一些的推广选择，而运营者需要做的就是从中选择适合自身需求的引流方式，尽量结合多种引流方式，多管齐下，这样起到的推广效果会更加显著。

#### 1）搜索引擎推广

采用搜索引擎推广，就是利用搜索引擎的排名来推广App。通过优化搜索引擎，实现App的相关信息在搜索引擎的结果页面中取得靠前的排名，从而让更多的用户第一时间看到被推广的信息。

目前，国内影响力较大的搜索引擎包括百度、360、搜狗等。百度搜索是在全球范围内都具备一定影响力的中文搜索引擎，也是国内较大的中文网站；360搜索引擎一般与360浏览器并用，其特色在与搜索形式的便利性、安全性、实时性；搜狗搜索引擎则是借助搜狗输入法的影响力，成为国内用户数量较多的搜索引擎之一，其特色在于支持微信公众号、微信文章等直接搜索，同时在信息的搜索速度上、准确性、全面性等方面都比较突出。App推广团队可以与这些搜索引擎进行联系，将App通过搜索引擎进行推广，通过排名扩大App的影响力。

#### 2）视频软件推广

视频推广是指运营者以视频的形式宣传所要推广的产品和活动等内容。视频相对于文字图片而言，在表达上更为直观和丰满，特别是随着移动互联网技术的快速发展，手机流量等因素的阻碍越来越少，互联网视频成为时下最热门的领域。像抖音、快手、爱奇艺、腾讯、优酷等视频软件都是借助这股东风飞速发展起来，拥有庞大的用户群体。伴随着各种视频软件平台的兴起，互联网视频营销也成为广大企业进行网络营销普遍采用的一种方式。这互联网视频营销的受众更具有参与性，在感染力、表现形式和内容创新等方面更具优势，就要求制作的视频既要高水平，又要有吸引人们关注的亮点。通过用户自发地观看分享和传播，带动企业App推广产生良好的传播效果，将视频背后的观看群体转化为自己的用户。

3）微博论坛推广

微博推广就是企业、商家和个人，为创造自身的价值利用微博平台进行的一种社交推广方式。运营者可以对App在微博上进行适度的宣传获取流量，然后凭借粉丝的理论带动推广。在微博平台上，企业、商家或个人只需用很短的文字、几张图片就能反映自己的心情以及发布的目的。这种便捷和快速的信息分享方式使得大多数企业与商家纷纷抢占微博营销平台，利用这个“微营销”开启网络营销市场的新天地。微博的每一位用户，都是App运营者的潜在营销对象，在微博中可以采用硬广告营销、互动营销、话题营销等方式来推广App，通过粉丝的力量来增加App的曝光率。

论坛和贴吧推广就是利用论坛和贴吧进行营销。论坛和贴吧是以兴趣为主题聚集的一批志同道合者的互动平台，也是运营者引流常用的平台之一。企业可以通过论坛和贴吧，发布企业产品和服务等相关信息，通过社交达到企业品牌营销推广的目的。论坛和贴吧的人气是营销的基础，运营者可以通过文字图片等内容的帖子，与平台中的用户进行精准的交流互动，塑造企业品牌形象，提升企业的影响力，从而进一步引导潜在用户关注App。

2. 线下推广

许多运营者习惯于进行线上引流，但随着App的深入发展，竞争不断加剧，仅靠线上引流肯定是不够的。每个App都有一个特定的二维码，运营者利用好这个载体，主动在线下出击，便可以取得很好的推广效果。

扫一扫

App线下推广

1）传统媒体推广

App在线下进行推广时，传统媒体的广告广而告之是必不可少的。传统媒体主要包括电视、广播电台、报纸、杂志海报、室内外广告等形式。比如，用海报进行营销推广。海报是具有宣传性的吸引顾客的张贴物，其内容以文字和图片为主。海报的类型大致分为三种：广告宣传海报、文化宣传海报、活动宣传海报。每种类型的海报宣传的重点也不尽相同，运营者需要根据自身实际情况，选择合适的海报宣传方式，利用海报对需要广告的信息进行充分和全面的展示。在利用传统媒体进行下线推广时，为了方便用户下载和进入App，除了告知App的名称之外，还可以通过二维码链接为用户提供直接下载和使用的渠道，这也是传统媒体推广的优势。

2）门店实地推广

门店推广就是运营者利用二维码、社交软件等载体，在实体门店面对面地与用户进行App及相关产品的推广。针对有实体店的运营者，实体店就是一种最好的线下推广渠道。其优势表现为：第一，通过与顾客进行面对面交流，能有效卸除顾客的防备心理，让路人变成粉丝；第二，在实体店内顾客可以真实地看到产品，了解产品的特性，真切感受体验到产品的质量和服务，能够增加客户的信任度；第三，实体店内营销推广更为方便，可以让顾客随时添加App。运营者一定要好好利用实体店这个资源，进行线下引流操作。可以通过送礼物或办会员卡等方式，让顾客留下联系方式，再根据顾客的联系方式告知App，并在店铺的醒目位置张贴App相关介绍和二维码。在实体店面营销推广中，只要方法得当，长期坚持就会收获不错的成效。

3）活动助力推广

活动推广对于运营者来说是一种不可或缺的线下推广方式。线下活动的举办无疑能够吸引受众的目光，通过顾客对活动的广泛参与来聚集和提升人气，从而达到宣传推广效果。运营者则通过活动的开展，学习到宝贵的经验，发现自身的问题，从而借力活动让App获得成长和发展。活动推广App的方式多种多样，除了运营者举办活动之外，常见的活动推广方式还包括线下沙龙、培训课、创业大赛等。

线下沙龙大多是一群意气相投的人一起交流的社交活动，其特点是定期举行、自行谈论、激发灵感等。线下沙龙推广就是在沙龙活动过程中对App进行推广，目的就是将更多潜在客户转换成目标客户。例如，运营者在举办线下沙龙时可以在签到处放置App的二维码，方便快速扫描添加，从而迅速增加粉丝数量。

线下的创业大赛的举办，就是同行们聚集一堂的时刻。对于运营者来说，这是一个展示自己的绝佳机会，运营者要充分利用这个舞台，让大家看到你的各大特点，凸显你的优势。如果能在创业大赛上得到评委会的认可，就会有一个令人瞩目的成绩，就会打响App的名号，让大家都能记住你，你的App自然就会快速得到推广。

培训课程一般分为线上、线下两种，线上多是免费的，而线下大部分是需要付费的。虽然线下培训需要付出一定费用，但对于运营者来说却是好处多多，因为能付费参加培训的学员大多都是目标客户。线下培训具有的独特的优势，首先是面对面教授，将复杂的营销课程进行了分解，实现了学、用结合；其次是线下培训有着相对严格的教学监督，与学员们互帮互助，战胜惰性；最后是一起参加培训的学员成为既定的人际关系资源。运营者一定要抓住线下培训的这一特点，把握好人际关系，推广App。秉承着多一个朋友就多一条宣传渠道，从而可以进行一些企业合作和友好互推。

对于App线上线下的推广，运营者需要明白的是，可以选择的方式多种多样，但是要想取得满意的效果，还根据自身情况和用户需求，结合多种方式进行推广，争取让App在目标客户的群体中达到众所周知的效果。

综上，App是一种连接品牌与消费者的工具，是品牌与用户之间形成消费关系的重要渠道，也是连接线上线下的天然枢纽。企业在进行App营销的过程中，只有精准地把握用户心理，深入挖掘用户内在需求与喜好，引发用户共鸣，才能最大限地引导其参与其中，成功地向用户进行营销。企业App营销的最终目的是让消费者进一步了解品牌或产品，以建立起品牌与消费者的情感关联，因此企业的App营销还要注重有机地融合品牌元素，让品牌App成为消费者深化品牌形象的有效助力，帮助品牌和产品认知度的提升。同时，企业应把“以用户为主导”的双向甚至多向互动作为App营销模式的主旋律，更要发挥整合效应，顺应App营销的多元化发展趋势，整合其他营销手段，整合多方技术，带给消费者突破性的体验，延伸移动营销的价值，最终实现既提升品牌又促进销售的目的。

## 任务实施

针对公司主营的茶点产品的销售业务，以及所制作的温馨时光App，运用App的营销策略和技巧，进行App营销推广。

步骤1：全面展示产品的详细信息。

产品信息的全面性是抓住用户的第一个技巧，尤其是对营销类的产品而言，对产品的全方位介绍，包括优缺点的介绍都是不可缺少的。如果用户购买之后并不满意，那么其带来的负面效果会影响App的长期发展，也不利于培养长期用户。我们可以在温馨时光 App中产品展示时体现出我们的特色在于全部的商品都有品质保证，在这个前提下，再全面展示产品的详细信息，从产品的质量方面说服用户进行购买。这种方式一方面为用户挑选到了满意的商品，另一方面促进了温馨时光App的良性发展。

步骤2：提供个性消费的等级服务。

提供等级服务的效果是比较明显的，有会员制度的App会比没有会员制度的App更容易获得核心用户。不同会员等级获得的服务是不同的，这种服务往往相比于基本服务要更迎合用户的直接需求。可以把温馨时光App用户会员等级分为四种，分别是大众会员、黄金会员、铂金会员和钻石会员。大众会员可以通过每次购买获得一定积分，积分累计达到一定标准可以兑换指定产品；黄金会员可享受指定产品九折优惠；铂金会员享受所有正价产品九折优惠；钻石会员享受所有产品九折优惠并且尊享免费配送服务。

步骤3：用娱乐游戏满足精神需求。

部分App为了吸引用户经常性地使用App，会针对用户的特性推出娱乐性的小游戏。温馨时光茶点App可以融合产品营销与游戏为一体，设计玩游戏领金币抵现活动，游戏会让App具有丰富而逼真的现实元素。在娱乐游戏中，可以巧妙地植入茶点产品的相关信息。比如在游戏过程中，持续地显示温馨时光茶点产品标志，这种方式既降低了用户对广告的反感，又让品牌更加深入人心。

步骤4：用社交服务传递情感需求。

在温馨时光App中增加社交服务功能，会提升用户的使用频率和信任度。在温馨时光 App的基础界面增加“嗨聊”标识，用户只需要轻轻点击就可以进入到聊天功能界面，可以与其客服和他用户进行聊天。同时，在用户的个人消息界面，用户也可以与其他用户进行单独聊天。分享与交流是人类的天性，我们打造的温馨时光App也可通过这样的界面设置，既可以与用户及时沟进行情感通信息，又可以宣传产品。

步骤5：用活动促销吸引用户参与。

在温馨时光App中推出的“秒杀”促销产品系列活动的界面，奖励促销对于任何用户都存在一定的吸引力，这样可以增强用户的参与度，提升用户的点击率，扩大用户的范围。

## 项目总结

本项目以任务驱动形式，引导学生具体的认知App营销。具体包括明确什么是App营销，App营销的价值体现、特色和营销模式；根据App的形式种类、功能、特征和作用，以及企业性质和产品特征结合市场调研确定用户群体，预设出App中应具备的功能，开发制作一款符合公司实际需要的App；然后根据所研制出App的特征和产品特色，利用App营销的优势，运用App营销策略和技巧设计一个适合App营销模式的营销方案，再根据用户反馈不断完善App各项功能等。通过本项目各任务的操作实施，完成了企业App营销的模拟，为辅助公司在App营销市场中占领一席之地，做好了基础性工作，为后续项目实施拓宽了方向。

## 项目实训

制作温馨时光App及营销推广方案

### 一、实训目的

在学习了移动App营销及App的开发制作和营销推广策略等相关内容后，通过对具体App营销项目进行研发与设计，掌握App的简单制作方法，进一步加深对App营销策划、App营销推广的理解，灵活运用App营销工具和方法来解决实际应用问题，培养App营销策划能力。

### 二、实训准备

学生每3或4人为一个小组，选组长一名，负责组织协调组内成员的分工和协作；小组各成员要求有明确的分工；小组成员收集好相关资料，通过协作共同制作完成温馨时光App 及营销推广方案。

### 三、实训内容

结合温馨时光茶点有限公司的性质和产品的特色，选用一种App营销模式，根据App功能特点制作一款App，并运用相应的App营销知识和技巧，对温馨时光App实施营销推广。

### 四、实训要求

（1）根据茶点行业市场现状，选择市场中的某一个细分市场进行精准定位，从而开拓市场需求是最可行的发展方法，从而选定的App广告营销模式。

（2）抓住茶点用户的需求，结合企业的特点和营销方向，确定温馨时光App的主题模式。设计App界面效果图，进行App的基本设置和具页面及功能设置，并将所制作的App进行预览展示。

（3）设计App的营销策略和推广方案，通过线上线下的大力推广，让App被更多用户熟知，从而打造品牌形象，达到运营推广App的目的。

## 考核评价

移动 App 营销考核评价表

| 考核项目 | 内容与要求 | 分值 | 学生自评（20%） | 小组互评（40%） | 教师评价（40%） |
| --- | --- | --- | --- | --- | --- |
| 任务完成（40分） | 所选定的 App 广告营销模式符合企业的特点，广告植入的方式与确定的营销模式相匹配，广告设计的具有创新性 | 10 | | | |
| | 选定的 App 制作主题模式符合企业的特点和营销方向，App 的基本设置和具体页面及功能设置符合合理适配要求，所制作的 App 在预览助手中运行演示成功 | 20 | | | |
| | 设计的营销推广方案，可以让用户熟知我们的 App，能够达到树立品牌形象目的；设计的营销活动，能增强用户吸引力和参与度，提升点击率，有效扩大用户范围 | 10 | | | |
| 自我管理能力（15分） | 能培养自己的责任心 | 5 | | | |
| | 能管理自己的时间 | 5 | | | |
| | 灵活运用所学知识 | 5 | | | |
| 合作交流能力（15分） | 知道如何尊重他人的观点 | 5 | | | |
| | 能与其他人有效地沟通 | 5 | | | |
| | 能获取信息并反馈信息 | 5 | | | |
| 解决问题能力（15分） | 能有效使用信息资源 | 5 | | | |
| | 能客观分析事物的现状 | 5 | | | |
| | 能发现并解决常规问题 | 5 | | | |
| 设计创新能力（15分） | 能提出有价值的观点 | 5 | | | |
| | 能使用不同的思维方式 | 5 | | | |
| | 能制订创新方案并实施 | 5 | | | |

# 项目 6
# 电子商务平台营销

## 项目导入

“双创”和“互联网”已成为时代热潮并推进电子商务迅速发展，便捷的网上购物越来越成为一种主流的消费方式和购物习惯。王萌是一名刚毕业的大学生，她发现，互联网创业拥有更大的机会和出路并呈现出非常强势的发展势头。于是，王萌回到自己的家乡和几位同学想通过电子商务平台帮助乡亲们销售农特产品。与很多互联网创业者一样，王萌面临着电子商务平台选择、商品发布、店铺推广和客户服务等一系列问题。

## 学习目标

### 1. 知识目标

(1) 了解电子商务平台营销的基本概念、理论和方法。

(2) 熟悉主流电商平台的特点及优势。

(3) 熟悉平台工具的使用方法，了解电子商务平台营销的工作内容。

### 2. 能力目标

(1) 掌握平台的入驻资质与流程，熟悉店铺开设及运营过程。

(2) 能够根据产品信息，提炼商品卖点，完成商品图片及描述的设计制作与上传。

(3) 能够依据标题的书写原则，掌握商品标题的撰写方法及优化技巧。

(4) 能够根据经营情况，对店铺的基本信息进行相应设置。

(5) 能够熟练运用平台工具，灵活策划店铺营销活动。

(6) 能够遵守客服礼仪及行为规范，掌握客服岗位服务技巧。

### 3. 素质目标

(1) 具备创业意识、创新思维。

（2）具备良好的职业素养和爱岗敬业的职业精神。

（3）具备分析问题、解决问题的能力。

# 项目实施

## 任务 1　平台选择与店铺创建

### 任务解析

想要选择适合的电子商务平台，需要了解平台的特点、店铺类型、平台入驻费用、推广费用以及平台信誉等。要开设淘宝店铺，需要通过实名认证、熟悉淘宝规则，需要了解产品发布方式、商品交易及售后流程等内容。通过本任务的学习，学生能够基于平台的特点及优势，结合客观情况，选择出最适合自己的电子商务平台，并做好相应的准备工作。

### 知识链接

随着电子商务发展越来越成熟，各种类型的电子商务平台不断崛起。线下实体开店需要考虑位置、选品、营销等问题，同样，互联网创业也需要选择合适自己的电子商务平台，进行商品发布、推广运营和客户服务等。

### 一、电子商务平台

#### 1. 电子商务平台简介

扫一扫

认识电子商务平台

电子商务平台即是一个为企业或个人提供网上交易洽谈的平台，是建立在互联网上进行商务活动的虚拟网络空间和保障商务顺利运营的管理环境，是协调、整合信息流、物流、资金流有序、关联、高效流动的重要场所。企业、商家可充分利用电子商务平台提供的网络基础设施、支付平台、安全平台、管理平台等共享资源有效地、低成本地开展商业活动。

#### 2. 电子商务平台类型

目前电子商务主要有以下几种类型：

1）B2B

B2B是指企业与企业之间通过专用网络或Internet，进行数据信息的交换、传递，开展商务活动的电子商务模式。它将企业内部网，通过 B2B 网站与客户紧密结合起来，通过网络的快速反应，为客户提供更好的服务，从而促进企业的业务发展。

从行业应用角度来看，可以分为水平B2B电子商务平台和垂直B2B电子商务平台。

（1）垂直模式也称行业性的B2B电子商务平台，由于专注于某一个或一类行业领域，专业型强，因此客户也多是行业内的，即平台具有潜在购买力强、针对性强、可比性强等特点。如中国化工网、全球纺织网等。

（2）水平模式是指这类平台覆盖的行业范围很广，涉及各个行业的B2B电子商务平台。像一个综合的贸易市场，包括原材料的生产加工，各类产品的生产制造及服务的提供等，很多行业都可以在平台上发布、查找供求信息，开展商务活动。这类平台具有跨行业，覆盖信息面广等特点。如阿里巴巴、慧聪网等。

2）B2C

B2C即企业与个人消费者之间进行商品或服务交易的电子商务模式。这种形式的电子商务主要借助于Internet和独立网店系统软件开展在线宣传或销售活动，或者为其他企业提供交易平台，是企业或品牌推广的一种形式。

B2C电子商务模式按商品覆盖品类的多少，可分为垂直B2C电子商务、综合B2C电子商务。

（1）垂直B2C电子商务模式。垂直B2C电子商务是指在某一行业或细分市场深化运营的电子商务模式。垂直B2C电子商务能够满足用户需求，能够提供更加符合消费者的产品或服务。如海尔、华为、小米商城等。

（2）综合B2C电子商务模式。综合B2C电子商务企业产品丰富、规模大、品牌多。如京东商城、天猫商城和亚马逊等，发挥自身平台和品牌影响力，增加商品类别，丰富产品类目，销售产品包括3C数码、化妆品、服装和图书等多品类，而每个品类细化出多个子类目，每个类目又涉及多个品牌的商品。

3）C2C

C2C是消费者与消费者之间的电子商务，即消费者之间通过商务平台实现商品或服务交易的电子商务模式。C2C电商平台为买卖双方提供在线交易的第三方平台，卖方可以自主进行商品或服务展示、宣传与销售，买方进行挑选，购买付款或竞价方式完成交易活动。

C2C电商平台按照运作模式分类，可以分为店铺平台和拍卖平台。

（1）店铺平台。C2C电商企业为买卖双方提供开设店铺的平台。用户在了解和同意平台规则后创建店铺，装修店铺，自主上传发布主营商品，制定价格，推广宣传等。在C2C电商平台开设店铺省去线下实体店铺的租赁等费用，降低了成本。

（2）拍卖平台。C2C电商企业为买卖双方提供网络拍卖平台，卖家将预出售商品的信息发布到平台上，如拍卖品的名称、属性、数量、价格及商品图片等信息，买家登录平台挑选自己想要的物品，出价竞标，这种以竞拍方式进行的交易能让卖家获得较满意的市场价格。

网络拍卖平台与店铺平台之间没有明确的界限，如淘宝网既提供拍卖服务，又可以开设店铺。

## 二、电子商务平台选择

扫一扫

如何选择电子商务平台（上）

对于从事电子商务领域的创业者来说，选择适合自己的平台非常重要，面对众多电子商务平台，商家在选择时需要注意以下几个方面的内容。

### 1. 平台特点及店铺类型

我们应当对平台、店铺有充分的认识，要了解平台的特点和运营规则，不同的店铺需要不同的经营策略。目前国内规模比较大的店铺平台有京东、天猫、淘宝等，平台经营各有特色。

1）平台特点

（1）京东商城。京东集团是一家同时具备实体企业基因、拥有数字技术能力的新型实体企业。截至2021年6月30日，过去12个月年度活跃用户数5.32亿。在线销售计算机、手机及其他数码产品、家电、汽车配件、服装与鞋类、家居与家庭用品、化妆品与其他个人护理用品、食品与营养品、书籍与其他媒体产品、母婴用品与玩具、体育与健身器材以及虚拟商品等。

京东自营店铺的商品大部分从厂家直接进货，源头把控，品质保障。京东开放平台店铺，通过监控货品来源、卖家行为等方式多角度审核，力求为消费者提供高质量的商品或服务。

京东建立了自己的仓储和物流系统。京东提前把各供应商商品运输到各区域仓库，消费者下单以后，系统会自动匹配货舱，在最近的仓库调货，从而实现当日达服务或者次日达服务，保障物流速度。

京东具备完善的售后服务体系。京东自营商品提供特色的售后服务，包括7天无理由退货、售后上门取件、售后100分、售后到家（针对部分商品）、上门换新、闪电退款等。这些特色的优势，吸引了更多的消费者前往购物，同时也吸引了大批商家入驻。

（2）天猫。天猫为阿里巴巴集团旗下业务，是在淘宝的基础上发展起来的，致力服务日益追求更高质量的产品与购物体验的消费者，大量的国际与中国品牌和零售商都已入驻天猫。

天猫商城和京东商城是B2C电子商务的两种典型模式，也是很多商家选择入驻的两个平台。天猫和京东商城有以下不同：

①天猫是一个为买卖双方搭建的第三方电商平台，而京东商城是以自营模式为主兼京东开放平台店铺共同发展的一个电子商务平台。

②天猫没有自己的物流体系，物流主要靠第三方物流商和菜鸟物流系统，如果客户和商家不在同一地域，客户收到货物需要的时间与距离相关。而京东是自建物流，在全国大部分城市都有仓库配送中心，自营商品，基本当日或次日到达，物流配送速度较快。

（3）淘宝网。淘宝网是国内领先的个人交易网上平台，由阿里巴巴集团投资创办，成立于2003年。在短时间内，淘宝迅速占领了国内个人交易市场的领先位置，创造了互联网企业的一个发展奇迹。淘宝的经营范围很广，淘宝上有众多独具特色的主题市场，如鲜花、宠物、农资甚至房产等，能够满足多个领域商家的需求。

随着国内C2C电子商务市场日渐成熟，众多网络创业的成功者先后浮出水面，将国内C2C创业带入高潮期。C2C这种模式不仅能够让个人在网络平台上开店创业，而且能够让个人消费者出售闲置物品。

2）店铺类型

（1）个人店铺。个人店铺有个人、个体工商户两种店铺类型。个人店铺开店并不需要特殊要求，只要上传身份证照片并进行实名认证，再缴纳保证金等就能成功开店；个体工商户还需上传属于入驻人本人的个体工商户营业执照。个人店铺门槛较低，是很多创业人的首选。像淘宝和拼多多等平台可以开设个人店铺。

（2）企业店铺。商家具有企业资质或者营业执照，并能提供相关信息就可以创设企业店铺。像京东、天猫商城等平台可以开设企业店铺。企业店铺分为旗舰店、专卖店和专营店三种类型。其中，旗舰店指以自有品牌或由商标权人提供独占授权的品牌开设的店铺；专卖店指以商标权人提供普通授权的品牌开设的店铺；专营店指同一经营大类下经营两个及以上品牌的店铺。

商家根据自己销售的商品选择重视此类目的电商平台，根据自己的经营资质选择合适的店铺类型至关重要。

2. 平台入驻费用

扫一扫

如何选择电子商务平台（下）

很多电子商务平台出于对产品保障或是经营管理等方面的考虑，会收取一定的入驻费用或保障金等。根据平台的经营方向和影响力等级，费用从几百元到数万元不等。

除京东商城、天猫商城、淘宝网几个平台外，其他电子商务平台，像唯品会、当当等，这些平台的入驻费用也不尽相同。商家要结合自身的情况，选择适合自己情况的、费用合理的电子商务平台。

3. 推广费用

电子商务发展初期，互联网商家较少，竞争小，推广费用不算太高。但随着网络经济的发展，越来越多的商家将目光投向电子商务领域，虽然平台能带来很多流量，但面对众多商家资源还是不够的。在竞争激烈的当下，商家需要购买流量，网店运营推广能够给其带来更多的展现，更多的市场机会。但很多电商平台需要巨额的推广费用，据调查，一些平台店铺的经营成本已经高于实体店铺，这对于中小企业或个人来说很难承受。所以，商家在考虑电商平台时，一定要咨询并了解相关的运营推广费用，选择适合自己的电商平台。

4. 平台信誉

电子商务交易方式的特殊性，使消费者拥有了更多的选择，随着网络信息化的普及，各大电商平台崛起，但随之而来网络欺诈、假货销售、物流迟缓等相关问题不断增多，消费者存在投诉困难、理赔困难等诸多问题。电子商务平台只有坚持健康可持续发展，坚守诚信底线，诚实经营，营造良好的运营环境，提高消费服务水平，才会有更多的访问量。所以，商家一定要考虑那些能够维护正常市场秩序，能够守住诚信底线，保障消费者合法权益，进而推动网络经济健康发展的电子商务平台。

## 三、店铺开设准备工作

扫一扫

店铺开设准备什么（上）

### 1. 创建店铺的准备

下面以开设淘宝店铺为例进行介绍。

要开设淘宝店铺，需要了解以下基本内容。

1）要通过实名认证、开店考试开通淘宝店铺

为保证消费者和卖家双方的信息和资金等各方面的安全，淘宝网采用了严格的实名认证制度，对用户资料真实性进行的验证审核，证明用户的真实身份，保障所有用户的合法权益，同时建立完善可靠的互联网信用体系。而开店考试则是淘宝针对店铺的经营规范、销售的产品类目等内容对新手开店的严格考验，主要是促使新手卖家在开店之前能够认真了解淘宝。

2）需要熟悉淘宝规则

新手卖家在开店之前可以进入淘宝规则频道，了解淘宝相关规则。淘宝从注册账号、创设店铺、产品交易到产品售后的规则条例，大致可以分为总则、淘宝分则及天猫分则等，就个人店铺而言，需要了解的是总则和淘宝分则。创设店铺前期熟悉淘宝规则可以规避一些问题，同时对后期运营中遇到的各种问题会有非常大的帮助。

3）需要了解产品发布方式

淘宝卖家可以通过两种方式出售商品：一种是创设店铺，这需要在通过实名认证和开店考试才能完成；另一种是出售二手闲置商品，即通过闲鱼出售商品，而这种是无须开店即可发布商品，它主要通过“一口价”和“拍卖”的形式出售商品。但不管是通过哪种渠道销售商品，都必须要了解产品发布的流程与技巧，这是网上产品销售非常关键的一步。

4）需要了解商品交易及售后流程

有效促成一笔交易是具有一定技巧性的，而促成一笔交易的因素又是多方面的。比如，产品本身、商品标题、店铺装修、商品描述、客户服务等，每个环节都非常重要。而从这些因素不难发现，很多环节都是从客户体验角度出发的，因此提升客户体验感，提升客户的满意度，可以大大地提高交易的促成率，因而完善的客户服务非常重要。

5）需要了解相关的数据分析工具

数据分析工具可以凭借大量的数据非常客观地分析出产品发展趋势，并且能在一定程度上对其未来的走势进行预估，这对开店做决策是非常有帮助的。就淘宝卖家而言，可以通过“生意参谋”等获取相关的数据。“生意参谋”能够实时监测店铺的成交情况，以及店铺在行业内的经营变化，分析行业热销商品、热卖店铺、买家信息，帮助做好品类管理以及定向营销，通过“生意参谋”获得最新行业热词榜，分析流失顾客，获得在整个行业内的排名情况，了解自己店铺的实力和提升空间，通过分析店铺内的成交、转化率数据，帮助了解店铺整体的运营情况。

扫一扫

店铺开设准备什么（下）

2. 店铺经营内容

店铺经营的内容广泛而复杂，如店铺的每日运营状态、活动的策划、方案的实施以及对团队的管理等。

店铺运营需要在店铺开设以前对相关行业有一定了解，需要调研大量的资料及数据，分析出行业的人群分布、地域分布、消费者特征、消费者购买力、行业的淡旺季、竞争对手的运营状况等。在大量数据的基础上，制定适合自己的运营方案。运营过程中，团队需要具有非常强大的危机处理能力，能够在最短、最快的时间内处理各类棘手的问题，团队成员之间充分的沟通协调，做到任务安排合理，并能够根据团队成员的工作状态及时做出适当的调整，保持团队内部的和谐。团队需要具有一定的数据挖掘能力和数据分析能力，监测业务数据，根据经营情况及时采取应对措施。

店铺运营需要对店铺日常进行维护。比如新产品下单、进仓并协调产品拍摄，店铺模板设计的维护与更新，产品的管理及客户服务等。

店铺运营需要定期进行店铺优化。比如网店页面优化和关键词优化、体系优化等。节假日可以作为店铺的活动日，吸引流量，并为网店页面优化设计提供设计方向、内容及要求，提升店铺成交量的同时，店铺的权重也会有所提升。关键词优化，可以增加引流、提高转化率。

店铺运营要注重推广及营销，要实时关注平台的各大活动，及时报名活动，充分利用相关软件开展营销活动。

3. 人员分工及岗位职责

店铺运营需要的是一个运营团队，而不是一个人把所有的事情都处理好。一个好的团队岗位分工明确、配合默契、彼此协助、共同努力。以下介绍各个岗位的职责。

1）美工设计人员岗位职责

美工设计人员岗位内容包括店铺整体的页面创意设计，美化产品图片及视频，优化商品详情描述，根据不同促销计划或定期制作促销海报宣传图片和页面设计，配合店铺销售活动，结合商品及品牌的特点制作图文并茂、有美感、有吸引力的描述模板，美化修改产品页面，定期更新店铺主页等。

2）运营推广人员的岗位职责

运营推广人员需要做好日常的维护，确保相关功能正常进行，做好网店日常推广工作，稳定增加店铺流量。运营推广人员要能够根据网店营销推广方案，配合运营做好相应的推广活动，实现营销目标，能够根据行业发展动态，制定运营目标及广告投放策略，要熟悉淘宝运营环境、平台交易规则、淘宝站内广告资源等各种淘宝推广经验。

3）客服人员的岗位职责

客服人员要做好售前、售中和售后的客户服务工作，如向客户介绍产品，及时进行客户反馈，提供购买建议，促成交易，协助解决客户遇到的各种问题，让客户拥有良好的购买体验，提高转化率，要组织维护好老客户，提高老客户的成交占比，建立客户档案等内容。

## 任务实施

通过一段时间的学习了解后，王萌发现互联网创业并非想象的那样简单，在开始创业之前，应掌握电子商务创业基本常识，选择适合的网上创业方式，整合所需的各种资源，组建创业团队。王萌及团队一边学习，一边开始了农特产品的电商创业之路。

针对王萌同学的农特产品电商创业项目，本任务完成的是组建创业团队、确定分工及对应的岗位职责以及淘宝平台的个人店铺创建工作。

### 一、确定创业团队的岗位及职责

步骤1：确定网店运营团队的职能部门。网店一般包括网店运营、美工设计、商品管理、网店推广、营销、客服等多个职能。

步骤2：确定岗位人员及其职能。考虑店铺发展阶段及成员掌握的技能、性格特征等多方面因素，王萌及团队商议后，确定了岗位及职能，见表6.1.1。

表 6.1.1　岗位及职能

| 序号 | 岗位名称 | 岗位职能 |
| --- | --- | --- |
| 1 | 网店运营 | 负责计划、组织团队的运营事务，协调团队成员关系，合理安排任务，综合统筹，掌控全局，把控团队方向等 |
| 2 | 美工设计 | 店铺首页、详情页的创意设计，产品图片、广告宣传、视频的美化设计，配合店铺活动，定期更新优化店铺页面等 |
| 3 | 商品管理 | 根据市场销售趋势，定制销售货品，预见市场流行趋势，快速准确下单订货，跟进货品到货周期，分析货品数据，注意商品的动销率 |

续表

| 序号 | 岗位名称 | 岗位职能 |
|---|---|---|
| 4 | 网店推广 | 要能够根据网店营销推广方案，通过直通车、钻展活动等手段，提高店铺流量，增强营销效果同时降低费用。配合运营做好相应的推广活动，实现营销目标，能够根据行业发展动态，制定运营目标及广告投放策略 |
| 5 | 营销 | 负责项目推广定位和主题策划设计工作，通过店铺内部营销和淘宝平台营销活动，增强买家的购物体验，同时增强营销效果，提供店铺转化率 |
| 6 | 客服 | 售前关于商品、快递、价格、店铺活动、支付方式等疑问的解答。售中关于支付流程、备注、快递、发货等方面的问题处理。售后对交易纠纷、异常订单等特殊情况的处理 |

## 二、淘宝平台个人店铺的创建

对网店相关基础知识有一定了解并准备好相关资料后，就可以注册并开通店铺。王萌及团队按照店铺创建的流程，准备好一切相关资料，完成了如下操作过程，成功创建了淘宝店铺。

### 1. 注册淘宝账号

步骤1：打开淘宝网，单击“注册”。

步骤2：填写注册信息。

步骤3：验证身份。可以通过证件验证，或者通过拍摄脸部验证。

### 2. 单击“个人开店”（适用于个人、个体工商户，提供个人身份证、个人支付宝即可开店）

步骤1：准备相关材料。准备好身份证，并做好店铺负责人本人进行扫脸认证的准备。

步骤2：单击“已经准备好，开始开店”。

步骤3：勾选“已阅读并同意协议”，单击“免费开店”，如图6.1.1所示。

图 6.1.1 个人开店

### 3. 开店认证

步骤1：支付宝认证（完成支付宝实名认证，提高账户安全，降低经营风险）。

方法1：去计算机端操作认证（上传身份证正反面照片）。

方法2：手机支付宝扫一扫认证。使用手机支付宝扫一扫，进入认证系统。填写身份证号并按照提示完成人脸识别或银行卡绑定。等待系统完成审核。

步骤2：实人认证（店铺实际经营人完成扫脸认证）。使用手机淘宝或千牛扫一扫，进入人脸识别系统。按照提示内容完成动作。等待系统完成审核，如图6.1.2所示。

4. 完善店铺信息

开店成功，完善店铺信息，如图6.1.3所示。

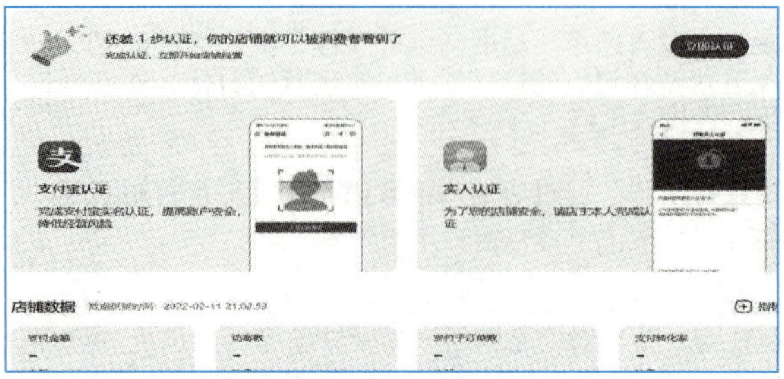


图 6.1.2 开店认证

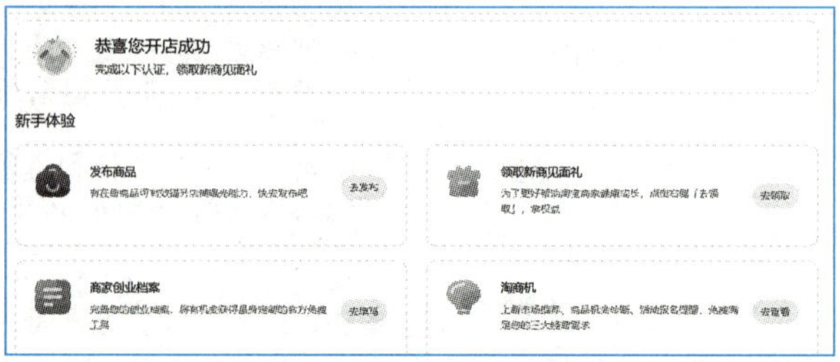


图 6.1.3 开店成功

## 任务 2 商品发布与营销推广

### 任务解析

商品发布包括上传商品主图，确认商品类目，撰写标题，完善商品价格、物流等相关信息内容，并逐一上传。营销推广包括店内营销、平台内推广和全网推广等。通过本任务的完成，学生能够完成商品图片及描述的设计与上传，对店铺的基本信息进行相应设置，能够掌握商品标题的撰写方法及优化技巧；能够熟练运用平台工具，灵活策划店铺营销活动。

### 知识链接

对于网上店铺，买家主要是通过店铺的展示照片和详情来了解商品的，所以网店里的每一件商品，都需要配以多张图片和详尽的描述，尽量从不同的角度对商品进行细节展示和说明。

扫一扫

如何做出好的商品图片

### 一、商品图片及描述设计

商品发布就是发布自己的商品到网店中进行销售。网店中，商品是以图片或视频的形式呈现在消费者面前的，为了使自己的商品更加具有吸引力，商家应充分了解商品，提炼卖点信息，并根据相关内容设计商品图片，然后逐步发布商品。图片和描述的设计既要表述产品的特点，又要体现视觉的艺术感。

1. 图片的设计

1）图片的基本要求

（1）图片的格式、尺寸大小要符合平台的要求。

（2）主体突出，商品清晰，要让人一眼就注意到商品内容。

（3）图片内容完整，干净美观，文字、色彩等各元素和谐搭配。

2）图片设计技巧

（1）提炼卖点。了解、熟悉商品，根据相关信息，提炼产品特点，让消费者第一时间关注到商品卖点，并获得直观的感受。

（2）展示促销信息。让消费者了解商品或店铺的优惠活动，刺激消费者产生购买需求。

（3）图片大小要调整好，符合消费者视觉感受，图片过大会影响页面打开速度。

（4）细节展示。应尽可能展示商品细节，使买家了解产品内容，如实、详细的描述可以消除消费者的购买疑虑，使其对商品产生好感及购买欲望。

（5）使用场景展示。展示商品的应用场景是一种常用的图片设计技巧，通过对商品使用场景的拍摄，可以使消费者直观地了解商品的功能、使用方法等相关属性，强化消费者的购买意识。

（6）合理运用构图技巧。构图技巧可以增加图片的美感，给消费者带来良好的视觉体验。比如，中心分布构图法、对称构图法、黄金分割构图法、X形构图法等，可以让图片更有艺术感，使商品从同类产品中脱颖而出。

3）主图优化

主图优化是视觉营销的第一步，就是要让消费者注意到并点击查看商品，因此主图需要形成视觉冲击，吸引买家，这样就可以为商品带来点击量，为后面的成交打下基础。

淘宝网通常是以商品标题加商品主图的形式展示商品的。商品在通过淘宝SEO优化获得展示后，能不能转变成点击率，主图的质量起着很大的作用。为了更好地优化商品主图，吸引买家点击，可以采用一些优化技巧。

（1）场景优化。以将商品放置到实际使用环境中的方式来展示商品，营造一种特殊的场景使买家产生代入感，提高买家的购物欲望，提高点击率。目前电商平台存在产品超饱和的现象，而大多数的商品主图都具有一定的相似性，如果能快速从相同类型的主图中脱颖而出，成功吸引买家的注意，就具备了主图优势。通常可以通过以下几种方法来营造差异化的环境。

①主图中产品数量、摆放和背景颜色、风格的设计。比如，同样的餐具将其放入整套餐具中。通过有序的摆放场景来进行环境引导，使画面更加有说服力，更容易引起消费者的点击欲望。

②模特的动作、表情、姿势、穿着等的设计。可爱的笑容更容易衬托出服装的小清新；自信的表情可以增显职业装的质感；同类型鞋子，因为模特穿着的姿势不同，鞋子展示的效果也会产生差异。

（2）卖点优化。在竞争如此激烈的当下，要想流量最大化，只凭借美观的图片是不够的，还需要向消费者展示出足够的卖点。卖点通常在详情页中作为比较重要的内容进行展示，但是为了在消费者看第一眼时抓住消费者，也可挑选比较具有代表性的卖点展示在主图中。

由于主图有图片大小的限制，所以卖点需要简练明确。通常情况下，商品价格、性能、质量、特点以及促销信息等可以通过细节图在主图中展示，或通过产品的配套装饰或配件或赠品展示，也可搭配文案展示。展示买家想要了解的信息，需要深入分析目标消费人群的特点，挖掘他们真正的需求。

（3）文案优化。主图与产品的搜索权重也息息相关，不建议频繁更换，所以主图文案设计最好一步到位。主图文案内容都比较简洁，最好能够直击消费者痛点。文案设计在排版、字体搭配、颜色搭配上也有一定要求。

①布局排版。文案有左右排版、中心对称排版、中心围绕、上下排版等排版方式。如果是类似

模特展示服装产品，可以采用中心对称和左右排版方式；如果是不规则产品，则可以采用上下排版和中心围绕的排版方式，具体采用哪种方式要根据图片的实际效果而定。

②文案颜色。文案颜色一般可尽量根据产品颜色来定位，也可以根据行业类别心理诉求来定位。化妆品类的文案设计色彩较为柔美、健康、纯净，画面要注重美感；食品类的文案设计色彩较为鲜明，让人有很强的食欲；电子产品类的文案设计色彩更突出科技创新、新颖。

主图的色彩搭配，可以根据主图内容的需要，选择同色系或者补色系，保持整个主图效果的和谐统一。暖色调的运用可使主图呈现温馨、热情的氛围；冷色调的运用可使主图呈现清凉、高雅的氛围。为了使得整体画面更加时尚、新颖，还可以使用与已经确定颜色类似的颜色作为点缀色，如不同明度的颜色，这样既不会显得画面突兀又能使得作品细节丰富。

### 2. 详情描述设计

扫一扫

如何进行详情描述设计

详情页是文字、图片和视频等多种元素的组合。一个好的详情页要有完整的内容，符合逻辑的展示顺序，要站在消费者的角度，运用一定的表达技巧，让消费者了解到所需的信息。

#### 1）详情页基本内容

（1）活动说明。颜色鲜明、信息突出，将促销产品、组合产品和优惠方式等内容直观展示出来，吸引消费者关注。

（2）商品展示。包括场景展示、细节展示等。根据产品卖点结合素材资料进行图文设计，将色彩、包装、卖点、搭配等效果整体展示，重点突出卖点和细节。

（3）实力展示。包括品牌的历史、资质、荣誉、生产线、销售量等内容。采用图片方式展现原材料的来源，产品的生产、加工过程，品牌的荣誉等，能够增加消费者对产品的兴趣。

（4）温馨说明。包括产品的使用方法、附加说明、商家承诺等，体现店铺的服务态度，使消费者产生好感。

#### 2）详情页优化

商品详情页的好坏，直接影响买家的购买行为和产品的销量。如果详情页的转化效果不佳，就需要对详情页进行优化。详情页优化就是本着诱发消费者购买兴趣，通过产品品质展示，打消消费者顾虑，营造紧迫感的流程引导买家一步步深入关注并购买商品。商品详情页优化内容主要包括页面布局、加载速度、关联营销、添加品牌介绍等多个方面。

（1）详情页布局优化。详情页的布局效果直接决定了买家对商品的视觉感受，好的详情页能够营造出消费者购物环境，极具空间感、舒适感，可以引导买家深入查看详情页信息并做出购买行为。详情页布局优化要考虑详情页的整体布局、图片布局和文案布局等方面。

①整体布局。详情页的整体布局应该遵循统一清晰的原则，即颜色统一、风格统一，版面整洁规范。详情页在内容安排上应具备一定的逻辑性，如在挖掘商品痛点时，应先列出买家关注的痛点，再提出解决方案，引导买家进行阅读。

②图片布局。商品详情页大部分内容都是以图片形式展示的，在布局图片时，尽量做到图片大小统一，整体颜色和谐。色彩是详情页的第一视觉语言，好的色彩搭配可以成功吸引消费者，图片布局不仅可以划分详情页区域，还可以突出重点。

③文案搭配。详情页文案起到描述说明商品的作用。商品详情页文案中文字大小、字体搭配、颜色等设计元素要符合消费者的审美需求，简洁的内容要能准确有效地传递商品信息。

（2）详情页加载速度优化。详情页的加载速度是影响消费者是否购买的一个重要的因素，如果详情页加载时间过长，消费者很可能会直接放弃。移动互联网时代，对页面打开的速度要求越来越高，如果商品详情页图片过多、容量过大，会延长详情页的加载时间，消费者很可能会失去耐心选择离开，就会增加用户的跳失率。

（3）关联营销优化。关联营销是一种常见的店内促销手段，包括商品搭配套餐、商品搭配推荐、促销活动、商品推荐等。在详情页中适当地使用关联营销手段，不仅可以激发消费者的潜在需求，还可以引导消费者关注店内相关商品，提高客单价。在设置关联营销时，建议推荐评价和性价比都较好的商品，或该商品的周边产品。要注意测试产品的组合搭配，阶段性地调整关联营销策略。在设置关联营销时，注意设置商品的跳转链接，方便买家在查看关联商品的同时快速了解商品的属性、特点、价格等内容。

（4）添加品牌介绍优化。品牌介绍可以传递商品价值，增加商品可信度，适度的品牌介绍可以建立与消费者间的情感联系，还可以增加商品曝光度，让更多人了解和记住品牌。如果商品有良好的品牌文化，或者具有一定的品牌知名度，也可以在详情页中添加品牌的相关信息。通常选择优质的商品图片，搭配可以体现品牌风格和特色的简单文案即可。

任何商品图片及描述信息必须真实有效，如果商品内容上存在虚假的信息，而消费者通过其他途径能够了解到产品的实际使用功能，那么消费者将会维权且不会再通过网店购买任何产品。店铺出现虚假的介绍内容，会让网店经营安全直接受到严重的影响。任何针对产品的介绍必须真实有效，只有不断提高网店的诚信度，才能够吸引更多的消费者进入到网店进行消费。

## 二、商品标题撰写技巧

扫一扫

如何进行商品标题撰写

一个好的标题要准确地体现产品信息，能够引导消费者产生购买欲望；要符合平台搜索引擎的检索规则，提高商品被搜索到的概率，增加曝光和展现的机会。

### 1. 标题撰写技巧

商品标题由关键字按照一定的顺序组合而成。根据顾客的搜索习惯和消费需求，将属性关键字、促销关键字、品牌关键字和评价关键字等组合在一起，要把商品的核心卖点表达出来，标题要具有吸引力。下面是撰写标题的一些技巧。

（1）充分利用。要符合平台的标题字数要求并充分利用。如淘宝规定商品标题不能超过60个字符即30个汉字，在理想的情况下，关键字越多越容易被检索到，商品曝光率越高。

（2）清晰准确。商品标题要准确清晰地表达相关信息，不能让人产生误解。如“大码纯棉女装衬衫”，商品特点和卖点都很清晰，消费者轻松读懂。

（3）体现价格。价格是商品销售的敏感因素，也是买家关注的内容之一，标题中如果体现一些价格优势或促销活动，如“清仓”“特价”，会刺激消费者产生购买行为。

（4）体现渠道。如“原厂直销”“海外直邮”“原材料产地”等关键字在标题中体现可以使消费者对产品有进一步的了解，提升产品的转化率。

标题撰写需要规范也需要技巧，除了以上关键字，店铺的信誉、售后服务、成交记录等关键字都可以增加消费者的购买意愿，如“全国联保”等。

2. 标题优化

很多商家按照商品信息、消费者需求等因素写好的标题，一段时间后，带给商品、店铺的流量越来越少，可能是因为缺少了当下检索率较高的关键字，因此，标题需要定期优化，需要关注各个关键词的点击率等相关因素，去掉效果不好的关键词，增加阶段性的热搜词。标题优化可以提高商品的排名，增加展现量。

首先，要找到买家常用的关键词，通过相关软件查找并下载关键词，如生意参谋，也可以通过淘宝网的其他途径来查找关键词，如淘宝搜索框下拉关键词查找、类目查找、在淘宝搜索结果页中查找、通过淘宝系统推荐关键词查找、通过淘宝网排行榜查找等。

对查询到的关键词进行分析，为了避免与他人商品标题重复，对重复、违规、不相关等无效关键词进行排除。收集到关键词后，除了排除无效关键词外，还需要对剩余的关键词进行分析，以便于筛选出针对目标消费人群的有效关键词。再将这些关键词重新组合，使其符合搜索引擎和买家的搜索需求，进而提高店铺商品在搜索结果页中的展示排名。

扫一扫

如何制定商品价格

## 三、商品价格制定方法

店铺商品定价要谨慎。很多人认为价格越低越好，但这样很可能会陷入价格战的误区，如果利润太低，商家很可能会降低商品或服务的质量，而买家也会对商品产生疑虑。对于同类产品，在很短时间内价格不要有太大波动，尤其是降价，会使消费者有不好的购物体验。合理的定价才可以让店铺获得较高的利润。

1. 定价策略

1）产品组合定价策略

产品组合定价是指店铺里相互关联的产品组合起来定价。包括系列产品定价策略、互补产品定价策略和成套产品定价策略。产品组合定价策略能够提高组合商品的销售量，是一种很好的定价方法。主要有以下几种形式：

（1）搭配定价。将多种产品组合成一套定价。

（2）系列产品定价。将不同级别、款式、规格、颜色的产品差别定价。

（3）主导产品定价。主导产品价格不变，变化不同搭配商品价格。

（4）附加品差别定价。根据客户选择附属品不同，而区别主导产品价格。

2）产品生命周期定价策略

（1）新产品定价。由于产品刚刚投入市场，许多消费者还不熟悉产品。为了更快地占领市场份额，根据不同的情况可以采用高价定价法、渗透定价法和中间定价法。对于生命周期较短的商品可以采用高价定价；对于市场稳定、有很大潜力、能够长期获得利润的商品，可以采用渗透定价。

（2）成长期定价。产品进入成长期，店铺的访问量、转化率不断增加，销售量增长，利润可观。这阶段要加大店铺销售能力，适当调整定价策略，保持良性发展态势。

（3）成熟期定价。产品进入成熟期后，市场需求基本饱和，竞争激烈，销售量有下降的趋势，此时，如果店铺的商品卖点突出，特色鲜明，那么可以维持原来的定价策略；如果商品没有什么吸引力，那么可以适当降低商品价格，保持竞争优势，维持销售量的稳定或进一步增加。

（4）衰退期定价。产品进入衰退期后，市场已经出现很多的替代品，需求和销售量开始大幅度下降，利润也日益缩减。这个阶段常采用维持价格和降低价格的方法。

### 2. 定价方法

#### 1）成本加成定价法

成本加成定价法是按产品单位成本加上一定比例的利润制定产品价格的方法。即将所有成本加在一起，加上利润得出商品价格。这是很多商家常用的定价方法。

#### 2）市场定价法

市场定价法是指参考市场上的价格，结合自身优势，制定商品的价格的方法。市场上很多商品，销售价格稳定，已经形成习惯，更多反映出产品的价值而不是价格，所以参考行业定价，找到合适的价格十分重要。

#### 3）心理定价法

（1）尾数定价法。尾数定价价格制定是以零头数结尾，被称为非整数价格，使用户在心理上有一种便宜的感觉，或者是价格尾数取吉利数，从而激起消费者的购买欲望，促进商品销售。

（2）小单位定价法。小单位定价会让消费者心理上感受到商品价格较为便宜的感觉。小单位定价也能满足消费者不同场景或不同需要，如小单位包装的茶叶、化妆品小样、小包装食品等。

## 四、营销推广

扫一扫

如何进行店铺内营销

在如今竞争如此激烈的市场环境下，不管经营哪一种类型的店铺，商家都在想方设法地使用各种营销推广方法及手段，来引进流量、促进成交量。营销推广通常包括店铺内营销，平台内营销和全网营销。

### 1. 店铺内营销

店铺内营销是网店运营时必不可少的一种营销策略，是指通过适当让利给消费者，以追求更多利润的一种营销方式。通过满减、满赠、满折、秒杀、包邮等优惠方式刺激新顾客下单，促进二次购买，提高复购率。能够使流量、转化率和客单价得到提高，增加竞争力，抢占更多的市场份额。还可以增加消费者对产品的认知，提高产品的人气，让产品快速进入市场。

#### 1）满减

满减是一种打折手段，即消费达到一定金额以后，减去相应优惠的部分金额。如满100元减10元。满减分为阶梯满减和每满减。阶梯满减是指按消费的阶梯额度设置相应的满减值，消费额度越高满减值越大，可以引导客户提高单次购买金额，如满100元减15元、满200元减45元、满300元减60元等；每满减是指消费每达到一个额度则满减固定值，如每满100元减10元。

#### 2）满赠

满赠是指消费达到一定额度或件数，则赠送相应商品给客户。分为满额赠和满件赠。对于赠品的选择，各个电商平台有不同的要求。有些平台的赠品不对外销售，因此将赠品也作为一个商品类型，仅用作赠送活动使用；而有些平台则是将正常售卖商品作为赠品赠送给客户。

3）满折

满折分为满额折、满件折和阶梯满折。满额折是指消费达到一定额度，即可享受相应折扣，如满200元享8折；满件折是指消费达到一定件数，即可获得相应折扣，如满2件享7折；阶梯满折是指按消费的阶梯额度或购买件数享受相应的折扣，如满200元打8折，满400元打6折，满2件享7折、满3件享6折等。

4）搭配套餐

搭配套餐即将几件商品组合为套餐一起销售，也称关联销售。搭配产品的选择是关键，要搭配有一定关系的产品，不要设置太多关联商品，本着热销品带动低销品的原则，提高整体利润。搭配产品的相关性包括互补相关、替代相关和潜在相关等。

（1）互补相关。互补相关强调搭配的商品和主推商品的直接相关性，如主推商品为键盘，那可以搭配鼠标、键盘膜等同场景产品。

（2）替代相关。替代相关指主推商品和关联商品可以完全替代，如主推商品为防晒霜，那么关联产品可以是帽子，也可以是防晒伞等。

（3）潜在相关。潜在相关重点强调潜在互补关系，不具备直接性，适用于多类目、综合性的店铺。如主推商品为泳衣，那潜在关联的商品可以为防晒霜。虽然泳衣和防晒霜没有直接关联，但如果在户外游泳，防晒就很关键。

5）秒杀

秒杀是指通过超低价、限时、限购、限量来销售产品的一种促销方式。秒杀需要事先与消费者约定销售时间、销售价格、销售数量等信息，引导消费者提前关注或收藏，通常情况下，在活动开始前的1～2 min，很多消费者都会在活动开始页面不停地刷新，以抓准时机抢购产品。通过这种“预约”的形式快速聚集人气，引爆流量，适当地对流量进行引导，形成产品的连带销售，最大限度地形成流量转化。

秒杀活动是一种限制性的促销活动，一般包括限时、限量和限价三种类型。限时是指在活动开始前与消费者约定秒杀的时间，而且时间一旦确定不能更改，时间上要尽可能选择整点秒杀，如上午9:00、上午10:00等，且在一段时间内的每个整点都有产品参与秒杀活动，引导消费者在不同的时间点进入店铺，持续活动的热度；限量是指控制参加秒杀活动的产品数量，力求保证消费者既能抢购到产品，又不会因为产品数量太多而造成廉价的感觉；限价指产品的折扣价格，折扣一定要非常低，使消费者产生不购买就吃亏的感觉，这样才能最大限度地激发消费者的购物热情，如1折秒杀、1元秒杀等形式。

扫一扫

如何进行平台内营销（上）

2. 平台内营销

平台内营销就是利用电商网站提供的营销工具或参加平台活动的营销方式。

1）推广工具营销

各大电商平台都量身打造了专属的推广方式，推出一系列的营销推广工具。如淘宝的直通车、钻石展位，京东的京东快车等。

（1）直通车。直通车是为淘宝卖家量身打造的一款付费的推广方式。买家可以通过点击直通车推广位置的商品进入详情页，产生一次甚至多次跳转流量。淘宝直通车通过设置关键词来推广商品，淘宝根据用户搜索的关键词在直通车展位显示相关商品，如买家点击商品则产生流量，淘宝网通过直通车流量的点击数进行收费。如果买家通过这次点击继续查看店铺其他商品，即产生多次跳转流量，从而形成以点带面的关联效应。

在如今电商行业竞争越来越激烈的环境下，通过一般的店内推广手段，很难与其他竞争者拉开差距，直通车的推广效果非常直观，能够降低推广的成本，能够有效地提高商品曝光率，增加店铺流量，能够提高店铺的人气和销量，提高店铺的整体运营能力。因其精准的定位、点击付费等特点，很多卖家选择通过直通车来打造爆款商品，建立竞争优势。

直通车的推广原理：卖家设置关键词，直通车匹配关键词给买家，买家点击商品产生流量。卖家设置关键词，将商品推荐到搜索该关键词的目标客户的搜索页面。当买家在淘宝中搜索该关键词时，该商品就可能出现在淘宝直通车中的展示位置，直通车展示免费，点击计费。当买家在直通车推广位置单击展示的商品图片进入商品详情页时，系统会根据推广时设定的关键词或类目进行扣费。其单次点击扣费公式为：单次点击扣费=(下一名出价×下一名质量分)/本人质量分+0.01元。直通车的扣费最高额度为卖家设置的关键词出价。当公式计算得出的金额大于出价时，将按照实际出价进行扣费。通过公式可以知道，卖家的质量分越高，需要付出的单次点击扣费就越少。因此，质量分越高，直通车排名越靠前，所需要付出的推广费用也将越少。关键词出价是指卖家在进行关键词竞价时设置的价格，也就是买家点击直通车推广展位的链接查看商品时的最高价格。关键词出价越高，直通车的排名就可能越靠前，直通车的排名越靠前，展示就越靠前。

（2）钻石展位。钻石展位是淘宝最具特色的广告展示平台，是精准的广告投放工具，是通过创意的图片来吸引买家。消费者打开网页，一眼就会注意到展位上的广告，商家可以通过钻石展位更好地推广自己的产品或店铺，提高品牌的影响力。钻展是依托淘宝对海量用户的行为进行大数据分析，寻找出某种类型产品的潜在意向用户，并通过钻展广告将商品展示给该部分用户的一种定向推广方式。

钻石展位推广可以在淘宝首页、天猫首页、移动端等站内资源位和各大视频、门户、社区网站等全网优质流量资源投放广告。钻展推广与直通车推广不同，钻展可以定向的人群更多，可采用群体定向、访客定向、兴趣点定向和DMP定向等多种定向方式，实现营销目标。

钻石展位的竞价原理：钻石展位有按展示付费（CPM）和按点击付费（CPC）两种方式。CPM是指按照广告创意每1 000次展现计费、即如果出价7元，广告展现1 000次收取7元。该方式按照竞价高低进行排名，价高者优先展现，出价最高的预算消耗完后，轮到下一位，依此类推，直到该小时流量全部消耗，排在后面的可能无法展现。按照CPM出价的规则，能获得的总流量=总预算/CPM千次展现单价×1 000，通过公式可以知道，在同样的预算下，千次展现单价越高，获得的流量反而越少，所以要在保证出价展现的基础上，合理竞价。CPC是指广告创意按照用户点击次数计费。采用CPC出价时，系统会先将CPC出价折算成CPM出价，CPM出价=CPC出价×预估CTR×1 000，计算后的结果再与其他CPM出价进行混合竞价。

（3）京东快车。京东快车是京东打造的一款推广工具，通过对搜索关键词或推荐广告位出价，将推广的商品、活动或店铺展示在京东站内丰富的广告位上。与京东直投、京选展位、京挑客的收费模式不同，京东快车是按照点击或展现次数收费，通常费用较高。京东快车可以根据顾客的搜索习惯、购物行为、区域信息等精准定向，智能推荐行业热词及其相似商品关键词，并提供否定词管理功能，便于多维度选择关键词，能够预估类目及关键词的出价等，快速触达目标客户，提升转化率。

扫一扫

如何进行平台内营销（下）

#### 2）营销活动

除了推广工具外，电商平台提供了很多的活动。比如节假日促销，如“双十一”“双十二”“618”，或者日常的营销活动，如淘宝的聚划算、淘金币，京东秒杀等。活动营销的方法很简单，只要店铺满足活动要求即可报名参加。活动营销方式对店铺的日常运营有着重要的作用。

（1）聚划算。淘宝聚划算是阿里巴巴集团旗下的团购网站，是淘宝网的二级域名。淘宝聚划算用户流量非常大，具有非常可观的营销效果。聚划算作为淘宝网非常火爆的营销平台，具有引爆流量、品牌推广、关联营销、打造爆款等多重作用，因此很多卖家可以在其官网首页进行报名，参加团购活动，为自己的店铺在短时间内带来大批的用户。

聚划算作为淘宝的一个优质团购平台，对招商商品的要求较为严格，除了基础招商标准外，还对不同类目的商品做出了不同的要求。参加聚划算活动的商家或产品，必须同时符合或高于其制定的标准才可以报名。因此商家在报名参加聚划算相关活动时，必须提前做好选品准备。可以通过数据分析工具，如生意参谋，先分析行业情况，再分析自己店铺的商品情况，选择合适的商品报名活动。

选品时，首先要考虑价格因素，要分析当前类目下同类商品的主要成交价格和平均价格。比如某商品成交量最高的价格区间是70～120元，平均价格为81.5元，而价格在70～81.5元的商品更容易成功报名参加活动，也就是说低于行业均值的价格更容易报名成功。还要分析商品是否具有热销属性，是否呈现某种流行趋势，这些类型的商品就容易被消费者接受。选品时选择转化率较高的优势商品作为活动商品，更容易带动销量。参加活动的商品，一定要保证稳定的库存，如库存不足或发货时间无法保证，活动平台将按照规定取消卖家的活动资格，还会限制卖家下次报名活动的时间，同时还会有一些赔偿等惩罚措施，会对店铺权重产生不好的影响。所以，商家要做好充足货源和及时发货准备。

（2）淘金币。淘金币是淘宝网非常大的流量营销平台，具有UV（独立访客）量高、用户黏性好、转化率高、成本低廉等特点。淘金币是淘宝网的一种虚拟积分，是淘宝用户的激励系统和通用积分系统。淘宝平台向活跃的高质量用户奖励金币，买家在提供抵扣的商品交易中使用金币获得折扣，卖家在交易中获取金币，并通过支出金币来获得平台流量，来提升店铺用户黏性。

### 3. 全网营销

全网营销即选择合适的渠道进行的站外营销。微信、微博、直播平台、短视频平台、论坛、淘宝客、搜索引擎等都是很重要的营销渠道。站外推广避免将商品局限在一个销售平台上，给商品或店铺带来流量，提高了曝光率。

#### 1）淘宝客

淘宝客是指通过互联网帮助淘宝卖家推广商品，并按照成交效果获得佣金的人或者集体。淘宝客支持按单个商品和店铺的推广形式，可以针对某个商品或者店铺设定推广佣金。佣金可以在一定范围内任意调整，较高的佣金设置将会迎来更多的推广者。它是一种后付费业务，淘宝客只要从淘宝客推广专区获取商品代码，任何买家经过淘宝客的推广（链接、个人网站、博客或者社区发的帖子）进入淘宝卖家店铺完成购买后，淘宝客就可获得到由卖家支付的佣金。推广展示和点击推广全都免费，只有在交易完成之后才支付淘宝客佣金，并能调整佣金比例，能够灵活控制支出成本，是卖家常用的一种推广方式。

参加淘宝客推广有如下两种方法：

方法1：进入淘宝网，登录淘宝账户，点击“我的淘宝”→“卖家中心”→“营销中心”→“我要推广”→“营销入口”→“常用链接”→“淘宝客推广”进入，会查看到一份协议，仔细阅读后需要确认支付宝代扣款协议，输入支付宝账户和密码，确认协议后即可参加推广。

方法2：在淘宝联盟网站首页登录，选择淘宝会员登录，使用淘宝的账户和密码登录，进入后单“我是淘宝联盟卖家”（进入如提示要补充邮箱、昵称及手机号请根据提示补充），单击“账户”—“加入淘宝客”，就会看到相关参加推广的协议，需要确认支付宝代扣款协议，输入支付宝账户和密码，确认协议后即可参加推广。

佣金设置规则：卖家可以随时在佣金范围内调整主推商品、店铺各类目的佣金比率。买家从淘宝客推广链接进入起15天内产生的所有成交均为有效，淘宝客都可得到由卖家支付的佣金。如果掌柜退出淘宝客推广，退出后15天内推广链接仍有效，用户在此期间点击推广链接拍下商品后仍旧计算佣金。淘宝客推广是整个店铺均参加推广，推广单件商品的时候，通过这件商品，也有可能为店铺别的商品带来成交，所以还需要支付为其他商品带来成交的佣金，也就是如果买家通过淘宝客推广链接直接购买了这件商品，按照该商品对应的佣金比率结算佣金。如果买家通过淘宝客推广链接购买了店铺内非主推的商品中的其他商品，按照店铺各类目统一的类目佣金比率结算佣金给淘宝客。

#### 2）微信营销

微信拥有庞大的用户群，不受营销距离的限制。借助移动终端和位置定位等优势，微信个人用户可以通过微信订阅自己所需的信息，商家可以通过提供用户需要的信息来推广产品，从而帮助商家实现点对点精准化营销。

（1）微信朋友圈内容营销。微信个人营销可以看作微信朋友圈营销，其营销的对象是关注了自己的好友，因此，拥有足够多的好友非常重要。经常与好友进行互动，来增加自己的曝光率，注意保持礼貌和适当的频率，不要发布虚假广告和无意义的信息。还可以设计互动活动，如转发、点赞、试用、评论等，使其主动配合，扩大营销效果。

（2）公众号营销。微信不仅仅是一个社交工具，更是一个商业宣传的工具，特别是微信公众号的推出，更是将宣传作用体现得淋漓尽致。微信公众号主要包括服务号、订阅号、小程序和企业微信四种类型，每一种类型的功能、特点及使用方式均不相同。用于营销的公众号一定要选择最适合自己的公众号类型，才能达到预期的营销推广效果。

#### 3）微博营销

微博营销是指商家、个人通过微博平台为用户创造价值的一种营销方式。微博的用户数量非常庞大，发布信息和传播信息的速度都非常快。通过更新微博内容，发布粉丝感兴趣的话题，可以与粉丝保持良好的交流互动，微博上的每一个活跃粉丝都是潜在的营销对象。微博营销是一种基于粉丝基础进行的营销。企业用户可以通过微博向粉丝传播品牌信息、产品信息，树立良好的企业形象。个人用户也可以通过微博打造个人品牌，开展各种营销活动。

4）直播营销

直播营销是以直播平台为载体，通过现场展示的方式更加立体化地展示企业文化，传递品牌信息、开展各种营销活动，与消费者展开更加直观的互动。通过营造场景的方式，对产品和品牌进行营销，消费者可以提出自己的疑问和要求，主播可以现场解答疑问，信息的展示更加直观、真实，互动更加紧密。直播营销是目前的主流渠道营销方式之一。

## 任务实施

王萌在成功创建店铺的基础上，现阶段需要将店铺信息进一步完善，管理并运营好店铺。本任务完成的是商品发布和店铺运营推广的相关工作。其中，商品发布包括商品主图上传、价格制定、标题的撰写等相关信息的完善。

### 一、商品的发布

步骤1：登录淘宝网。王萌使用淘宝账号登录淘宝网，然后，单击“千牛卖家中心”。在“商品”菜单栏，单击“发布宝贝”，如图6.2.1～图6.2.3所示。

图 6.2.1　登录淘宝网

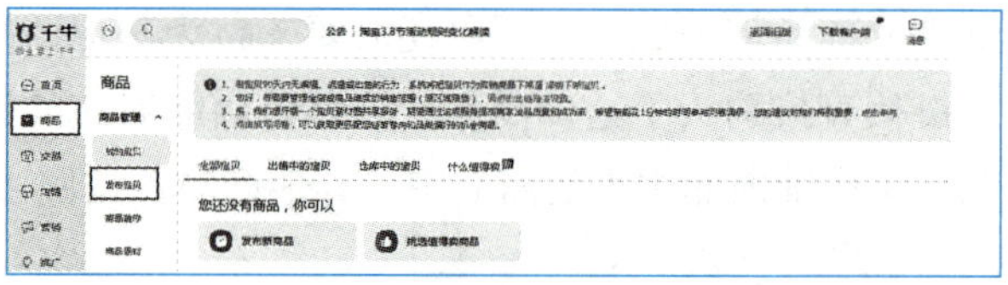

图 6.2.2　发布宝贝

步骤2：上传商品主图。单击“添加上传图片”，单击“上传图片”，单击“上传”依次添加主图。王萌及团队成员将设计制作好的产品图片，分类存储，逐一上传。单击“进入图片管理”可以删除、管理图片，如图6.2.4～图6.2.6所示。

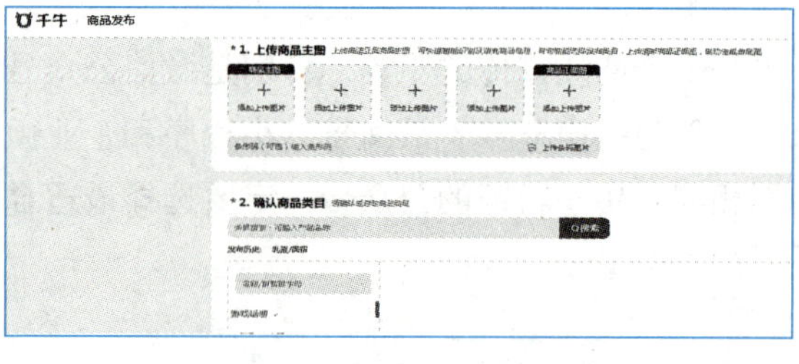

图 6.2.3　商品发布

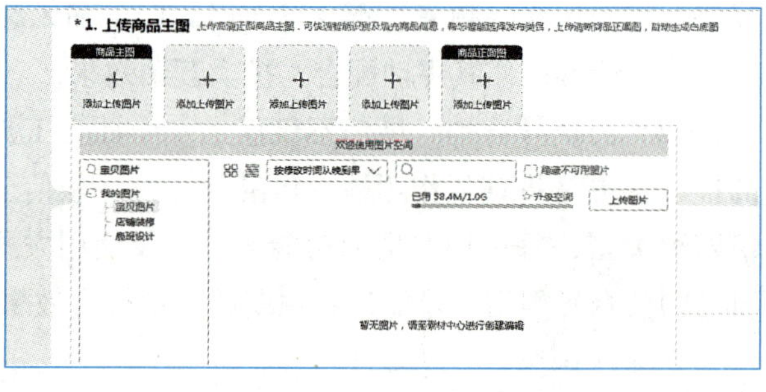

图 6.2.4　添加上传图片

步骤3：确认商品类目。王萌发现可以通过两种方法来确认商品类目。一种是输入商品名称，系统会自动匹配相关类目；另一种方法是王萌自行逐级选择商品类目。类目确定后，下方的“商品品牌属性”可以选择填写，填写后可增加导购和搜索机会，可发布后继续优化，品牌可以申请自有品牌，填写完毕后单击“确认类目，继续完善”，如图6.2.7和图6.2.8所示。

步骤4：完善商品信息。以商品“榛子”为例，当前类目为：零食/坚果/特产>>山核桃/坚果/炒货>>榛子，王萌还需要完成“基础信息”、“食品安全”、“销售信息”、“支付信息”、“物流信息”和“图文描述”的信息内容，如图6.2.9～图6.2.15所示。

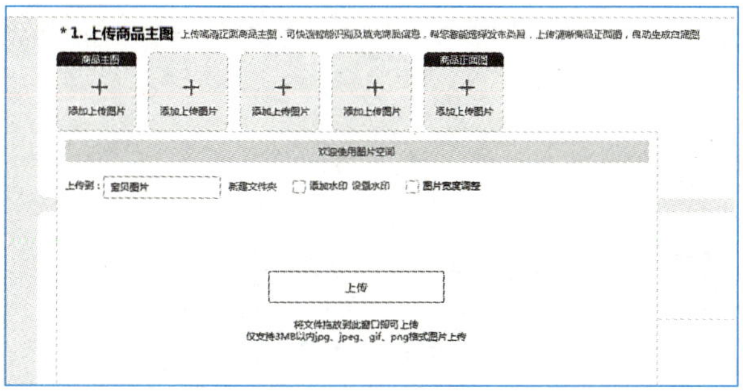


图 6.2.5　上传图片

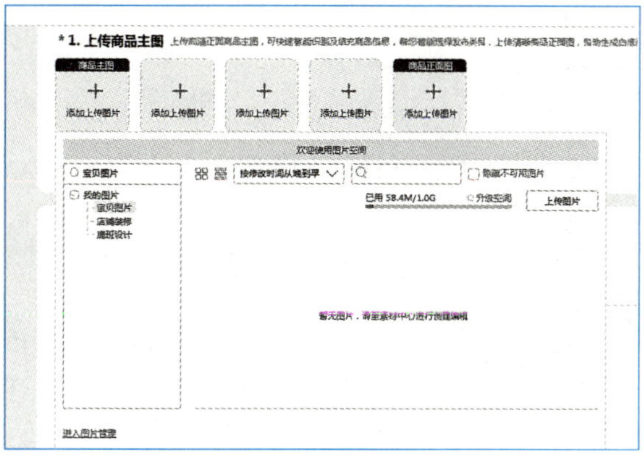


图 6.2.6　上传商品主图

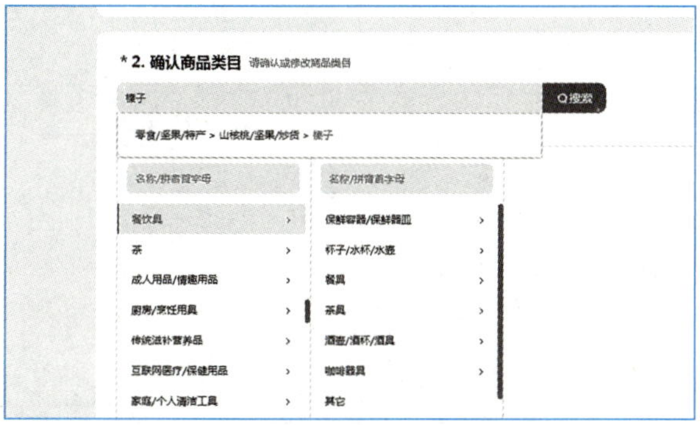


图 6.2.7　确认商品类目

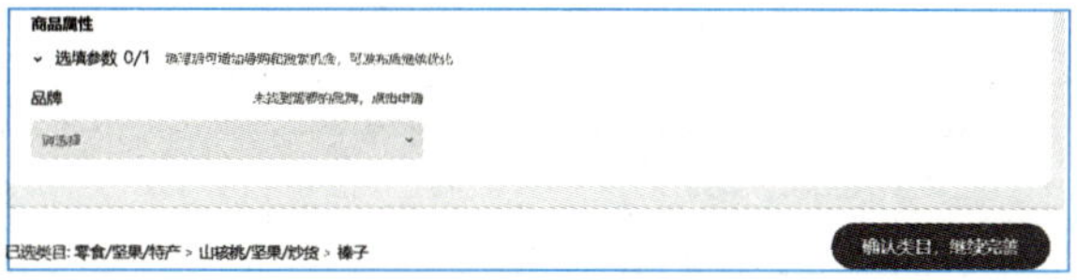


图 6.2.8　填写商品品牌属性

步骤5：提交信息。王萌及团队成员完成上述操作步骤，单击提交信息，商品发布完成，如图6.2.16所示。

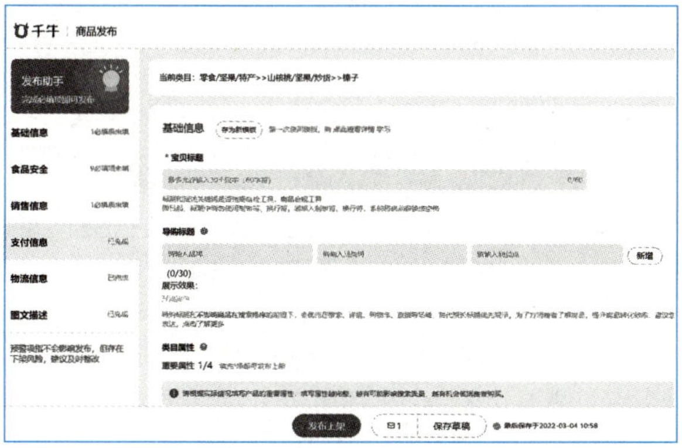


图 6.2.9　完善商品信息

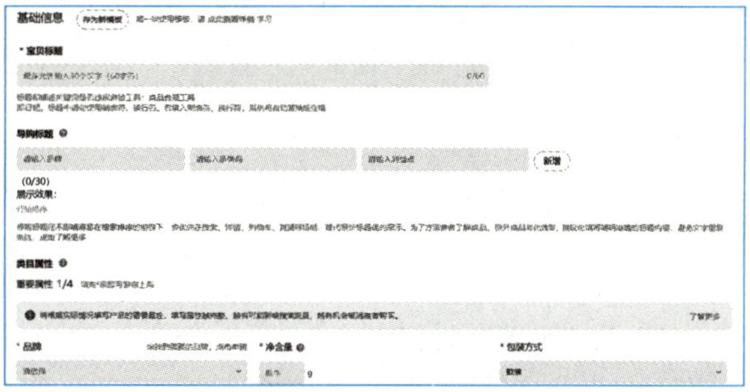


图 6.2.10　基础信息

图 6.2.11　食品安全

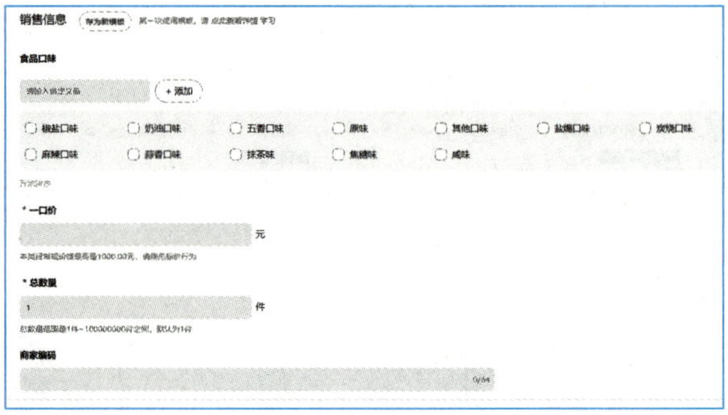


图 6.2.12　销售信息

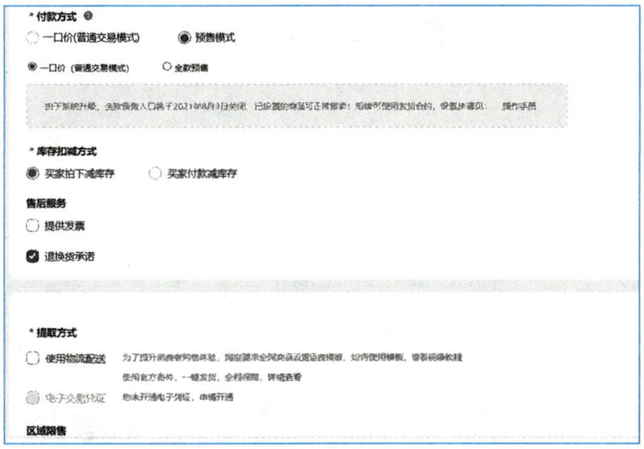


图 6.2.13　支付信息

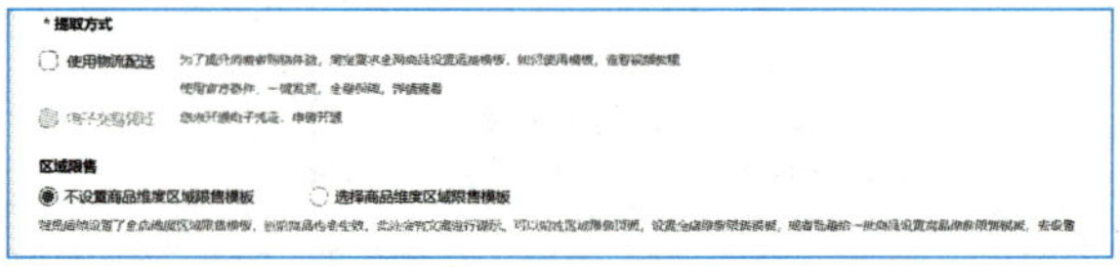


图 6.2.14　物流信息

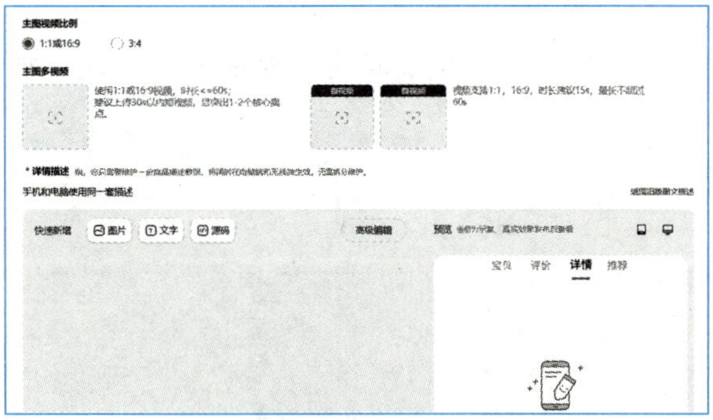


图 6.2.15　图文描述

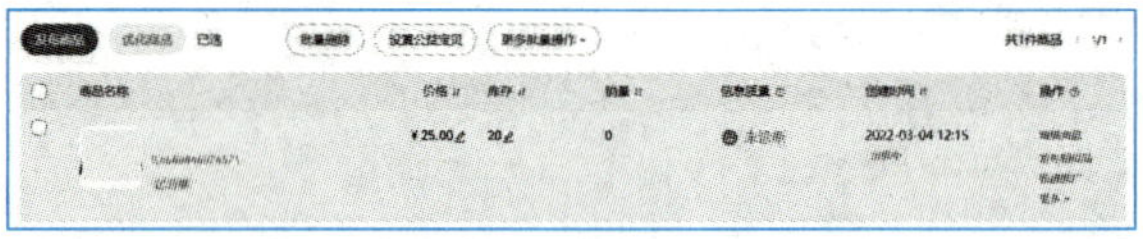


图 6.2.16　商品发布完成

## 二、店铺运营推广

商品上传发布后，需要设置店铺内的营销活动，或参与报名淘宝平台的营销活动，来引进流量、促进成交量。王萌及团队设置了满赠、满减、秒杀等店铺营销活动，在店铺运营推广方面则采用了以直通车推广和极速推广为主的推广方式。

### 1）直通车推广

步骤1:推广方式选择。王萌发现有智能推广和标准推广两种方式，如图6.2.17所示。

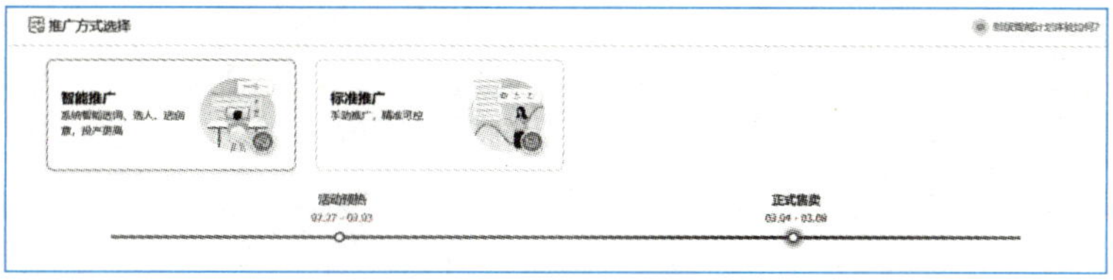


图 6.2.17　推广方式选择

智能推广是直通车提供智能托管的功能，只需要进行简单的计划设置，即可开始推广，系统根据选择的商品或者趋势词包，智能匹配高品质流量。

标准推广是根据不同的营销诉求，在直通车通过自主选择关键词、精选人群、创意进行投放，同时系统也会提供推荐方案，帮助实现投放效率的优化。

步骤2:营销目标选择。淘宝直通车营销目标包括日常销售、趋势明星、活动引流、周期精准投和均匀测款。不同的目标效果不同，王萌及团队根据店铺现阶段情况选择“活动引流”为当前的营销目标，如图6.2.18所示。

图 6.2.18　营销目标选择

（1）日常销售：以提升成交为目标，选取高转化词和人群，辅助最大化转化出价。

（2）趋势明星：大数据挖掘当下趋势，抢占热度飙升的洼地流量，弯道超车。

（3）活动引流：活动期快速获取流量，挖掘活动兴趣人群，助力活动期效果提升。

（4）周期精准投：全店货品优选，周期预算平滑投放，坚持投放，获取超高投产比。

（5）均匀测款：快速均衡流量分配给测款商品，快速掌握测款数据。

步骤3：单元设置。单击“添加宝贝”，在新页面中选择商品，单击“确定”完成单元设置，如图6.2.19和图6.2.20所示。根据商品的属性及当前所处的阶段，系统匹配了对应的营销场景，可在首页左侧营销场景入口进行不同营销场景的商品管理。

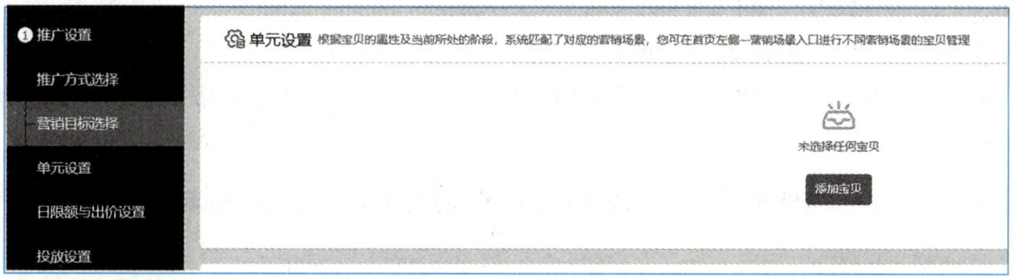


图 6.2.19　单元设置

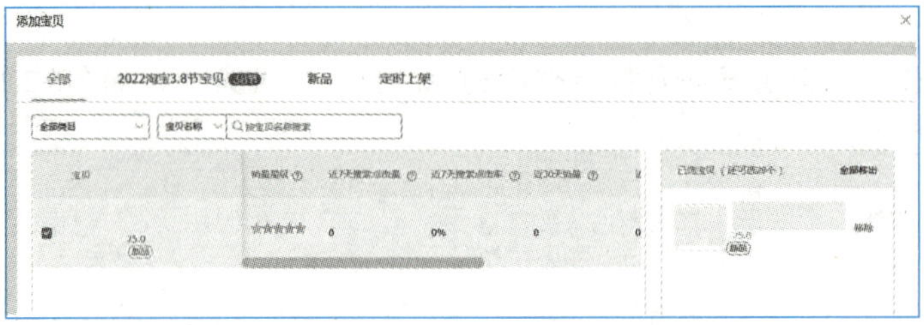


图 6.2.20 添加宝贝

步骤4：日限额与出价设置。选择出价方式，智能调价或者放量优先。关于出价，王萌有两种选择：一是平台会根据店铺选择商品的历史表现，以及在类目中的竞争情况，做出建议出价；二是王萌自行设置限额与出价，包括预计连续投放7天可获得点击量、限额周期、设置预算等，如图6.2.21所示。

图 6.2.21 日限额与出价设置

步骤5：投放设置。填写推广计划名称，设置投放位置、地域和时间，还可以添加希望关注的核心词，系统会根据商品的情况匹配合适的流量，如图6.2.22所示。

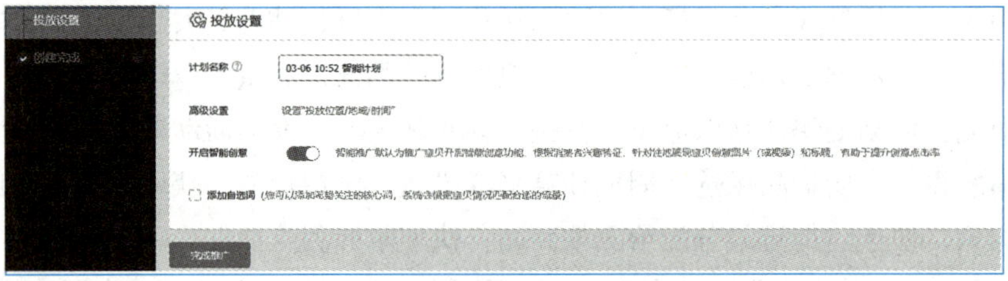


图 6.2.22 投放设置

投放位置如下四种：

（1）手机淘宝通用搜索：手机淘宝App搜索综合排序。

（2）淘宝网搜索：计算机设备淘宝网搜索结果页。

（3）销量明星:手淘搜索销量排序，精准触达销量敏感人群；爆款卡位，高点击高转化；引流拉新，稳定销量。

（4）站外优质媒体：站外引流，触达更多淘外潜在意向人群；站内外联动，沉淀淘外人群资产；多渠道曝光，流量加倍。

销量明星作为一个高效推广的渠道接入标准计划，商家有两种途径添加销量明星渠道：新建计划时，在“投放位置/地域/时间”中选择“销量明星”渠道，如图6.2.23所示。系统默认投放销量明星渠道，若不想投放该渠道，可手动去掉；对于已建计划，直通车后台设置多个触点，可在计划列表/营销雷达等投放建议中批量设置，一键加入销量明星。

投放地域是根据该计划内想主推的商品品类在各地区的搜索、成交、转化表现，选择希望投放的区域。可以当前设置，也可以新建地域模板方便日后操作，如图6.2.24所示。

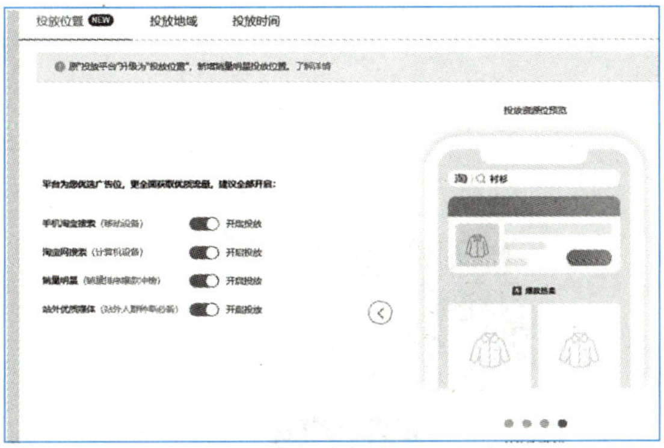


图 6.2.23　投放位置

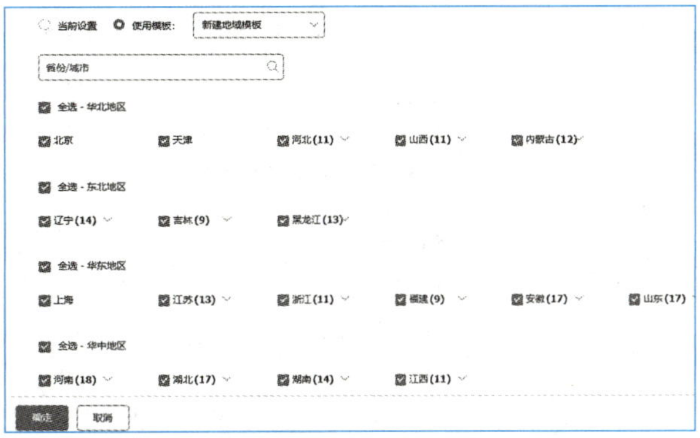


图 6.2.24　投放地域

投放时间，考虑商品在不同时段流量和转化可能有所不同，可以针对各时段设置不同的折扣出价，提高流量利用效果。可以参考行业模板或者自定义设置，如图6.2.25所示。

步骤6：单击“完成推广”。至此直通车推广计划完成。

2）极速推广

步骤1：打开推广界面。首页单击“千牛卖家中心”，单击“推广”→“极速推”，单击“极速推广”，如图6.2.26所示。

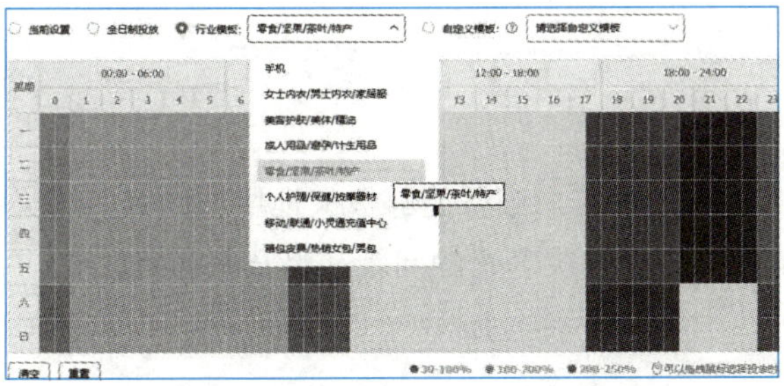


图 6.2.25　投放时间

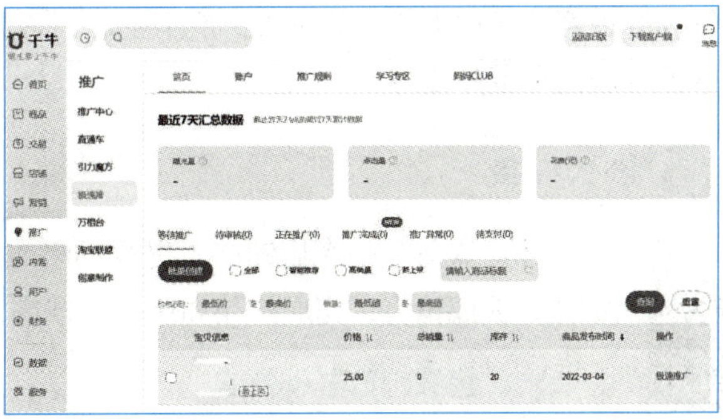


图 6.2.26　打开推广界面

步骤2：选择优化目标：曝光或者点击。其中点击能够提升销量，可以为商品带来更多点击量。王萌及团队选择曝光为当前优化目标，即快速曝光可以让商品被更多人看见。

步骤3：设置投放金额。投放99元，预计曝光量提升5 000+；投放199元，预计曝光量提升10 000+。王萌需要根据目前店铺运营目标进行设置。

步骤4：选择支付方式付款，完成推广，如图6.2.27所示。

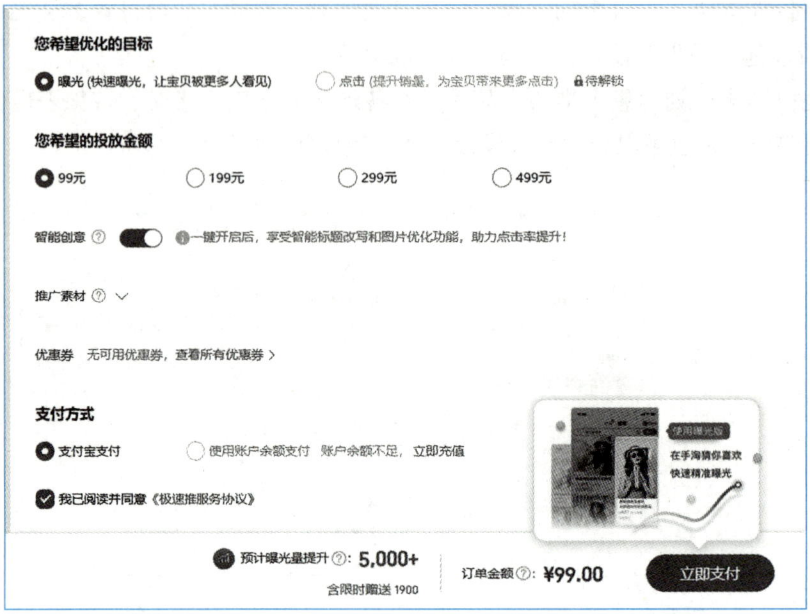


图 6.2.27　选择优化目标及投放金额

## 任务3　客户服务

### 任务解析

电子商务客户服务包括客服知识准备、客服礼仪及行为规范、客服职责及工作内容和客户关系管理等内容。通过本任务的完成，使学生掌握客服岗位的基本知识，能够遵守客服礼仪及行为规范，掌握客服岗位服务技巧。

### 知识链接

扫一扫

客服岗位基本要求是什么

客户服务是一个店铺必不可少的组成部分，有效的客户服务能够极大地增加顾客的购买欲望，促成销售，完成产品和店铺的推广，能够有效地解决客户的问题，提升顾客满意度。

#### 一、客服岗位基本要求

客服人员要做好各方面的准备工作，拥有良好的心态，在工作中要有团队合作精神，服务意识，主动学习，以顾客为中心，有效地完成目标工作。

##### 1. 客服知识准备

一个好的客服要充分了解店铺内的商品、平台规则等互联网购物各个方面的知识，这样才能消除顾客疑虑，解答好客户问题。

1）商品及周边知识

商品专业知识是客服人员应该具备的最基本的知识，包括商品本身和商品周边的一些知识。

客服应该熟悉商品的种类、材质、尺寸、用途、注意事项等，还应当了解行业的相关知识，对商品的使用方法、洗涤方法、修理方法等也要有个大致的了解。

客服还要对商品的周边知识有一定的了解。同一类目的商品可能会适合不同的目标人群，如化妆品，油性肤质和干性肤质在化妆品的选择上会有很大的不同。此外对同类的其他商品也要有个基本的了解。

2）平台规则

客服人员应掌握最新的电子商务法律法规，要站在商家的角度了解、遵守平台的交易规则，避免违规行为发生，否则会被处罚或扣分。违规行为按照情节严重程度分为严重违规和一般违规。破坏平台经营秩序或违法国家法律行为被视为严重违规。除了严重违规行为以外的是一般违规。在违规的各个节点会被监管或违约金罚款，如扣分罚款、商品删除、限制营销活动，严重到一定程度，会被清退。

客服人员除了要熟知并遵守平台规则外，还要了解平台营销活动，了解报名的活动商品、活动时间、活动类型等。客服应该了解店铺内活动，如优惠券、满减、搭配套餐、限时折扣红包等等。

3）物流知识

由于大部分网上交易都是通过物流公司来完成的，而物流也是商家不好把控同时顾客询问较多的一个环节，所以客服人员需要深入了解并掌握一些物流知识及问题处理技巧。

目前网上购物使用的物流主要以快递、邮寄和货运为主，不同物流不同地区的收费也有很大差异，所以要对不同的物流运作方式、收费标准以及物流服务进行一定的了解。比如，熟知物流的计价方式，能够进行物流网点、联系方式、物流进度等信息的查询服务，能进行更改地址、代收货款、包裹退回等物流问题的处理。

2. 客服礼仪及行为规范

客服在帮助顾客消除疑虑、完成交易、解决问题的同时，也兼任店铺品牌形象的塑造者，好的客服人员能够拉近与客户的距离，提高店铺销售量，培养忠诚的老顾客。

客服要遵守客服礼仪、用语及行为规范。

1）礼仪规范

要真诚地面对每一个顾客，当问题发生时，要第一时间响应，及时解决，不回避、不推脱，有耐心、认真地回复，要时时刻刻尊重顾客需求，积极主动与顾客沟通，帮助顾客解决问题，带给顾客良好的沟通体验。

2）用语规范

使用正确的称呼方式，可以称呼顾客为“您”“亲”“先生”“女士”；使用礼貌用语，如“请”“麻烦”“谢谢”“好的”等词语，让顾客真正感受到被尊重。少用“你”“我”，多使用“您”这样的词汇，可以拉近与顾客之间的距离。

3）行为规范

客服人员要第一时间了解顾客需求，当顾客表达不同看法时，要换位思考，力求体谅和理解顾客的想法，使顾客感受到想解决问题的诚意，建立客户信任，采用灵活多变的沟通技巧为顾客解决问题。

## 二、客服职责及工作内容

### 1. 客服职责

电子商务客服人员的工作贯穿交易始终。不同阶段客户服务人员需要解决不同顾客的疑问。客户服务按服务的时序可以分为售前客服、售中客服和售后客服。

（1）售前客服一般是指店铺在销售商品之前为顾客提供的一系列服务。商品的销售离不开客服的前期沟通，有效的沟通是促使交易成交的关键。对于顾客关于商品、快递、价格、店铺活动、支付方式等疑问的解答，巧妙地对潜在顾客进行推荐销售等客户服务技巧的掌握，是售前客服工作的重要内容。

（2）售中客服是指在顾客下单后到确认收货之前这个过程中所提供的客户服务。售中客户服务主要表现为销售过程管理，包括支付流程、备注、快递、发货、催单技巧、交易中的纠纷等方面的问题处理。及时、耐心、周到的售中服务能够激发顾客的消费热情，把潜在需求变为现实需求，能获得顾客对于店铺的信任。

（3）售后客服是指商品销售后提供的客户服务。售后客服在整个环节中非常重要，好的售后服务会带给顾客好的购物体验，有助于培养忠诚客户。售后服务内容一般包括：正常交易后对订单跟踪、评价等；对交易纠纷、异常订单等特殊情况的处理，如产品纠纷、物流纠纷等的处理；还包括客户信息的维护。

### 2. 店铺客服工作内容

（1）通过客服聊天工具与客户友好交流，及时、高效地回复顾客购买时提出的各种问题，让顾客感受到良好的购物体验，与潜在客户建立良好的关系。

（2）熟悉商品相关信息，了解客户需求，准确地解释与描述相关产品的功能和特点，巧妙地进行关联推荐，引导客户在店铺顺利购买，促成交易。

（3）做好订单管理工作，及时查看后台订单，已经下单并付款的要核对收货地址，及时完成产品的出库工作；对拍下没有付款的客户，跟单催付，询问原因，加强与客户的沟通交流。

（4）处理好店铺的售后问题，对客户的询问第一时间做出快速反应，要热情大方，积极主动地帮助客户解决问题，协调好和客户的关系，保持店铺的良好形象。

（5）维护好老顾客，要与店铺的老顾客保持联系，在节假日或活动时送去问候，提高店铺的回购率。

扫一扫

如何管理客户

## 三、客户关系管理

客户关系管理是营销工作的重要内容，维护好店铺和客户之间的关系，能够降低营销成本，忠诚客户可以为店铺带来大量的利润，促进店铺运营的良性循环。客户关系管理是以客户为中心，注重与客户的交流，而不是以产品或市场为中心。

1. 信息收集

1）信息收集内容

店铺客户信息一般指的是基础数据信息、消费数据信息、营销数据信息和行为数据信息。基础数据信息包括姓名、性别、年龄、职业、生日、地区、联系方式等客观信息；消费数据信息包括阶段购买金额、累计购买金额、购买商品数量、最后购买时间等；营销数据信息包括包邮次数、优惠券使用情况、礼品赠送情况、参与度等；行为数据信息包括退款率、好评率、店铺收藏情况、积分兑换情况、静默下单次数等。

2）信息收集工具

店铺可以利用各种合法渠道、手段或者网络工具收集客户信息。比如，可以在已成交的订单中收集资料，让顾客在线填写调查问卷，或者可以通过传统电话回访的方式进行资料的补充等；还可以通过专业的站内免费工具或付费客服工具收集客户信息。专业软件不仅能有效地收集客户信息，还可以提供并分析客户来源，客户跟踪等内容。

2. 客户分类管理

客户信息收集之后，还需要对其进行进一步加工、分析与整理，将客户分类，建立客户信息档案。可以利用站内客户关系管理工具进行忠诚客户管理、会员分组管理、信息内容归类等；可以利用第三方工具进行信息整理，如Excel表格建立客户档案、客户回访表、售后处理登记表等。

1）忠诚客户

忠诚客户是指那些持续关注并且购买产品或者服务的顾客。忠诚顾客对店铺十分满意和信任，而长期、重复地购买店铺产品和服务。忠诚客户可以降低营销成本，因为已经知道客户需求和偏好，有针对性的营销，可以减少宣传、促销等费用；忠诚客户可以降低服务成本，因为老客户对产品比较熟悉，不用过多解释，可以降低售前和售后服务成本。

要深入分析客户需求，向客户提供满意的产品和服务，要对客户进行细致入微的关怀，客户关怀不仅体现在语言上，还要具体到行动上来，完善客户服务制度，培养客户的忠诚度。

2）流失客户

流失客户首先要分析客户流失的原因，有针对性地制定挽回策略。流失原因一般有价格因素、满意度下降、忘记店铺或竞品因素等。

客户因价格因素流失，客服可以在促销活动时，将优惠力度较大的商品优先推荐给此类客户；针对不同细分人群，采用关联推荐、搭配销售的优惠策略，挽回可能流失的客户；建立稳固的会员权益体系，防止老客户流失。

客户因满意度下降流失，可以建立阶梯会员制度，让客户享受更大折扣；为提升会员购买频率提供层级性的更高优惠政策；划分商品矩阵，把利润商品更多地用于会员权益，来提高客户的满意度。

客户因忘记店铺流失，可以采用客户关怀办法，定期发送祝福短信或者新品推荐等关怀信息，提示店铺的存在；设置“收藏有礼”活动，引导买家收藏店铺；可以通过赠送小礼品，深化买家记忆，同时宣传店铺。

## 任务实施

针对王萌及团队的农特产品电子商务创业项目，本任务完成的是客户服务工作，包括常规订单处理、订单催付和纠纷处理三个场景的客服服务内容。

### 一、常规订单处理

步骤1：确认订单。

顾客下单后，客服人员确认订单信息是非常重要的一步，也是容易忽略的一步。王萌发现订单确认是非常有必要的，为了能够有效地核对订单信息，团队将确认的信息总结如下：

（1）购买的商品信息，包括品牌、型号、大小、颜色、数量等。

（2）收件人信息，包括收件人地址、联系电话等。

（3）发货时间，比如当天、三天内或者延迟发货。

（4）物流信息，包括发货快递公司、邮费及快递时效等相关信息。

步骤2：下单发货。

在与顾客确认订单准确无误后，直接发货。王萌的店铺正处于起步阶段，销售额不大，点击“发货”即可。但有些较成熟店铺由于订单量较多，需要借助管理软件，把已经成交的订单录入订单管理系统，进入发货流程，下单发货。

步骤3：礼貌告别。

无论顾客是否购买，客服都要对顾客进行礼貌告别，告别的过程中，可以表达祝福，使顾客保持愉快的心情，同时可以渗透给顾客，店铺近期的活动打算，引导其再次购买。例如：“亲，您好，很高兴能够为您服务，我们会按时给您发货，有任何需要请随时联系我哦！”“您好，亲，很遗憾您错过了本次活动，您可以关注我们店铺，有活动时会第一时间通知您的哦！”

步骤4：订单跟踪。

发货后尽快通知顾客，客服要随时跟踪商品去向，如果有问题发生，要先于顾客知道并尽快查明原因，及时与客户解释、说明情况。

步骤5：双方互评。

（1）引导客户评价。与客户保持联系及时告知客户发货和物流信息，给顾客良好的体验感，或者在包裹内放置好评卡片、优惠卡片等，引导顾客给出好评。

（2）做好评价解释。对于顾客的评价，要真诚地给出反馈，要做好评价解释，写一些有质量的评价解释更容易让后面的客户留下深刻的印象。

### 二、订单催付

步骤1：了解未付款原因。据数据显示，店铺内拍下商品而未直接付款的订单有很多，而及时催付会提高店铺的购买率。未付款原因可能是发现了更低的价格，找到了更好的商品，对服务不满意，或者账户余额不足，暂时还没有决定购买，或者其他原因。只有了解客户未付款的原因，才能做好后面的催付工作。

步骤2：针对不同情况进行订单催付。好的催付，要让人感受到商家的温暖贴心，能够提高客户的满意度，促进再次购买。订单催付一定要注意技巧，催付的时间、催付的语气等都非常关键。王萌及团队人员在与顾客沟通过程中，总结了如下经验与技巧。

首先，礼貌问候。客服主动联系客户，自报家门，渗透订单信息，给顾客做一个友情提醒，让顾客重新关注到订单。例如："亲，您好，我是某某店铺的客服，您拍下的商品显示还没有支付，请问有什么需要我帮忙的吗？该商品销量很大，库存不多了，有任何需要请及时联系我哦！我是您在某某店铺的专属客服，很高兴能为您服务！"

然后，巧妙地提醒客户付款。比如，强调库存、价格、发货时间、优惠政策、赠品数量等，引导客户付款。

强调物流进行催付。例如："亲，您好！我们注意到您在店铺拍下的商品还没有付款哦！我们这边是当天16:00发货，晚了就得明天了，请及时付款哦！""您好，我们已经开始安排发货了，看到您的订单还没有支付，现在付款会优先发货哟！"

强调赠品进行催付。例如："您好，您已下单但还没有付款，可是赠品数量有限，要尽快支付哦！"

## 三、纠纷处理

客户在收到货品时，可能会由于商品质量、物流情况等因素产生纠纷。一些客户会联系客服沟通情况，一些客户则会直接给出差评，无论哪种情况都需要客服有一定的纠纷处理能力，为客户解决问题。

步骤1：快速响应，热情大方。客户要在30 s内给出回复，安抚客户情绪，避免客户做出直接差评的行为。

步骤2：耐心倾听，了解情况。客户因不满意而投诉，会先传递出自己的不满情绪，不要打断客户，耐心的倾听是帮助客户缓解情绪最好的方式，在沟通的过程中，了解细节情况，还要尽量营造出愉快的氛围，引导客户情绪。

步骤3：真诚道歉，说明情况。无论是联系客服说明情况还是直接差评，客户都希望问题被重视，获得关注。客服在沟通过程中，要认真对待，并表示歉意，满足顾客心理上尊重的需求，及时采取措施，对纠纷问题做出合理解释。

步骤4：建立信任，积极补救。客户在诉说过程中，希望获得商家的认同，客服人员充分理解客户的情绪和感受，建立起信任，有助于拉近彼此距离，同时客服要有补救的心态，营造出良好的沟通氛围。

步骤5：跟踪进度，及时反馈。当与客户达成一致后，要实时关注问题解决的进程，跟踪进度并及时反馈给客户。

客户服务人员要本着务实的服务理念，诚信至上的品质精神，积极沟通，遵纪守法，不逃避，勇于承担责任，真诚对待客户，保持乐观的心态，找寻职业的责任和使命感。

## 项目总结

本项目以互联网创业为例，分析了电子商务平台营销所需完成的三个任务，分别是电商平台选择与店铺创建、商品发布与营销推广、客户服务。三个任务由浅入深，站在平台角度介绍了如何进行创设店铺、商品分类、价格制定、撰写标题、商品发布、客户服务和如何开展营销推广活动等。各个环节环环相扣，缺一不可，实施过程中整体与细节的把握尤为重要，定期优化，进行店铺的运营管理。

## 项目实训

### 一、实训目的

学生学习了平台选择、店铺创建、商品上传、营销推广和客户服务相关内容后，通过本项目的实训，系统地了解电子商务平台营销各个模块的内容及操作过程，掌握平台营销的方法及优化技巧，能够熟练运用平台工具，灵活策划店铺营销活动。

### 二、实训准备

组建创业团队、确定网店运营团队的职能部门，确定人员分工并且明确岗位职责。要对网店运营相关知识有一定了解并做好相关资料准备。

### 三、实训内容

通过电子商务平台进行互联网创业。结合实际情况，王萌及团队在电子商务平台上开设店铺、发布商品以及运营店铺。

### 四、实训要求

（1）根据平台的特点和运营规则及平台支持的店铺类型，考虑入驻及后续推广费用等众多因素，结合自己当前客观条件，选择合适的电商平台进行创业。

（2）按照平台对图片的要求，拍摄并设计商品图片，突出主题、强调卖点。

（3）根据顾客的搜索习惯和消费需求，准确清晰地表达相关信息，运用标题撰写技巧，完成商品标题撰写。

（4）结合自身优势，采用不同的定价策略，巧用心理定价法，制定商品的价格。

（5）设计完整的详情内容，包括商品场景、细节展示、活动说明、品牌实力和温馨提示等，成功发布商品。

（6）设置搭配套餐、包邮、满就送、店铺优惠券等促销活动。

（7）注重社交平台营销、论坛社区推广、软文营销等新媒体营销方法，增加店铺曝光机会，向店铺引入流量，提高转化率。

## 考核评价

电子商务平台营销考核评价表

| 考核项目 | 内容与要求 | 分值 | 学生自评（20%） | 小组互评（40%） | 教师评价（40%） |
| --- | --- | --- | --- | --- | --- |
| 任务完成（40 分） | 店铺创建。<br>注册平台账号，通过实名及开店认证并开通店铺 | 10 | | | |
| | 上传商品主图。<br>图片的格式、尺寸大小要符合平台的要求 | 10 | | | |
| | 完善商品信息。<br>完善基础信息，销售信息，支付信息，物流信息和图文描述的信息内容 | 10 | | | |
| | 直通车推广。<br>选择推广方式、营销目标，完成单元设置，日限额与出价设置，投放设置 | 10 | | | |
| 自我管理能力（15 分） | 能培养责任心 | 5 | | | |
| | 能做好时间管理 | 5 | | | |
| | 灵活运用所学知识 | 5 | | | |
| 合作交流能力（15 分） | 知道如何尊重他人的观点 | 5 | | | |
| | 能与其他人有效地沟通 | 5 | | | |
| | 能获取信息并反馈信息 | 5 | | | |
| 解决问题能力（15 分） | 能有效使用信息资源 | 5 | | | |
| | 能客观分析事物的现状 | 5 | | | |
| | 能发现并解决常规问题 | 5 | | | |
| 设计创新能力（15 分） | 能提出有价值的观点 | 5 | | | |
| | 能使用不同的思维方式 | 5 | | | |
| | 能制订创新方案并实施 | 5 | | | |

# 参 考 文 献


[1]凌云. 网络营销实务[M]. 北京：中国人民大学出版社，2015.

[2]陈德人. 网络营销与策划[M]. 北京：人民邮电出版社，2019.

[3]江礼坤. 网络营销与策划[M]. 北京：人民邮电出版社，2017.

[4]包金龙，邵嫣嫣. 网络营销工具、方法与策划[M]. 苏州：苏州大学出版社，2019.

[5]郭阳. 移动互联网营销从入门到精通[M]. 北京：中国商业出版社，2016.

[6]叶生洪，陶乐，吴国彬. 营销策划理论与实务[M]. 北京：人民邮电出版社，2019.

[7]滕大鹏. 移动互联网营销策略、方法与案例[M]. 北京：人民邮电出版社，2017.

[8]田玲. 网络营销策划与推广[M]. 北京：人民邮电出版社，2021.

[9]纪伟娟. 搜索引擎营销实战教程（SEO/SEM）[M]. 北京：人民邮电出版社，2020.

[10]千锋教育高教产品研发部. SEO搜索引擎优化基础+案例+实战[M]. 北京：人民邮电出版社，2020.

[11]潘坚. 百度SEO一本通[M]. 北京：电子工业出版社，2015.

[12]赵瑞旺. 搜索引擎营销[M]. 北京：科学技术文献出版社，2015.

[13]黑马程序员. 搜索引擎营销推广[M]. 北京：人民邮电出版社，2018.

[14]朱虹，李晨. 店铺运营[M]. 北京：中国财政经济出版社，2015.

[15]刘喜咏，纪伟娟，顾孔平. 电商运营与营销：从入门到精通[M]. 北京：人民邮电出版社，2019.

[16]孔林德. 淘宝、天猫、京东、拼多多开店运营一本通[M]. 北京：民主与建设出版社，2020.

[17]廖刚，邵淑仪，陈唯宏. 网店客服[M]. 北京：中国人民大学出版社，2015.

[18]三虎. 淘宝天猫开店从入门到精通：开店、装修、推广、管理、安全一本就够[M]. 北京：人民邮电出版社，2017.

[19]赵钢. 电商运营营销一本通[M]. 北京：中国商业出版社，2018.

[20]谭静. App和小程序营销与运营实战从入门到精通[M]. 北京：科学技术文献出版社，2019.

[21]北京鸿科经纬科技有限公司. 网店运营基础[M]. 北京：高等教育出版社，2020.